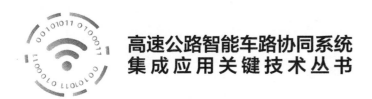

高速公路智能车路协同系统
集成应用关键技术丛书

高速公路智能车路协同系统
一体化架构与测评方法

GAOSU GONGLU ZHINENG CHELU XIETONG XITONG
YITIHUA JIAGOU YU CEPING FANGFA

赵祥模　徐志刚　刘志广　著

人民交通出版社股份有限公司
北京

内 容 提 要

本书系统论述了高速公路智能车路协同系统一体化架构及测评方法。全书共7章，主要内容有：绪论、高速公路智能车路协同系统信息与物理要素解耦、基于要素耦合程度的高速公路智能车路协同系统技术分级、基于分层模块化的高速公路智能车路协同系统一体化架构、基于多层域的高速公路智能车路协同系统测评体系、基于驾驶模拟器的高速公路智能车路协同系统主观测评、基于实测数据的高速公路智能车路协同系统客观测评。

本书可作为公路交通行业技术人员和自动驾驶工程技术人员的参考书，也可供感兴趣的读者参考。

图书在版编目(CIP)数据

高速公路智能车路协同系统一体化架构与测评方法/
赵祥模,徐志刚,刘志广著. —北京：人民交通出版社
股份有限公司,2023.9（2025.2重印）
（高速公路智能车路协同系统集成应用关键技术丛书）
ISBN 978-7-114-18988-3

Ⅰ.①高… Ⅱ.①赵… ②徐… ③刘… Ⅲ.①高速公路—交通运输管理—智能系统—研究 Ⅳ.①U495

中国国家版本馆 CIP 数据核字（2023）第 175692 号

高速公路智能车路协同系统集成应用关键技术丛书
书　　名：高速公路智能车路协同系统一体化架构与测评方法
著　作　者：赵祥模　徐志刚　刘志广
责任编辑：戴慧莉
责任校对：孙国靖　宋佳时
责任印制：张　凯
出版发行：人民交通出版社股份有限公司
地　　址：(100011)北京市朝阳区安定门外外馆斜街3号
网　　址：http://www.ccpcl.com.cn
销售电话：(010)85285911
总　经　销：人民交通出版社股份有限公司发行部
经　　销：各地新华书店
印　　刷：北京虎彩文化传播有限公司
开　　本：787×1092　1/16
印　　张：14.75
字　　数：368 千
版　　次：2023 年 9 月　第 1 版
印　　次：2025 年 2 月　第 2 次印刷
书　　号：ISBN 978-7-114-18988-3
定　　价：88.00 元

(有印刷、装订质量问题的图书，由本公司负责调换)

《高速公路智能车路协同系统一体化架构与测评方法》编写组

组　长：赵祥模

副组长：徐志刚

成　员：刘志广　芮一康　朱晓东　田　彬　朱　宇
　　　　童　星　闫梦如　曹正彬　王冠群　高　赢
　　　　魏璐颖　郭芳玲　张　梦

随着科学技术的发展和社会经济水平的提高,出行者对高速公路服务水平的要求越来越高,希望在出行中的安全、效率和服务得到提升,于是,高速公路智能车路协同系统(Intelligent Cooperative Vehicle-Infrastructure Systems on Highways,ICVIS-H)应运而生。ICVIS-H利用高速公路路侧设备、车载设备、通信技术等,将有关高速公路信息及时传递给出行者,助力提升交通安全、提高出行效率、降低燃油消耗和尾气排放,使出行者获得个性化出行服务,具有较强的经济效益和社会效益。

我国在ICVIS-H方面的研究起步较晚,截至目前,车路协同系统存在架构不完整、不统一问题,对车路协同系统效用的测评存在单一、普适性不强的问题。然而,ICVIS-H具有高交互性、系统复杂性、场景多样性等特点,不同地域、不同用户对ICVIS-H的需求亦不同,ICVIS-H建设亦受资金约束。针对这些问题和特点,有必要对ICVIS-H设计一体化架构,有针对性地将车路协同系统进行分级以满足不同需求,并研究针对车路协同系统的全面的测评方法。

为此,本书依托国家重点研发计划项目"高速公路智能车路协同系统集成应用"的子课题"高速公路智能车路协同系统技术体系及测试评估方法"(项目编号:2019YFB1600101)、国家自然科学基金项目"考虑通信延时的重型货车队列纵向控制策略优化与测试"(项目编号:61973045)、陕西省自然科学基金杰出青年科学基金项目"考虑网联性能退化的货车队列优化控制与虚实结合测试理论"(项目编号:2023-JC-JQ-45)和陕西省自然科学基础研究计划一般项目(青年)"基于模型预测控制和机器学习的自动驾驶货车队列低延误变道优化研究"(项目编号:2023-JC-QN-0667)的研究成果,聚焦高速公路智能车路协同系统架构设计和测试评价。首先,通过对ICVIS-H信息与物理要素解耦,梳理必要的物理要素和信息传输方向,提出车路协同系统的关键技术,提出基于耦合理论的ICVIS-H的一体化架构;然后,利用多层域理论对车路协同系统进行测试评估,提出"虚拟仿真、硬件在环、数字孪生和封闭测试基地"逐步由虚拟向实际递进的测试方法，并根据主客观数据对智能车路协同系统进行测试评价。

本书由赵祥模、徐志刚、刘志广共同执笔，作者团队围绕本书的研究目标开展了大量的研究工作，先后有十多位教师、博士研究生、硕士研究生为本书写作做出了直接的贡献。本书第1章由赵祥模、徐志刚和刘志广撰写，第2章由芮一康撰写，第3章由徐志刚、郭芳玲撰写，第4章由朱晓东、闫梦如撰写，第5章由赵祥模、徐志刚、刘志广、童星、田彬、朱宇、高赢、曹正彬共同撰写，第6章由徐志刚、刘志广、王冠群在做了大量工作基础上撰写而成，第7章由徐志刚、刘志广、魏璐颖、张梦撰写。作者团队的其他师生也为本书做了大量试验和测试工作，在此表示感谢。全书由赵祥模、徐志刚统稿。此外，在本书撰写过程中参考和引用了许多国内外文献，在此对这些文献的作者表示衷心的感谢！

由于作者水平有限，书中难免存在需要探讨之处，敬请各位读者批评指正。

编写组
2023 年 7 月

目录

第1章 绪论 ········· 001
    1.1 高速公路智能车路协同系统概述 ········· 001
    1.2 高速公路智能车路协同系统研究现状 ········· 003
    1.3 本书定位与主要内容 ········· 012
    本章参考文献 ········· 013

第2章 高速公路智能车路协同系统信息与物理要素解耦 ········· 016
    2.1 高速公路智能车路协同系统物理要素与信息要素概述 ········· 016
    2.2 基于场景驱动的高速公路智能车路协同系统解构 ········· 023
    2.3 基于本体论的智能车路协同系统信息要素与物理要素解耦 ········· 029
    2.4 车路协同信息业务优先级划分及信息流优化 ········· 042
    本章参考文献 ········· 056

第3章 基于要素耦合程度的高速公路智能车路协同系统技术分级 ········· 058
    3.1 高速公路智能车路协同系统"端-网-边-云"关键技术 ········· 058
    3.2 高速公路智能车路协同系统耦合分析 ········· 065
    3.3 基于耦合度和聚类分析的高速公路智能车路协同系统的技术分级 ········· 067
    本章参考文献 ········· 077

第4章 基于分层模块化的高速公路智能车路协同系统一体化架构 ········· 080
    4.1 高速公路智能车路协同系统架构分析 ········· 080
    4.2 基于分层模块化的高速公路智能车路协同系统的端边云架构设计 ········· 088
    4.3 基于高速公路智能车路协同系统技术分级的架构裁剪 ········· 094
    4.4 基于事件驱动的高速公路智能车路协同系统任务分解 ········· 100
    4.5 高速公路智能车路协同系统信息流示例 ········· 104
    本章参考文献 ········· 108

第5章 基于多层域的高速公路智能车路协同系统测评体系 ········· 110

    5.1 多层域测评体系架构 ········· 110

    5.2 基于 SUMO + OMNET 的高速公路智能车路协同场景虚拟仿真 ········· 112

    5.3 基于驾驶模拟器的高速公路智能车路协同测评系统开发 ········· 125

    5.4 基于封闭高速公路的智能车路协同测试基地构建 ········· 132

    5.5 基于数字孪生的智能车路协同系统虚实结合测试系统开发 ········· 142

    本章参考文献 ········· 154

第6章 基于驾驶模拟器的高速公路智能车路协同系统主观测评 ········· 156

    6.1 高速公路智能车路协同应用感知重要性及接受意愿研究 ········· 156

    6.2 高速公路智能车路协同认知正确性研究 ········· 167

    本章参考文献 ········· 182

第7章 基于实测数据的高速公路智能车路协同系统客观测评 ········· 186

    7.1 基于 ETC 实测数据的高速公路智能车路协同系统客观测评 ········· 186

    7.2 基于营运车数据的高速公路智能车路协同系统客观测评 ········· 196

    7.3 基于跨杆视频全程轨迹跟踪数据的获取及应用 ········· 204

    本章参考文献 ········· 226

第1章 绪论

1.1 高速公路智能车路协同系统概述

1.1.1 产生背景

随着科学技术的进步和经济水平的不断提高,出行者和运营者都对高速公路提出了新的需求,主要体现在以下几个方面[1-5]:

(1)出行者对于高速公路信息服务的需求越来越大,在行车过程中希望获得行驶前方拥堵、事故、路况、天气等实时信息;

(2)现有高速公路在一定程度上不能完全适应数字化、信息化等发展趋势,主要体现在感知手段比较单一,缺乏对高速公路整体运行状况的掌握,管理者和出行者的信息互动和协调服务较少,路网应急协调管理能力不足,对恶劣天气和突发事件的应对能力有待提高,网络化、智慧化的运行管理与服务体系不健全;

(3)高速公路运营管理已不满足现实需要,传统平台管理决策能力不足,靠人工和经验发现、判断、决策效率较低,并且存在决策盲点;

(4)运营者对数据融合、数据互联互通、运营决策自动化、智能化、科学化需求越来越高,在运营管理过程中希望对高速公路交通运行状态进行实时感知与监测,提前预测交通事件,并采取预案管控,对道路使用者出行信息和高速公路机电设备进行实时管理;

(5)由于土地资源的限制和环境保护的要求,我国部分地区新建高速公路空间已经面临刚性约束,然而,根据预测,2035年前我国客货运输需求仍将保持2%~3%的年均增长速度,乘用车保有量的飞速增长对路网通行能力提出了更高的需求,土地、环保等制约条件和经济社会发展使高速公路发展面临双重挑战,对高速公路整体运行效率和潜力发挥提出了更高的要求。

为了解决上述问题,高速公路智能车路协同系统(Intelligent Cooperative Vehicle-Infrastructure Systems on Highways,ICVIS-H)应运而生。

1.1.2 ICVIS-H 简介

ICVIS-H 是一种具备自动的交通信息感知能力、高可靠的信息交互能力、强大的端边云计算能力和自主的决策及运行管理与控制能力的智慧化高速公路系统。ICVIS-H 采用先进的多传感器融合技术实现高速公路运行状态全息感知,基于车联网无线通信和新一代互联网等技术,全方位实施车-车、车-路动态实时信息交互,充分支持实时交通信息发布、主动交通管理、伴随式信息服务、路侧辅助的单车智能与协同驾驶等高级别智能交通系统的应用,充分实现人-车-路的高效协同,从而保障高速公路的运行与管理更加安全、高效、绿色、环保且具有可持续性。当前,ICVIS-H 已经成为国际智能交通领域的研究热点,欧美发达国家都在积极推进相关技术的研究。相比城市交通,高速公路具有封闭性、结构化、管理水平要求高等特点,特别适合车路协同这种高级别智能交通系统的推广和应用,因此发展相对迅速。

我国对 ICVIS-H 的研究相比于欧美发达国家起步较晚,但是发展比较迅速。从高校、研究所到企业,都对 ICVIS-H 进行了深入研究。例如:2019 年,长安大学牵头承担了科技部十三五综合交通与运输重大科技专项"高速公路智能车路协同系统集成应用"。该项目下设了"高速公路智能车路协同系统技术体系及测试评估方法""车路协同智能路侧与重点营运车预-报警装备研发及优化""基于云平台的高速公路全息信息融合及协同管控""自动驾驶专用车道设计及协同式货车队列控制"和"高速公路智能车路协同系统应用示范与标准化"5 个课题。

其中,"高速公路智能车路协同系统技术体系及测试评估方法"专注于新一代 ICVIS-H 技术体系和测试评估方法的研究,涵盖人、车、路、环境和事件的典型应用需求,通过对信息-物理要素进行多尺度解耦,分析要素耦合关系,建立 ICVIS-H 时空数据分层模型,并研究其动态信息提取、处理、过滤、优化和发布机制。针对 ICVIS-H 设施设备离散化、多样化及测试评估场景复杂、需求巨大等特点,该研究采用"解耦-分布-架构"和"指标-模型-平台"的技术路线分别构建技术体系和测试评估方法,具体包括:

(1)采用多层级、多尺度解耦器,研究复杂环境下信息与物理要素解耦技术;

(2)基于分层分布式与边缘计算技术,研究具有通用性、开放性和模块化的系统"端-边-云"一体化技术体系;

(3)采用分层、模块化、变耦合思想实现 ICVIS-H 智能度分级;基于效用理论、模糊评价方法和评价场景柔性化技术,形成 ICVIS-H 安全性与适应性评估模型;

(4)结合虚拟现实、硬件在环、平行测试与实际公路测试,打造集成仿真测试、车辆在环仿真平台、平行试验场和测试高速公路构成的 ICVIS-H 多层测试评估系统。

相关研究成果已在我国 9 条典型高速公路的智能车路协同系统中进行示范应用,其中,杭绍甬智慧超级高速公路位于我国浙江省,全长 161km,横跨杭州、绍兴和宁波。该高速公路智能车路协同系统构建了大数据驱动的智慧云控平台,通过人工智能、主动交通管理等技术有效提升高速公路运行速度,使车辆平均运行速度提升 10%~30%。在智能方面,基于智慧云控平台打造人-车-路协同的综合感知体系。该高速公路智能车路协同系统还通过架设 5G 通信基站,提供极低延时的宽带无线通信,全面支持自动驾驶。此外,该项目的京雄高速公路示范工程,综合运用北斗高精定位、窄带物联网、大数据、人工智能、自动驾驶等新一代信息技术,为各类用户提供车路协同、准全天候通行、全媒体融合调度、智慧照明、综合运维公众化等智能服务,逐步实现管理决策科学化、路网调度智能化、出行服务精细化、应急救援高效化。

1.2 高速公路智能车路协同系统研究现状

1.2.1 智能车路协同系统架构研究现状

由于一些发达国家对 ICVIS-H 的研究起步较早,且研究相对深入,因此,本书以美国、欧洲、日本及我国为典型代表,对 ICVIS-H 的发展状况进行简述。

1.2.1.1 美国智能车路协同系统现状

美国对智能车路协同系统的大规模试验研究始于 2004 年启动的车路系统集成计划(Vehicle-Infrastructure Integration,VII)研究计划,并且制订了十分具体的目标。该计划通过信息与通信技术实现汽车与道路设施的集成,可以获取实时交通数据信息,并且支持动态的路径规划与诱导,以提高交通安全和通行效率。2010 年,美国推出了《美国智能交通系统(Intelligent Traffic Systems,ITS)战略计划 2010—2014》,该计划在 VII 计划的基础上成立了 Intelli Drive 项目深化车路协同研究,该计划主要内容包括继续进行车路和车车通信研究与实用化测试、开发和试验车载安全辅助系统、研究更好地获取交通系统运行数据和管理与应用数据等[6]。2015 年以来,美国运输部又开展了一项关于网联汽车的研究项目 CV Pilots(Connected Vehicle Pilot Deployment Program)[7],旨在实现人、车、路之间安全、协同的无线通信,在怀俄明州、纽约市和佛罗里达州部署网联汽车相关的技术方案,加快智能车路协同系统的进一步发展,提高车路协同系统的智能化程度。2019 年,美国运输部颁布了《智能交通系统战略规划 2020—2025》[8],其愿景和使命具有一定的延续性和继承性,致力于通过 ITS 技术的应用拓展提升交通的安全和效率,推进社会的整体进步。该规划从强调自动驾驶和智能网联单点突破到新兴技术全面创新布局,完善了基于技术生命周期的发展策略,着重推动新技术在研发—实施—评估全流程示范应用。

美国车路协同系统模型是基于网联汽车参考实施架构(Connected Vehicle Reference Implementation Architecture,CVRIA)[9],其逻辑模型如图 1-1 所示。该架构是美国交通运输部启动 CV Pilots 项目后最终设计的,并已经过试运行,现推荐为全美国车路协同系统的通用参考架构。从网联车辆的安全性、移动性和支持的应用程序的角度来看,CVRIA 包括用户视角、功能视角、物理视角和通信视角 4 个层次。用户视角描述了各类用户(如政府管理部门、业主、参与企业、司乘人员、行人等)和各种机构之间的关系以及各类用户在车路协同环境中扮演的角色;功能视角描述了满足系统要求的抽象功能元素及其逻辑交互;物理视角描述了物理对象(包括系统和设备等)及其应用程序对象,以及这些物理对象之间的信息流;通信视角描述了支持参与车路协同环境的物理对象之间的通信所需的分层通信协议集。美国相继发布了《自动驾驶汽车综合计划》《自动驾驶乘员保护安全最终规则》等政策法规,对自动驾驶范围进行了延伸,确定了自动驾驶汽车研发和整合的联邦原则,描述了美国未来五年智能交通发展的重点任务和保障措施,提出了建设三类自动驾驶应用公共平台的任务,明确了实现自动驾驶系统(ADS)愿景的三个目标,完善了自动驾驶汽车制造商对全自动汽车碰撞测试的标准等。

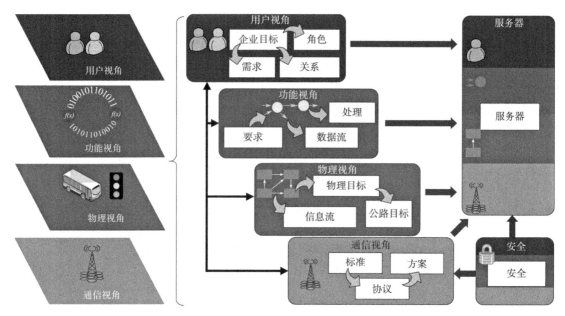

图1-1 美国CVRIA关于车路协同系统的逻辑模型图

1.2.1.2 欧洲智能车路协同系统现状

欧洲对车路协同系统的研究始于21世纪初。2003年,欧洲智能交通协会(European Road Transport Telematics Implementation Coordination,ERTICO)提出了eSafety计划,充分利用先进的信息和通信技术对车路协同系统进行重点研究。为了提高交通效率、缓解交通拥堵、提高交通控制和管理水平,欧洲提出了8个重要的计划,包括CVIS[10]、SafeSpot[11]、Coopers[12]、COMeSafety[13]、SEVECOM[14]、Drive C2X[15]、PRE-DRIVE C2X[16]和CAR2CAR[17]计划,分别对智能车路协同系统的多个方向进行研究。同时,欧洲通信标准研究所和欧洲ITS协会等分别制订并颁布了一系列的欧洲标准和相关协议框架。总的来说,欧盟高度重视车路协同技术协议和标准的制订。欧洲关于智能车路协同系统的研究主要集中在体系框架和标准、通信标准化和综合运输协同信息安全技术的研究上,目的是推进智能车路协同系统的实用化,保证系统的安全性。

欧洲的协同式智能交通系统(Cooperative-Intelligent Transport System,C-ITS)旨在促进智能交通系统的协同化、网联化和自动化[18],并推动车路协同系统的应用和发展,图1-2所示为C-ITS关于车路协同系统的逻辑架构,包括中心层、路侧层、车辆层和行人/交通弱势群体层。中心层负责统筹管理通信、服务等,包括6个子系统,分别为交通管理系统(Traffic Management System,TMS)、交通信息系统(Traffic Information System,TIS)、服务提供后台(Service Provision Background,SPB)、数据提供后台(Data Provision Background,DPB)、通信提供后台(Communication Provision Background,CPB)和服务提供交换系统(Service Provision Exchange System,SPES);路侧层负责路侧设施的管理和控制,包括2个子系统,分别为路侧系统(Roadside system,RS)和路侧单元(Roadside Unit,RSU);车辆层负责车辆的控制与管理,包括3个子系统,分别为车辆电子电气系统(Vehicle Electronic and Electrical,VEE)、车载单元(On-Board Unit,OBU)和远程车辆车载单元(Remote On-Board Unit,R-OBU);行人/交通弱势群体层负责行人/交通弱势群体的管理,有4个子系统,包括个人信息设备(Personal Information Device,PID)等设备终端等[19]。

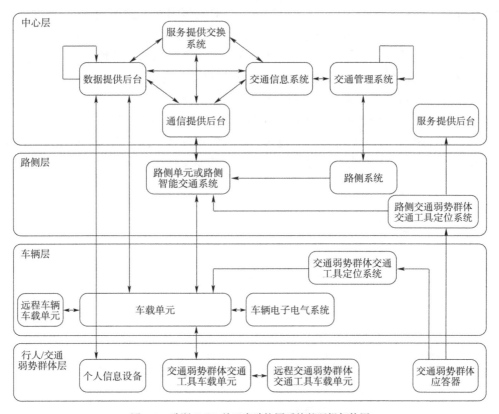

图1-2 欧洲C-ITS关于车路协同系统的逻辑架构图

1.2.1.3 日本智能车路协同系统现状

日本在20世纪90年代末期将智能交通的研究重点转移到车路协同技术和辅助安全驾驶技术等的研发,并且围绕车路协同系统开展了许多项目。基于车路协同系统的发展,日本于2006年启动了智慧道路"Smartway"计划[20]。该计划是日本车路协同系统发展的基础,设计了系统的体系框架和平台结构。在该计划的基础上,日本还开展了多项与车路协同技术及系统相关的项目,包括先进安全车辆(Advanced Safety Vehicle,ASV)项目[21]、驾驶安全支持系统(Driving Safety Support System,DSSS)项目[22]、电子收费(Electronic Toll Collection,ETC)项目[23]和道路交通情报通信系统(Vehicle Information and Communication System,VICS)项目[24]等。2020年,日本发布了《日本国土交通白皮书2020》[25],总结了"MaaS出行即服务"、高速公路ETC 2.0、机动车出行诱导、自动驾驶等智慧交通技术在日本的应用情况,还引入了基于人工智能技术的伴随式出行服务及绿色慢行等新型智慧交通服务模式。总的来说,日本对于车路协同系统的研究主要由政府主导,但是相关的技术开发和集成测试等都是由汽车制造商、信息通信技术供应商、道路公团等企业完成。

日本正在推广的车路协同计划"Smartway",通过对多种先进技术的研究和应用,为用户提供交通服务[26],逻辑架构如图1-3所示。该架构按技术类型分为:信息收集、信息处理、信息存储、信息分析和信息发布五个模块。信息收集模块通过车载设备和路侧设备对车辆状态信息和环境信息等进行感知,然后传递给中心服务器进行处理等操作。信息处理、信息存储和信息分析模块都在云控中心的服务器中运行,但是根据功能的不同,服务器的种类亦有所不同。第一类服务器主要是对信息进行处理然后传输到中心服务器;第二类服务器主要是对信息进行存储;第三类服务器主要是对信息进行分析。例如中心服务器,它将各种信息进行处理,然后根据服务需求传输给不同的终端或道路交通控制网络。信息发布模块既可以通过道路交通控制专网完成,也可以通过 IP 网络发布到计算机或智能手机终端。道路交通控制专网传输的信息分为两类,第一类通过与专用短程通信技术(Dedicated Short Range Communication,DSRC)进行无线通信传输到车载导航系统或 OBU 等,为车辆提供相应服务;第二类以有线信号方式传输到各个路侧设备上,例如:交通信号灯、情报板、可变限速标志等[27]。

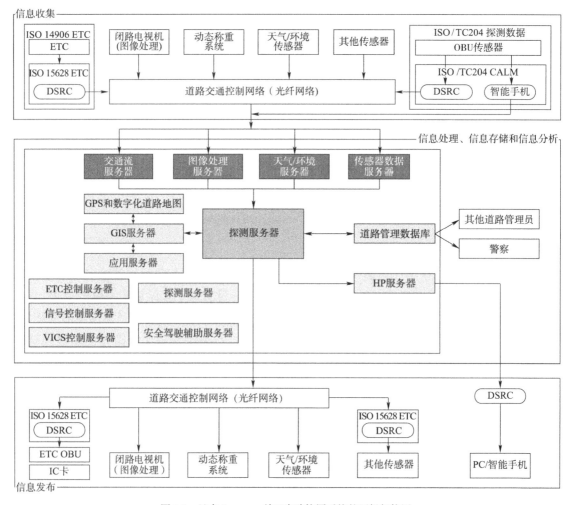

图1-3　日本 Smartway 关于车路协同系统的逻辑架构图

1.2.1.4 我国智能车路协同系统现状

我国的《国家中长期科学和技术发展规划纲要(2006—2020年)》等文件中提出了"发展交通信息化和智能化技术,提高运输能力和运输效率,提升交通运营管理的技术水平",指明了我国 ICVIS-H 的发展方向。科学技术部于2010年启动了2项关于车路协同的"863"项目,随后,国家分别在上海、重庆等地建立了智能网联汽车测试示范区。华为和海康威视等企业研发了高速公路视频监控与通信一体化设备,实现了基于视频检测的事故自动检测与报警。长安大学建立了世界首个全尺度智能网联高速公路测试基地,研发了世界首台无人车室内快速测试台。北京主线科技有限公司研发了基于乘用车和小型轮式机器人的无人驾驶技术通用研发和测试平台。2019年4月,山东高速信息集团有限公司与长安大学将滨莱高速原址26km高速公路打造成了国内首个封闭式智能网联高速公路测试基地,可对车路协同整体方案进行系统化测试。

1.2.2 智能车路协同系统测评研究现状

1.2.2.1 基于纯软件仿真的 ICVIS-H 设计方案评估方法

在考虑安全和经济的前提下,在进行封闭场地和真实道路测试前,借助交通仿真环境的高效可重复性、接近真实测试环境的可靠性及可以涵盖多种交通环境等综合优势,对车路协同系统设计方案进行评估和验证是很有必要的。

基于仿真平台的车路协同系统性能测试评估方法,需要基于交通仿真软件对高速公路的道路交通网络进行建模,并基于网络仿真软件平台构建智能网联道路通信网络模型,针对典型应用场景进行具体仿真开发,通过车车(Vehicle-to-Vehicle,V2V)和车路(Vehicle-to-Infrastructure,V2I)通信实现相关道路信息的感知和传输。在此基础上,利用仿真结果数据对建立的系统功能测试评价指标进行计算,从而实现对 ICVIS-H 的综合评估。

现阶段,已有多项研究使用 VISSIM、TransCAD、Q-Paramics、TransModeler 等较为成熟的交通仿真软件实现微观、中观和宏观的交通系统测试研究[28]。北京交通大学范子健[29]基于 HLA(高层体系结构)联邦的设计思想,采用 RTI 为核心的分布式体系结构,将车路协同系统定义为联邦而搭建了车路协同系统仿真平台。孙剑[30]教授团队研发的同济交通网络仿真系统 TESS,完成了新的驾驶行为模块及路网编辑模块的集成,其具有全交通场景仿真、多模式交通仿真、智能交通系统仿真、可视化评估、二次开发接口和可定制六大功能。清华大学王冠等[31]面向车路协同系统的规模化、分布式仿真需求,设计了一款基于智能车路协同的 3D 可视化多功能交通仿真平台,以实现快速构建典型应用场景的目标。北京交通大学张立爽[32]根据车路协同的系统特征利用 Q-Paramics 交通仿真软件及 VS2013 搭建车路协同系统仿真测试平台,以评估车路协同系统下的交通运行效率。

除此之外,许多研究团队还开发了自动驾驶仿真测试平台,如基于 C++ 开发的 Car_demo、基于 Python 开发的 Self-driving-truck 和 DDPG-Keras-Torcs、基于 PreScan、Airsim、TransStar 等仿真软件开发的自动驾驶虚拟测试平台等。TASS International 公司研发的用于自动驾驶仿真测试的软件 PreScan[33],该软件可以配置道路、交通、天气等虚拟场景要素。基于 Unreal Engine 作为图像开发引擎的具有逼真虚拟场景的开源自动驾驶仿真平台 AirSim[34],具有快速测试和高效结果评估等特点。除此之外,还有德国宇航中心开发的 SUMO 微观仿真平台,荷兰应用科学研究所开发的智能汽车和交通仿真实验平台 VEHIL,美国麻省理工 MITSIM 实验室的 TMS 交通仿真平台及拉斯阿莫斯国家实验室的 TRANSIMS 交通仿真平台[35]。

1.2.2.2 基于人因工程的 ICVIS-H 场景功能评价方法

(1)基于驾驶模拟器的 ICVIS-H 测试平台。

驾驶模拟技术因其具有实时获取数据、事件及行驶轨迹可控、实现人机双在环测试以及高度逼真的模拟驾驶环境等优点,为研究人因层面的智能车路协同系统性能测试提供了支撑。如基于驾驶模拟技术对雾预警系统和碰撞预警系统的有效性进行评估,以及对雾天驾驶适应性、可变信息板控速效果进行评估等研究;同济大学的王品等[36]基于驾驶模拟器对拟建道路进行主客观安全评价研究,为基于人因的车路协同系统适应性研究提供了参考。

哈尔滨工业大学毛伟[37]采用 FDS 全尺寸驾驶模拟器、台式计算机进行车路协同场景搭建、功能模拟和数据采集。赵晓华等人[38]采用北京工业大学 AutoSimAS 驾驶模拟系统及华为平板电脑 M3 进行车路协同典型应用场景搭建和数据采集,此设备可动态采集坐标、速度、加速度、横向偏移、制动、节气门等数据。

(2)基于封闭试验场地的 ICVIS-H 测试平台。

2019 年 7 月,交通运输部首批认定了 3 家自动驾驶封闭场地测试基地,支持开展自动驾驶和车路协同测试,这 3 家测试基地分别位于交通运输部公路科学研究院(北京)、长安大学(西安)和重庆车辆检测研究院。2020 年,西南地区首个 5G 智能网联及 L4 级自动驾驶高速封闭测试场—龙池"车路协同"试验场测试段建成,并投入测试,在测试场景方面,支持工信部、公安部、国家标准化管理委员会三部委提出的 34 项标准场景、车路协同 84 项场景、自动驾驶 306 项场景,全面覆盖了智能网联的测试验证需求。同年,海信在研发中心建成了山东省首个企业级的车路协同测试基地,提供前向碰撞预警、道路危险状况提示、紧急制动预警、闯红灯预警等八大典型应用测试场景,为车路协同相关产品和系统的出厂提供科学、严谨、专业的测试环境。

(3)场景功能主观评价。

面向驾驶人个体,研究 ICVIS-H 作用本质的适应性评价,一般通过问卷调查的形式分析被试者对试验的整体感受。在被试者体验过车路协同场景功能后,以问卷调查的形式获取驾驶人对车路协同技术的主观认知感受,包括驾驶满意度、车路协同功能接受度及重要度排序等指标,从而分析车路协同技术对驾驶人是否产生积极作用。

在对问卷调查结果进行整理和分析之前,由于各个指标对评价目标实现的贡献程度不同,需要对各类指标确定合理的权重系数。因此,既需要具有丰富经验的专家参与评估,还需采用定量的方法来进行评价指标权重的确定。层次分析法(Analytic Hierarchy Process,AHP)[39]是对定性问题进行定量分析的一种简洁、易于理解且系统的多层次、多准则、多要素的非结构化复杂问题的决策方法。其流程图如图 1-4 所示,主要包括以下 5 个步骤。

①建立层次结构模型:针对智慧高速公路系统性能主观评价,分析系统中各因素之间的关系,将层次结构模型分为 3 层。第一层为目标层,用于获取驾驶人主观综合评分;第二层为准则层,展现建立的主观评价准则,如感知有用性及易用性、感知安全风险等;第三层为指标层,根据每项准则侧重点的不同,建立合适的评价指标集。

②构造判断矩阵：判断矩阵反映了同一层次中各因素关于上一层次的同一因素的相对重要性。可依据智能交通及驾驶性评价领域的相关专家对各层次指标进行两两比较并取平均值后的得分结果，建立各层次的判断矩阵。

③层次单排序：层次单排序指对于上一层某因素而言，本层次各因素的重要性排序。首先需要对判断矩阵的每一列进行归一化处理，然后将归一化后的判断矩阵按行求和得到特征向量，将其归一化处理后得到权重系数，最后根据判断矩阵和特征向量求得最大特征值。

④一致性检验：利用判断矩阵的最大特征值来检验其一致性，即判断思维的逻辑一致性，通常使用一致性指标和一致性比率进行检验。

⑤层次总排序：层次总排序是确定指标层中所有因素对于总目标相对重要性的排序权值过程，可确定指标层的各个元素对于总目标的相对重要程度。

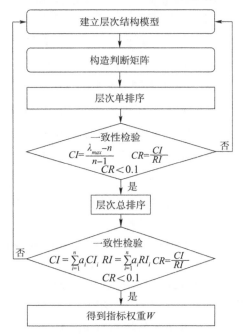

图 1-4　层析分析法流程图

这种多层次逐步深入的评价方法，对面向驾驶人适应性的智慧高速公路系统性能主观评价提供了具有指导意义和有效的执行思路。例如 Xu 等人[40]基于长安大学自动驾驶封闭场地测试基地中的九个典型场景，对自动驾驶汽车的智能度和接受度进行测评。他们邀请了 6 位驾驶人进行 6 次人工驾驶和 3 次自动驾驶体验，同时，邀请 5 位专家对这 9 次行驶状况质量进行评价，并利用层次分析法对专家打分结果进行定量分析，从而对自动驾驶汽车智能度和接受度进行评价，测试流程如图 1-5 所示。

（4）场景功能客观评价。

为了研究 ICVIS-H 对驾驶人操作行为的影响，准确反映驾驶人在车路协同技术辅助下的驾驶状态，需要从多维度、多层次等方面定量评价车路协同下整体交通运行的安全性、高效性、移动性、可靠性、生态性、舒适性、有效性与服务质量等性能，从而实现基于驾驶人适应性的 ICVIS-H 客观评价。

图 1-5 智能度测试流程图和接受度测试流程图

从人因因素的角度开展 ICVIS-H 主客观两方面的适应性研究，对未来提高驾驶人对 ICVIS-H 接受度，以及基于驾驶人个性化设计辅助驾驶服务奠定了基础。

1.2.2.3 基于实测数据的 ICVIS-H 运行效能评价方法

全自动电子收费系统（Electronic Toll Collection，ETC）是智能交通系统的服务功能之一，目前已被广泛应用于高速公路收费系统中。这种封闭式收费系统详细记录了出入口站、出入时间、车型、车道号等信息，由此可获取交通流量、拥堵、事故等交通事件信息[41]。

除此之外，GPS 浮动车也提供了一种低成本、覆盖范围大、易获取的新的交通数据采集和监测手段。GPS 车辆轨迹数据中包含实时的车辆位置、速度等信息以及车辆连续的空间信息，可用其估计路段平均速度、行程时间或者交叉口的排队长度、延误等交通信息，从而判断交通运行状况。一些知名企业（如高德地图、滴滴等）已经利用 GPS 车辆轨迹数据对城市的交通状态进行评估和研究，也可基于此数据对 ICVIS-H 运行效能进行评估[42]。

这两类数据均为基于交通数据的 ICVIS-H 运行效能评估方法（如 Before-after 与 With-without 评价方法）提供了宝贵的数据资源，为提升 ICVIS-H 对道路使用者和管理者的服务质量奠定基础。

（1）Before-after 评价方法。

Before-after 评价方法是将车路协同技术部署前后的高速公路交通运行状态数据进行定量的比较，从而分析车路协同技术对道路交通的实际影响[43]。基于 GPS 车辆轨迹数据和 ETC 收费门架数据，将 ICVIS-H 技术及管理策略实际部署之前与之后的交通网络运行状态数据采集和处理，依据安全、高效、可靠及服务质量等反映交通运行效能的客观评价指标将两者进行比较和分析，多方面统计交通运行及管控性能实际提升和降低的幅度，确定系统的有效性。

Before-after 评价方法的潜在局限性包括以下几点[44]：①当对原始高速公路系统导入多项车路协同技术或场景功能后，每项技术的贡献很难区分；②在 ICVIS-H 部署后，驾驶人可能需要一些时间来适应并调整其驾驶行为,因此,需要确定交通数据的采集时间,否则可能无法准确衡量系统实施后的真实效果;③Before-after 情况之间通常存在很长的时滞,使得这种方法容易受到时间相关性因素(例如出行方式变化、天气变化等)的影响而导致误差;④某些性能评价指标(如碰撞次数或需求)可能会随时间大幅波动,使得 before-after 评估的性能衡量标准不具有普适性和统一性,从而隐藏了系统的真实性能。

(2)With-without 评价方法。

With-without 方法是在相同时间、位置和条件下,基于 GPS 轨迹数据或 ETC 门架收费数据,对使用和不使用车路协同技术的车辆行驶数据(行驶速度、碰撞次数及收到预警通知后所采取的决策行为数据)进行定量的比较,实现对 ICVIS-H 运行效能的客观评估[43]。With-without 方法能够有效控制天气条件和其他混杂因素的可变性,更真实地反映系统性能。

1.2.3　智能车路协同系统研究现状总结

1.2.3.1　亟需建立具有高度共识的系统架构与标准体系

当代云计算、大数据、移动互联等领域正处于井喷式的发展阶段,为 ICVIS-H 进一步的技术迭代提供了丰富的技术实现途径。但具有共识的系统架构和标准体系的缺失,极易导致在 ICVIS-H 各要素进行技术迭代的过程中,各类示范工程与先导区的系统架构和技术体系形态各异、互联互通困难,这将阻碍未来 ICVIS-H 以"点—线—面"的良性融合与规模化发展的演进过程,甚至出现"推倒重来"的巨大风险。针对上述问题,我国亟需在广泛调研的基础上,构建具有广泛共识且具有良好互操作性、可扩展性和可升级性的 ICVIS-H 架构和标准体系,从而推动产业良性发展,提升投资利用率。

1.2.3.2　亟需开发满足多样化本地需求的感知与管控技术

感知与管控是 ICVIS-H 最为核心的输入和输出功能。针对 ICVIS-H 渐进式发展中所面临的不同智能等级、新建与改造等实际工程需求,其感知与管控技术所要求的设备性能存在较大差异。从广播式信息发布所需要的粗颗粒感知信息采集与管控指令发布,到高度协同管控所需的全息感知信息和低延时高精度决策与控制,其所需要的感知与管控实现技术手段存在着巨大差异。为满足上述需求,开发面向不同本地需求的感知与管控系统与技术体系,是 ICVIS-H 能够规模化落地的重要保障。

1.2.3.3　亟需构建具有量化测评能力的测试评价体系

对于 ICVIS-H 的评价应该是多方面的,比如对包括车载传感、运动规划与控制、能源管理、网络性能、计算能力与服务水平等在内的系统核心功能模型进行协同化、综合化的分析与评估;同时,也要对虚实混合交通主体的运行安全、效率、性能与优质服务等方面进行评估。但是,目前缺乏统一的 ICVIS-H 的标准和规范,也没有智能度连续分级的测试评价体系,无法针对 ICVIS-H 进行测评,这也是目前存在的一个重要问题。

1.2.3.4　亟需攻克保障系统运行的物理与信息安全问题

在 ICVIS-H 中,安全性一直居于首位。但由于现有感知、管控、发布等技术存在的诸多稳定性、时效性、协同性等瓶颈,现有系统并不能完全解决用户的安全性问题。此外,信息安全也将成为保障系统运行的关键要素。信息的采集、传输、存储、发布贯穿了 ICVIS-H 的全部运行过程,如何保证在身份认证、数据安全、传输安全三方面的安全性是 ICVIS-H 发展过程中所必须解决的关键问题。

1.2.3.5 亟需探索全新的系统运营和用户接受模式

相较于 ICVIS-H 技术上的突破,如何使系统运行与道路运营方的日常业务需求高效融合、如何使系统效能能够快速为用户所接受并保持足够的用户黏性,是 ICVIS-H 进一步发展的关键支撑。现有的研究和应用主要集中于验证系统的可行性和运行效率,对于运营模式和用户接受度的探索依然存在较大的研究空间。

1.3 本书定位与主要内容

1.3.1 本书定位

考虑到高速公路智能车路协同系统建设的必要性,以及当前高速公路智能车路协同系统高交互性、系统复杂性、场景多样性等特点,本书聚焦于 ICVIS-H 一体化架构设计与测评方法研究。从高速公路智能车路协同系统全局角度考虑,架构的完整统一和系统的测评方法已成为决定高速公路智能车路协同系统能否落地应用的重要因素。

在 ICVIS-H 架构方面,首先需要对 ICVIS-H 包含的信息与物理要素解耦,在此基础上构建的 ICVIS-H 模型才能具备多层次耦合特性,模型的普适性和可伸缩性才能保障其灵活应对工程项目的需要,然后,提出分层模块化的 ICVIS-H 一体化架构。在 ICVIS-H 测评方面,提出基于多层域的 ICVIS-H 测评体系,并利用主客观数据对 ICVIS-H 进行测试与评价。

1.3.2 本书主要内容

本书全面构建了 ICVIS-H 一体化架构,并提出对 ICVIS-H 进行测评的方法和实践。

第 1 章对 ICVIS-H 及研究现状做简要介绍。

第 2~4 章对 ICVIS-H 架构进行设计。其中,第 2 章介绍智能车路协同信息与物理要素解耦。对 ICVIS-H 系统信息要素和物理要素构成,构成要素与功能、场景之间耦合关系,系统信息流优化等方面进行了阐述。

第 3 章阐述了 ICVIS-H 关键技术,并对其进行分级。从"端"侧、"网"侧、"边"侧和"云"侧总结了应用在 ICVIS-H 上的关键技术,根据系统耦合理论对车路协同系统进行分级。

第 4 章介绍了基于分层模块化的 ICVIS-H 一体化架构。

第 5~7 章提出了对 ICVIS-H 进行测评的理论、方法和测试案例。其中,第 5 章介绍了基于多层域的 ICVIS-H 测评体系,并采用虚拟仿真、硬件在环、数字孪生和封闭测试基地等方法进行测试。

第 6 章利用驾驶模拟器对 ICVIS-H 主观测评,评价用户对智能车路协同系统的接受度和认知正确性。

第 7 章基于实测数据对 ICVIS-H 进行测评,分别利用 ETC 数据、营运车数据和跨杆视频数据进行分析与测评。

本章参考文献

［1］赵祥模,高赢,徐志刚,等. IntelliWay-变耦合模块化智慧高速公路系统一体化架构及测评体系［J］. 中国公路学报,2023,36(1):176-201.

［2］杜豫川,刘成龙,吴狄非,等. 新一代智慧高速公路系统架构设计［J］. 中国公路学报,2022,35(4):203-214.

［3］贾沛源. 智慧高速建设方案探究［J］. 中国交通信息化,2022,4:108-112.

［4］罗曦,孙超,张永捷,等. 智慧高速公路差异化建设策略研究［J］. 城市交通,2023,21(3):77-81.

［5］张国锋,李宁,秦通. 智慧高速公路车路协同系统构建方案研究［J］. 北方交通,2023,(6):91-94.

［6］王云鹏. 国内外 ITS 系统发展的历程和现状［J］. 汽车零部件,2012,6:36.

［7］DEEPAK G, VINCE G, ALI R, et al. Connected Vehicle Pilot Deployment Program Phase 1 Concept of Operations (ConOps) - ICF/Wyoming［M］. New York: Depart of Transportation Press, 2020.

［8］高航远. 智慧高速公路设计架构及技术探究［J］. 科技创新与应用,2021,11(21):87-89.

［9］HEJAZI H, BOKOR L. A Survey on the Use-Cases and Deployment Efforts Toward Converged Internet of Things (IoT) and Vehicle-to-Everything (V2X) Environments［J］. Acta Technica Jaurnensis, 2021, 15(2):58-73.

［10］ASADI B, VAHIDI A. Predictive Cruise Control: Utilizing Upcoming Traffic Signal Information for Improving Fuel Economy and Reducing Trip Time［J］. IEEE Transactions on Control Systems Technology, 2010, 19(3):707-714.

［11］AL-ADDAL S. Physical Planning for Transportation in Smart Cities for Achieving Sustainable Development Strategy［J］. PalArch's Journal of Archaeology of Egypt/Egyptology, 2020, 17(6):16451-16460.

［12］STILLER C, LEÓN F P, KRUSE M. Information Fusion for Automotive Applications-An Overview［J］. Information Fusion, 2011, 12(4):244-252.

［13］KOSCH, TIMO, KUIP, et al. Communication Architecture for Cooperative Systems in Europe［J］. IEEE Communications Magazine, 2009, 47(5):116-125.

［14］DAS A, ROYCHOUDHURY D, BHATTACHARYA D, et al. Authentication Schemes for VANETs: A Survey［J］. International Journal of Vehicle Information and Communication Systems, 2013, 3(1):1-27.

［15］DJAHEL S, DOOLAN R, MUNTEAN G M, et al. A Communications-oriented Perspective on Traffic Management Systems for Smart Cities: Challenges and Innovative Approaches［J］. IEEE Communications Surveys & Tutorials, 2014, 17(1):125-151.

［16］BUCH N, VELASTIN S A, ORWELL J. A Review of Computer Vision Techniques for the

Analysis of Urban Traffic[J]. IEEE Transactions on Intelligent Transportation Systems, 2011,12(3):920-939.

[17] LI H R,YU D H,BRAUN J E. A Review of Virtual Sensing Technology andApplication in Building Systems[J]. Hvac&R Research,2011,17(5):619-645.

[18] SJOBERG K,ANDRES P,BUBURUZAN T,et al. Cooperative Intelligent Transport Systems in Europe:Current Deployment Status and Outlook[J]. IEEE Vehicular Technology Magazine,2017,12(2):89-97.

[19] TURETKEN O,GREFEN P,GILSING R,et al. Business-Model Innovation in the Smart Mobility Domain[J]. Cooperative Intelligent Transport Systems:Towards High-Level Automated Driving(IET Transp),2019:63-86.

[20] KARAGIANNIS G,ALTINTAS O,EKICI E,et al. Vehicular Networking:A Survey and Tutorial on Requirements,Architectures,Challenges,Standards and Solutions[J]. IEEE Communications Surveys & Tutorials,2011,13(4):584-616.

[21] KAWAKUBO A,TOKORO S,YAMADA Y,et al. Electronically-Scanning Millimeter-Wave RADAR for Forward Objects Detection[J]. SAE Transactions,2004,113:124-131.

[22] TSUKADA N,FUKUSHIMA M. An Empirical Study of Measures for Preventing Crossing Path Collisions at Unsignalized Intersections—Development of Driving Safety Support Systems using Infrastructure-Vehicle Communication[J]. International Journal of Intelligent Transportation Systems Research,2011,9(2):82-92.

[23] 王兴举,杨磊,高桂凤. 日本VICS及ETC的发展状况与实施效果[J]. 交通标准化, 2010,15:65-68.

[24] YAMADA S. The Strategy and Deployment Plan for VICS[J]. IEEE Communications Magazine,1996,34(10):94-97.

[25] 佚名. 日本2020年国土交通白皮书[M]. 东京:国土交通省,2020.

[26] KANAZAWA F,KANOSHIMA H,SAKAI K,et al. Field Operational Tests of Smartway in Japan[J]. IATSS Research,2010,34(1):31-34.

[27] MAKINO H,TAMADA K,SAKAI K,et al. Solutions for Urban Traffic Issues by ITS Technologies[J]. IATSS Research,2018,42(2):49-60.

[28] 臧志刚,陆锋,李海峰,等.7种微观交通仿真系统的性能评价与比较研究[J]. 交通与计算机,2007,1:66-70.

[29] 范子健. 车路协同系统测试案例生成方法及其仿真实现[D]. 北京:北京交通大学,2013.

[30] 孙剑,吴志周. 车路协同系统一体化仿真实验平台[J]. 实验室研究与探索,2014,33(2):75-78+111.

[31] 王冠,胡坚明,霍雨森. 智能车路协同三维可视化交通仿真平台研究[C]//第十二届中国智能交通年会学术委员会. 第十二届中国智能交通年会大会论文集. 上海:电子工业出版社,2017:434-441.

[32] 张立爽. 车路协同系统交通仿真环境构建及效率评估方法[D]. 北京:北京交通大

学,2018.

[33] CHIEN S,LI L,CHEN Y. A Novel Evaluation Methodology for Combined Performance of Warning and Braking in Crash Imminent Braking Systems[J]. IEEE Intelligent Transportation Systems Magazine,2013,5(4):62-72.

[34] JING L,TIAN Y. Self-supervised Visual Feature Learning With Deep Neural Networks:A Survey[J]. IEEE Transactions on Pattern Analysis and Machine Intelligence,2020,43(11):4037-4058.

[35] 马育林. 车队协同驾驶分散变结构建模,仿真与控制研究[D]. 武汉:武汉理工大学,2012.

[36] 王品,张兰芳. 基于驾驶模拟器的公路路段主客观安全评价方法研究[J]. 华东公路,2015,4:102-106.

[37] 毛伟. 基于人因因素的车路协同系统适应性研究[D]. 哈尔滨:哈尔滨工业大学,2020.

[38] 赵晓华,陈雨菲,李海舰,等. 面向人因的车路协同系统综合测试及影响评估[J]. 中国公路学报,2019,32(6):248-261.

[39] VAIDYA O S,KUMAR S. Analytic Hierarchy Process:An Overview of Applications[J]. European Journal of Operational Research,2006,169(1):1-29.

[40] XU Z G,ZHANG K F,MIN H G,et al. What Drives People to Accept Automated Vehicles? Findings From a Field Experiment[J]. Transportation Research Part C:Emerging Technologies,2018,95:320-334.

[41] 周兰孙,郑豆豆. 基于高速公路ETC门架收费设施的车路协同系统探讨[J]. 中国交通信息化,2020,11:99-101.

[42] 闫晓晓. 基于GPS浮动车轨迹数据的交叉口流量预测[D]. 北京:北京交通大学,2019.

[43] AHMED M M,YANG G,GAWEESH S,et al. Performance Evaluation Framework of Wyoming Connected Vehicle Pilot Deployment Program:Summary of Phase 2 Pre-deployment Efforts and Lessons Learned[J]. Journal of Intelligent and Connected Vehicles,2019,2(2):41-54.

[44] NEUDORFF L G,RANDALL J,REISS R A,et al. Freeway Management and Operations Handbook[R]. Washington:Federal Highway Administration. 2003.

第2章 高速公路智能车路协同系统信息与物理要素解耦

本章针对 ICVIS-H 设施设备离散化、多样化等特点,为了构建"端-边-云"一体化的 ICVIS-H,对 ICVIS-H 信息要素和物理要素构成,构成要素与功能、场景之间耦合关系,信息流优化等方面进行研究,具体包括:高速公路智能车路协同系统物理要素与信息要素概述、基于场景驱动的高速公路智能车路协同系统解构、基于本体论的智能车路协同系统信息与物理要素解耦和车路协同信息业务优先级划分及信息流优化四部分内容。

2.1 高速公路智能车路协同系统物理要素与信息要素概述

本节从 ICVIS-H 的感知层、网络层、计算层、服务层四个层面,对系统物理要素和信息要素进行了梳理,全方位明确面向服务目标的车-车、车-路动态实时信息交互需求;以 ICVIS-H 的安全性、效率及服务质量为研究目标,多角度梳理涵盖人、车、路、环境、事件和典型服务的应用需求,并划分了面向上述目标的 ICVIS-H 的典型应用场景。

2.1.1 ICVIS-H 物理要素梳理

ICVIS-H 物理要素从感知层、网络层、计算层、服务层四个层面分别进行阐述,ICVIS-H 层级划分如图 2-1 所示。

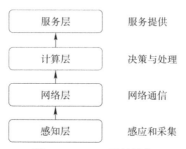

图 2-1 ICVIS-H 层级划分

感知层设备主要包括车辆传感器、雷达以及高精度定位与导航设备等,主要实现车辆环境感知、目标识别与道路信息采集;网络层设备主要为基站或通信传输设备,实现车车以及车路间的实时通信;计算层设备主要包括路侧计算设备以及车载计算设备,实现信息处理、数据融合以及目标决策;服务层设备主要包括路侧设备以及车载设备,路侧设备主要包括信号灯、标志牌等,车载设备包括车载显示器、车载语音设备等,为车辆提供信息支持系统各层级详细的设备信息。ICVIS-H 物理要素见表 2-1。

ICVIS-H 物理要素 表 2-1

层次	类型	序号	物理设备名称
感知层	路侧设备	1	视频监测器
		2	环形线圈车辆检测器
		3	雷达、激光雷达
		4	超高车辆检测器
		5	超载车辆检测器
		6	交通违法抓拍摄像机
		7	路面传感器
		8	风速、风向监测器
		9	降雨监测器
		10	无线信标
		11	ETC 门架系统
	车载设备	12	高精度定位与导航系统
		13	车载传感器
		14	驾驶员监测设备
		15	车内监测设备
网络层	路侧设备	1	智能路侧通信终端 I2X
	车载设备	2	智能车载通信终端 C-V2X
	基站	3	通信基站
计算层	路侧设备	1	服务器
		2	数据存储终端
		3	边缘计算单元
		4	接入交换机
		5	核心交换机
		6	工业级机架式交换机
		7	通用路由器
		8	VPN 网关
		9	安全网闸
		10	防火墙

续上表

层次	类型	序号	物理设备名称
计算层	车载设备	11	CPU
		12	GPU
		13	FPGA
		14	ASIC
服务层	路侧设备	1	信息发布屏
		2	标志牌
		3	信号灯
		4	信号机
		5	信息广播
		6	ETC
		7	结算中心
		8	服务区设备
	车载设备	9	车载显示器
		10	车载语音设备
	其他	11	个人移动设备

2.1.2 ICVIS-H 信息要素梳理

ICVIS-H 信息要素从感知层、网络层、计算层、服务层四个层面展开阐述，如图 2-2 所示。

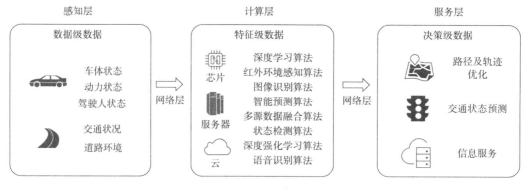

图 2-2 ICVIS-H 信息要素

感知层负责全面感知终端和数据状态，包括路侧交通状况、道路环境和车端车体状态、动力状态、驾驶人状态等的信息采集；网络层利用无线和有线网络对采集的数据进行编码、认证和传输，负责高效、准确地传输信息；计算层从大量的原始数据中抽取有价值的信息，即负责将数据转换成信息；服务层利用计算层的数据汇集，便捷灵活地为用户和公司提供高价值的服务信息。ICVIS-H 信息要素见表 2-2。

表 2-2　ICVIS-H 信息要素

层次	类型	序号	信息名称
感知层	路侧数据	1	道路环境感知信息
		2	道路运行状况感知信息
	车载数据	3	环境感知信息
		4	内部感知信息
		5	定位感知信息
网络层	路侧通信制式	1	LTE-V-Cell
		2	LTE-V-Direct
		3	DSRC
		4	Wi-Fi
		5	WiMAX
		6	5G
		7	4G
		8	RFID
		9	Gigabit Ethernet
	车内通信制式	10	CAN 总线
		11	以太网
		12	LIN 总线
		13	FlexRay
		14	FPD 链路
计算层	大数据技术	1	深度学习算法
		2	红外环境感知算法
		3	图像识别算法
		4	智能预测算法
		5	多源数据融合算法
		6	状态检测算法
		7	深度强化学习算法
		8	语音识别算法
	云计算技术	9	Spark + Hadoop 模式
		10	信息安全技术
		11	智能决策技术
		12	信息互通
		13	快速定位技术
		14	可视化技术

续上表

层次	类型	序号	信息名称
服务层	传统服务	1	交通信息发布
		2	交通信息诱导
		3	安全预警
		4	紧急救援
	新型服务	5	绿色节能服务
		6	无感支付
		7	智能养护
		8	无人驾驶
		9	高精地图
		10	通信服务
		11	数据传输

2.1.2.1 道路运行状况感知信息

道路运行状况感知信息包括交通状况、路面环境和道路事件感知信息,见表2-3。其中,交通状况包括:车道流量、车道平均速度、密度、车道时间占有率、车道空间占有率、车头时距、车头间距、排队长度、车辆类型等;路面环境包括车道宽度、道路表面冰、雪、结冰厚度、风速、降雨量、空气温度和湿度、坡度、能见度、路面温度等;道路事件包括:车道违停、违规逆行、压线、违规变道、机动车违法占据非机动车道、违规掉头、机动车事故、非机动车事故、行人事故、乘车人事故等。

道路运行状况感知信息　　　　　表2-3

类别	序号	名称	单位
交通状况	1	车道流量	pcu/h
	2	车道平均速度	km/h
	3	密度	pcu/km
	4	车道时间占有率	%
	5	车道空间占有率	%
	6	车头时距	s
	7	车头间距	m
	8	排队长度	m
	9	车辆类型	—
路面环境	1	车道宽度	m
	2	道路表面冰、雪、结冰厚度	cm
	3	风速	m/s
	4	降雨量	mm

续上表

类别	序号	名称	单位
路面环境	5	空气温度	°C
	6	空气湿度	%rh
	7	坡度	deg
	8	能见度	m
	9	路面温度	°C
道路事件	1	车道违停	—
	2	违规逆行	—
	3	压线	—
	4	违规变道	—
	5	违法占用应急车道	—
	6	违规掉头	—
	7	机动车事故	—
	8	超速行驶	—
	9	低速行驶	—
	10	乘车人事故	—

2.1.2.2 车身感知信息

车身感知信息包括车体状态、动力状态和驾驶人状态等,其中车体自身状态信息包括车辆经度、纬度、海拔信息、地理位置、车头方向角、车道保持偏离、横向加速度、纵向加速度等;此外,涉及车与其他物体的方位信息包括:横向间距、纵向间距、角度、相对速度等。表2-4所列为部分车身感知信息,将车身感知信息分为车体状态信息、动力状态信息和驾驶人状态信息三类,其中车体状态信息包括油耗、横向速度、横向加速度、横摆角速度、纵向速度、纵向加速度、转向盘转角等;动力状态信息包括油压、转速等;驾驶人状态信息包括驾驶时间、健康状况、疲劳状况等。

部分车身感知信息　　　　　　　　　　　表2-4

类别	序号	名称	单位
车体状态	1	时刻	ms
	2	位置(经度)	deg
	3	位置(纬度)	deg
	4	位置(海拔)	m
	5	车头方向角	deg
	6	车长	m
	7	车宽	m
	8	横向速度	m/s

续上表

类别	序号	名称	单位
车体状态	9	纵向速度	m/s
	10	横向加速度	m/s²
	11	纵向加速度	m/s²
	12	横摆角速度	deg/s
	13	转向信号	—
	14	转向盘转角	deg
	15	油耗	L/km
	16	冷却液温度	℃
动力状态	1	油压	kPa
	2	转速	r/min
	3	蓄电池容量	kW·h
驾驶人状态	1	年龄	y
	2	驾龄	y
	3	驾驶时间	h
	4	健康状况	—
	5	疲劳状况	—

2.1.2.3 网络层信息传输方式

网络层主要负责实现云平台、智能路侧系统和智能车辆系统之间的信息传输,信息交互示意图如图2-3所示。

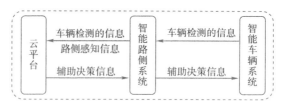

图2-3 信息交互示意图

信息传输中常见的通信制式有 LTE-V-Cell、LTE-V-Direct、DSRC、Wi-Fi、WiMAX、5G、4G、RFID、Gigabit 和 Ethernet。部分通信制式的性能见表2-5。

部分通信制式的性能[4]　　表2-5

特性	通信制式				
	LTE-V-Cell	LTE-V-Direct	DSRC	Wi-Fi	WiMAX
时延	端到端时延100ms	<50ms	<50ms	秒级	秒级
移动性	500km/h	500km/h	200km/h	<5m/h	>60m/h
通信距离	<1000m	<500m	<1000m	<100m	>15km

续上表

特性	通信制式				
	LTE-V-Cell	LTE-V-Direct	DSRC	Wi-Fi	WiMAX
数据传输速率	500Mbit/s	12Mbit/s	3~27Mbit/s	6~54Mbit/s	1~32Mbit/s
通信带宽	1.4~20MHz	20MHz	10MHz	20MHz	<10MHz
通信频段	LTE bands	5.905~5.925GHz	5.86~5.925GHz	2.4GHz, 5.8GHz	2.5GHz
标准	3GPP	3GPP	802.11p	802.11a,c	802.11e

2.2 基于场景驱动的高速公路智能车路协同系统解构

2.2.1 典型应用场景

根据对 ICVIS-H 已有场景功能的调研情况，初步对车路协同典型应用场景进行了梳理，见表 2-6。中国汽车工程学会统计出 40 个典型应用场景，涵盖安全、效率、信息服务三大类，其中安全类 19 个、效率类 12 个、信息服务类 9 个[1-2]。欧洲电信标准化协会（European Telecommunications Standards Institute，ETSI）定义了 52 个车路协同应用场景，涉及道路安全、交通效率和其他。3GPP（the 3rd Generation Partnership Project）定义了 27 个车路协同应用场景[3-4]。

ICVIS-H 典型应用场景 表 2-6

应用场景类别	序号	应用名称	定义组织
主动安全与控制类场景	1	前向碰撞预警	SAE-China、ETSI、3GPP
	2	侧向碰撞预警	SAE-China、ETSI
	3	后方碰撞预警	SAE-China
	4	紧急制动预警/自动紧急制动	SAE-China、ETSI、3GPP、ADAS
	5	异常车辆预警	SAE-China、ETSI
	6	车辆失控预警	SAE-China、3GPP
	7	道路安全预警	SAE-China、3GPP
	8	弯道速度预警	3GPP
	9	逆向行驶预警	3GPP
	10	错误行驶预警	SAE-China、ETSI
	11	盲区预警/变道辅助	SAE-China、ETSI、3GPP
	12	限速预警	SAE-China、ETSI
	13	基于环境物体感知的安全驾驶辅助提示	SAE-China
	14	逆向超车碰撞预警	SAE-China、ETSI
	15	前方静止/慢速车辆警告	SAE-China、ETSI

续上表

应用场景类别	序号	应用名称	定义组织
主动安全与控制类场景	16	车辆汇入预警	高速公路主动管理
	17	车辆汇出预警	高速公路主动管理
	18	特殊天气条件预警	高速公路主动管理、3GPP
	19	路面湿滑程度	3GPP
	20	自适应灯光控制	ADAS
	21	车道保持	ADAS、3GPP
	22	夜视系统	ADAS
	23	驾驶人疲劳探测/注意力检测	ADAS
	24	车道汇合提醒	3GPP
	25	前方车道变窄	3GPP
效率提升类场景	1	高优先级车辆让行	SAE-China、3GPP
	2	自适应巡航控制（ACC）	ADAS、3GPP
	3	紧急车辆信号优先权	SAE-China
	4	协作式自适应巡航控制（CACC）	SAE-China、ETSI、3GPP、ADAS
	5	前方拥堵提醒	SAE-China、ETSI
	6	自动驾驶专用道路管理	SAE-China
	7	道路施工/养护预警	ETSI、3GPP
	8	超车控制	ETSI、3GPP
	9	服务区自动泊车	3GPP
	10	动态潮汐车道行驶	SAE-China
	11	路线指引和导航	SAE-China、ETSI
	12	匝道入口信号灯动态优化	SAE-China、ETSI、3GPP、高速公路主动管理
	13	绿波车速引导	SAE-China、ETSI
	14	协作式车队/队列告警	SAE-China、ETSI、3GPP
	15	限行管理	SAE-China
	16	可变限速控制	高速公路主动管理
	17	混合交通管理	3GPP
	18	单车/队列跟驰控制	3GPP
	19	专用车道汇入与汇出控制	3GPP
信息服务类场景	1	服务信息公告	SAE-China、ETSI、3GPP
	2	智能汽车进场支付	SAE-China
	3	车辆远程诊断	SAE-China
	4	V2V 数据传输	SAE-China、CAVH

续上表

应用场景类别	序号	应用名称	定义组织
信息服务类场景	5	V2I 数据传输	CAVH
	6	I2V 数据传输	CAVH
	7	调查数据收集	SAE-China
	8	智能汽车远程支付	SAE-China
	9	商用及货用车在一定范围内的传输信息	SAE-China
	10	高精度定位	3GPP
	11	本地电子支付	SAE-China、ETSI
	12	智能汽车手机互联支付	SAE-China
	13	网络覆盖外的 V2X	3GPP
	14	媒体下载	ETSI
	15	地图下载和更新	ETSI
	16	紧急救援/特殊车辆避让(警车、救护车、消防车)	ETSI、3GPP
	17	自动出入控制	ETSI
	18	汽车租赁/分享转让/报告	ETSI
	19	生态/经济驱动	ETSI
	20	个人数据同步	ETSI
	21	被盗车辆告警	ETSI
	22	为产品生命周期管理收集车辆数据	ETSI
	23	保险和金融服务	ETSI
	24	车辆软件/数据供应和更新	ETSI
	25	装载区管理	ETSI
	26	车辆 OBU 和 RSU 数据校准	ETSI、CAVH
	27	可变情报板服务	高速公路主动管理
	28	电子警察系统	ADAS
	29	交通服务设施信息	3GPP
	30	高速出入口信息	3GPP
	31	停车限制	3GPP
	32	转向限制	3GPP
	33	前方交通事故提醒	3GPP
	34	前方交通管制提醒	3GPP

在对 ICVIS-H 典型应用场景调研基础上[5-9]，结合本项目的技术特点和应用示范经验，对 ICVIS-H 在应用层面上按照信息流的服务等级，可以划分出 5 个不同的典型场景，分别是单向信息发布、主动交通管理、伴随式信息服务、自动驾驶专用道和编队行驶。

(1) 单向信息发布。单向信息发布是一种广播式的交通信息服务，在日常状态下，高速公路交通广播为行驶在高速公路上的驾驶人、乘客提供实时路况、天气、资讯、娱乐等信息服务。除了传统广播媒体基本功能外,还具有紧急广播和数据推送功能,可以实现智能差异化交通信息服务,全面提升现有公路网络的信息服务水平和效率。

(2)主动交通管理。主动交通管理包括一系列完整连贯的交通管理措施,它可以对常发和偶发的交通拥堵进行临时管理,从而可以发挥现有交通设施的最大效益。通过运用高新科技,自动化地进行临时的调度和调整,在优化了交通系统性能的同时,避免了人工调度时间的延误,提高了交通系统的通行能力和安全性。

(3)伴随式信息服务。伴随式信息服务是基于车辆位置的全程交通信息服务,获取具备定位功能的设备当前的所在位置,按照用户个性化信息需求,主动通过无线通信、互联网、路侧设备提供信息资源和基础服务。

(4)自动驾驶专用道。自动驾驶专用道是利用车辆通信和自动控制技术,自动驾驶汽车(AVs)可以通过缩短连续车辆之间的行驶时间来提高道路通行能力。设置自动驾驶专用道可以将不同智能程度的车辆分离,提高道路通行能力减少拥堵,提高驾驶安全性,缩短行驶时间,更好地管理有人与无人驾驶混行地交通流。具备智能车路协同系统的高速公路可以将自动驾驶专用道作为一个典型应用场景进行研究和应用。

(5)编队行驶。编队行驶是将高速公路中运行的车辆以编队的形式行驶,协同控制CAV 安全、高效地通过冲突区域,能有效减少入口匝道的交通效率和燃油消耗,解决合流区域内网联自动驾驶车的全局最优协调问题。

2.2.2 典型场景功能划分

在 5 个典型场景划分基础上,对各典型场景的典型功能进行解构,具体的高速公路车路协同典型场景功能划分见表 2-7。

高速公路车路协同典型场景功能划分　　　表 2-7

典型场景	功能	类别
单向信息发布	异常天气预警	安全、服务
	环境异常信息预警	安全
	路况拥堵预警	效率
	异常事件预警	安全
	路面施工预警	安全
	道路障碍物预警	安全
	ETC 快速收费	服务
	交通通行信息发布; 交通管制信息发布	服务、效率
主动交通管理	交通疏散管控; 出行诱导服务	效率、服务
	合流区智能匝道管控(HDV)	效率
	分流区智能匝道管控(CAV)	效率
	可变限速控制; 精细化车道管控	效率

续上表

典型场景	功能	类别
伴随式信息服务	盲点预警	安全
	车速预警	安全
	变道预警	安全
	前车碰撞预警	安全
	侧向碰撞预警	安全
	紧急制动预警	安全
	弯道车辆侧翻预警	安全
	弯道最小跟车距离预警	安全
	紧急车辆预警	安全
	失控车辆预警	安全
	车辆汇入、汇出预警	安全、效率
	安全信息辅助提醒(陡坡、弯道、桥梁等)	安全、服务
	超车控制	安全
	智能停车引导	服务
	自动泊车	服务
自动驾驶专用道	专用车道超视距感知	安全
	专用车道协同换道与应急疏散	安全
	专用车道车路云协同纵向控制	安全
	专用车道路侧纵向控制	安全
	专用车道辅助定位	服务
	车辆识别和轨迹监测	服务
编队行驶	货车编队跟驰行驶	安全、效率
	货车编队拆分	效率
	货车编队重组	效率
	货车编队换道	效率

（1）单向信息发布场景中包括异常天气预警、环境异常信息预警、路况拥堵预警、异常事件预警、路面施工预警、道路障碍物预警、ETC 快速收费、交通通行信息发布、交通管制信息发布。异常天气预警是指路侧感知系统监测到异常天气时，对道路车辆发出预警，使其可以提前做出反应，提高行车安全性；环境异常信息预警包括车辆运行过程中，周围道路或车辆状态明显偏离于正常值时，为提供预警；路况拥堵预警是指路侧系统对交通流量、密度、速度等信息进行监测，一旦监测到拥堵，就向周围车辆发出预警，让其绕行或是采取其他行动，以防拥堵加剧；异常事件预警是指路侧系统对道路事件进行监测，当出现道路损毁、路面有抛洒物等异常事件的情况下，就向周围车辆发出预警，让其绕行或是采取其他行动，以防事故

发生;路面施工预警是指当路面进行施工时,车路协同系统中会记录该信息,并向提醒周围车辆,让其绕行或是采取其他行动,以防该路段交通流量超过其通行能力,发生拥堵;道路障碍物预警是指路侧系统对道路事件进行监测,当道路出现障碍物时,就向周围车辆发出预警,让其绕行或是采取其他行动,以防事故发生;ETC 快速收费是指车路协同系统中的全自动电子收费系统(Electronic Toll Collection,ETC)采用车辆自动识别技术完成车辆与收费站之间的无线数据通信,进行车辆自动感应识别和相关收费数据的交换;交通通行信息发布包括向路段上行驶的车辆发布交通流量、密度、速度等信息;交通管制信息发布包括向路段上行驶的车辆发布实时管控信息,避免因驾驶人错过标志牌而错过管控信息,同时也可以对违反管控要求的车辆进行实时预警。采用计算机网络进行收费数据的处理,实现不停车、不设收费窗口也能实现全自动电子收费。

(2)主动交通管理场景包括交通疏散管控、出行诱导服务、合流区智能匝道管控(HDV)、分流区智能匝道管控(CAV)、可变限速控制、精细化车道管控。交通疏散管控是指在突发事件发生时,交通发生瘫痪的情景下,车路协同系统使车辆有序地在最短时间内大量转移;出行诱导服务是指车路协同系统使用深度学习、大数据、云计算等技术为交通出行者提供实时的交通引导服务,及时提供市区交通信息,从而合理分流车辆,减轻拥堵,提高道路通行效率;合流区智能匝道管控(HDV)是指车路协同系统使用智能算法,帮助入口匝道驶入的车辆安全高速地汇入相邻的主线车道,减少对主线交通效率的影响;分流区智能匝道管控(CAV)是指车路协同系统使用智能算法,帮助主线车道上将要从出口匝道离开的车辆安全高速地驶出主线,减少对主线交通效率的影响;可变限速控制是指车路协同系统通过限速,将主流交通流控制在瓶颈的上游,在主线上形成一个受控拥堵区,在受控拥堵区和瓶颈区之间形成一个加速区,加速区允许离开受控拥堵的车辆以临界速度v_{cr}加速并穿过瓶颈;精细化车道管控是指车路协同系统可以在一个较小的道路区间内针对其交通特点对该区间内的车辆实施管控。

(3)伴随式信息服务场景包括盲点预警、车速预警、变道预警、前车碰撞预警、侧向碰撞预警、紧急制动预警、弯道车辆侧翻预警、弯道最小跟车距离预警、紧急车辆预警、失控车辆预警、车辆汇入、汇出预警、安全信息辅助提醒(陡坡、弯道、桥梁等)、超车控制、智能停车引导、自动泊车。盲点预警是指通过路侧系统对车辆视距范围以外的盲区进行危险预警;车速预警是指通过路侧系统对车辆行驶车速过快或者过慢进行危险预警;变道预警是指通过路侧系统对车辆变道行为进行监测,一旦有车辆发生变道就向周围车辆预警,以防交通事故的发生;前车碰撞预警是指路侧系统对同一车道上车辆间距进行监测,一旦间距小于某个值就向后方车辆发出预警,以防交通事故的发生;侧向碰撞预警是指路侧系统对道路车辆横向间距进行监测,一旦间距小于某个值就向双方车辆发出预警,以防交通事故的发生;紧急制动预警是指通过路侧系统对车辆行驶车速进行监测一旦加减速过快或者过慢,就进行危险预警;弯道车辆侧翻预警是指路侧系统对转弯车辆行驶车速进行监测一旦车速过快或者过慢,就进行危险预警;弯道最小跟车距离预警是指路侧系统对同一车道转弯车辆间距进行监测,一旦间距小于某个值就向双方车辆发出预警,以防交通事故的发生;紧急车辆预警是指道路出现如警车、消防车、救护车等紧急车辆时,对道路车辆进行提醒让道;失控车辆预警是指道路出现失控车辆时,对道路车辆进行预警提醒,及时避让;车辆汇入、汇出预警是指在道路接入点处,一旦有汇入、汇出车辆,就像周围车辆预警,以防事故发生;安全信息辅助提醒是指在陡坡、弯道、桥梁等特殊道路情况下路侧系统对行驶车辆发出预警,使其保持合理车速或者绕道;超车控制是指路侧系统在车辆有超车请求时,接管车辆的控制权,控制车辆的纵向、横向移动完成超车;智能停车引导是指路侧系统可以与停车场信息系统交互,获取道路周围停车场的停车空位信息,并将信息提前推送给驾驶人,以引导车辆往空闲停车场行驶;自动泊车是指路侧系统在车辆有泊请求时,接管车辆的控制权,控制车辆的纵向、横向移动完成泊车。

(4)自动驾驶专用道场景包括专用车道超视距感知、专用车道协同换道与应急疏散、专用车道车路云协同纵向控制、专用车道路侧纵向控制、专用车道辅助定位、车辆识别和轨迹监测。专用车道超视距感知是指专用车道在摄像头、毫米波雷达、激光雷达等传感器的基础上,利用 V2X 等通信技术,可以具备穿透部分障碍物和跨越遮挡物获取信息的感知能力,且支持全天候工作,不受天气状况影响;专用车道协同换道与应急疏散是指专用车道通过 V2X 等通信技术,通过路侧设备向车辆提供道路信息,协同其换道以及在紧急情况下协助车辆疏散;专用车道车路云协同纵向控制是指专用车道上的自动驾驶车与路侧设备进行交互、路侧设备又与云端信息服务平台之间进行信息交互,云端根据实际道路信息通过模型计算得到加速度等纵向控制数据,并向车辆发出加减速等纵向控制指令;专用车道路侧纵向控制是指专用车道上的自动驾驶车与路侧设备进行交互、通过路侧边缘计算设备根据实际道路信息通过模型计算得到加速度等纵向控制数据,并向车辆发出加减速等纵向控制指令;专用车道辅助定位是指通过专用车道路侧的感知系统获取目标对象和已知坐标对象的相对位置,从而计算出目标对象的位置;车辆识别和轨迹监测是指通过专用车道路侧的感知系统获取车辆信息并根据路侧计算设备或者云端利用算法模型对目标车辆进行车辆类型识别并跟踪其行驶轨迹。

(5)编队行驶场景包括货车编队跟驰行驶、货车编队拆分、货车编队重组、货车编队换道。货车编队跟驰形式指的是两辆或以上货车通过 V2V 车间通信,将前车的加减速等动作信息及车速、位置信息实时传递给后车并利用自适应巡航、车道偏离报警、自动制动等 ADAS 辅助系统对后车进行自动整体控制,以近距离间距编队形式在道路上行驶;货车编队拆分是指两辆以上货车组成的子车队从原车队中分离的过程;货车编队重组是指两辆或以上货车组成的车队合并重新组成新的车队的过程;货车编队换道是指两辆或以上货车组成的车队跟随头车从原车道驶出并驶入新车道的过程,头车通过感知、预测、规划与决策决定是否换道与换道时机,并与新车道上的临近车辆进行通信,多方协同完成换道过程。

2.3 基于本体论的智能车路协同系统信息要素与物理要素解耦

"端-边-云"一体化 ICVIS-H 建模的基础是对系统信息要素与物理要素解耦,这样构建的 ICVIS-H 模型才能具备多层次耦合特性,模型的普适性和可伸缩性才能保障其灵活应对工程项目的需要。本节研究了 ICVIS-H 的车端场景、路端场景、场景与功能的对应关系、功能与信息需求的对应关系,以及从物理设备到信息输出再到信息融合需求的对应关系,分别实现了车路端场景解耦、场景-功能解耦、场景-信息需求解耦和信息融合需求-物理信息输出解耦。同时,采用本体论思想,对车路协同系统进行了形式化表达。

2.3.1 智能车路协同系统信息要素与物理要素解耦

在充分探究 ICVIS-H 的车端场景、路端场景、场景与功能的对应关系、功能与信息需求的对应关系,以及从物理设备到信息输出再到信息融合需求的对应关系的基础上,分别实现了车路端场景解耦、场景-功能解耦、场景-信息需求解耦和信息融合需求-物理信息输出解耦。车路协同系统信息要素与物理要素解耦框架如图 2-4 所示。

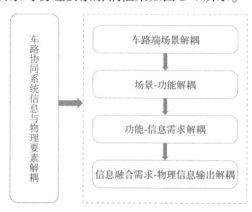

图 2-4 车路协同系统信息要素与物理要素解耦框架图

2.3.1.1 车路端场景解耦

基于 2.2 ICVIS-H 主要场景梳理,表 2-8 列出了车路协同系统中以路为主的自动驾驶场景,包括单向信息发布、主动交通管理、伴随式信息服务车。

车路两端主要场景解耦　　　　　　表 2-8

车路端	场景
路端为主	单向信息发布
路端为主	主动交通管理
路端为主	伴随式信息服务
车路云兼备	车路云一体化自动驾驶服务

2.3.1.2 场景-功能解耦

根据表 2-8 中的高速公路车路协同主要场景类别,表 2-9 列出了不同场景对应的主要功能。

场景-功能解耦　　　　　　表 2-9

场景	功能
单向信息发布	异常天气预警
	环境异常信息预警
	路况拥堵预警
	异常事件预警
	路面施工预警
	道路障碍物预警

续上表

场景	功能
单向信息发布	ETC快速收费
	交通通行信息
	交通管制信息
主动交通管理	交通疏散管控
	出行诱导服务
	合流区智能匝道管控
	分流区智能匝道管控
	可变限速控制
	精细化车道管控
伴随式信息服务	盲点预警
	车速预警
	变道预警
	前车碰撞预警
	侧向碰撞预警
	紧急制动预警
	弯道车辆侧翻预警
	弯道最小跟车距离预警
	紧急车辆预警
	失控车辆预警
	车辆汇入、汇出预警
	安全信息辅助提醒
	超车控制
	智能停车引导
	自动泊车
车路云一体化自动驾驶服务	专用车道超视距感知
	专用车道协同换道与应急疏散
	专用车道车路云协同纵向控制
	专用车道路侧纵向控制
	专用车道辅助定位
	车辆识别和轨迹监测
	货车编队跟驰行驶
	货车编队拆分
	货车编队重组
	货车编队换道

2.3.1.3 功能-信息需求解耦

根据表 2-9 列出的 ICVIS-H 主要功能,表 2-10 给出了不同功能的信息需求。需要指出的是其中某一功能可能对应多个信息需求,不同功能的部分信息需求会类似甚至一致。

功能-信息需求解耦　　　　　　　　　　表 2-10

功能	信息需求
专用车道超视距感知	车辆轨迹信息 范围:前方 200~500m;精确度:米级; 刷新率:>1Hz;通信与计算延误:200ms
	车辆轨迹信息 范围:后方 500m~前方 500m;精确度:米级; 刷新率:>1Hz;通信与计算延误:200ms
	交通信息/交通事故信息 信息内容:位置; 范围:前方 200~500m;精确度:米级; 刷新率:>1Hz;通信与计算延误:200ms
	道路信息/路面异物信息 信息内容:位置; 范围:前方 200~500m;精确度:米级; 刷新率:>1Hz;通信与计算延误:200ms
专用车道协同换道与应急疏散	车辆轨迹信息/专用车道车辆位置、速度 范围:前方 200~500m;精确度:米级; 刷新率:>1Hz;通信与计算延误:200ms
	车辆轨迹信息/侧方车道车辆位置、速度 范围:后方 500m~前方 500m;精确度:米级; 刷新率:>1Hz;通信与计算延误:200ms
	交通信息/专用车道交通流信息 范围:前方 0~1km;精确度:误差 5%; 刷新率:>1Hz;通信与计算延误:1s
	交通信息/侧方车道交通流信息 范围:前方 0~1000m;精确度:误差 5%; 刷新率:>1Hz;通信与计算延误:1s
	交通信息/交通事故信息 信息内容:位置; 范围:前方 200~500m;精确度:米级; 刷新率:>1Hz;通信与计算延误:200ms
	道路信息/路面异物信息 信息内容:位置; 范围:前方 200~500m;精确度:米级; 刷新率:>1Hz;通信与计算延误:200ms

续上表

功能	信息需求
专用车道车路云纵向控制	交通信息/专用车道交通流信息 范围:前方0~1km;精确度:误差5%; 刷新率:>1Hz;通信与计算延误:1s
	道路信息/线型类信息、路面湿滑和路面坑洞信息 范围:进入路段前>200m发布; 刷新率:无频率要求
专用车道队道路侧纵向控制	交通信息/专用车道交通流信息 范围:前方0~1km;精确度:误差5%; 刷新率:>1Hz;通信与计算延误:1s
	交通信息/动态交通管控信息 范围:前方0~1km; 刷新率:>0.1Hz;通信与计算延误:1s
	交通信息/车道级交通诱导信息 范围:前方0~1000m; 刷新率:>5Hz;通信与计算延误:10ms
	道路信息/线型类信息、路面湿滑和路面坑洞信息 范围:进入路段前>200m发布; 刷新率:无频率要求
专用车道辅助定位	车辆轨迹信息(隧道)/本车道车辆位置信息 范围:隧道;精确度:分米级; 刷新率:>5Hz;通信与计算延误:100ms
	车辆特征信息/车辆颜色、大小、牌号等描述性特征信息 信息内容:颜色、大小、牌号等; 范围:隧道;精确度:误差5%; 刷新率:>5Hz;通信与计算延误:100ms
车辆识别和轨迹监测	道路信息/线型类信息、路面湿滑和路面坑洞信息 范围:进入路段前>200m发布; 刷新率:无频率要求
	车辆特征信息/车辆颜色、大小、牌号等描述性特征信息 信息内容:颜色、大小、牌号等; 范围:隧道;精确度:误差5%; 刷新率:>5Hz;通信与计算延误:100ms
	车辆轨迹信息/本车车辆速度信息 精确度:1m/s; 刷新率:5s;通信与计算延误:1s

续上表

功能	信息需求
可变限速控制	交通信息(断面)/全车道交通流信息 范围:可变现限速管控路段; 信息区块大小为1~2km; 精确度:±10%; 刷新率:2min; 通信与计算延误:10s
合流区智能匝道管控(HDV)	交通信息(断面)/合流区上下游车道和匝道交通流信息 范围:重点瓶颈合流区匝道; 信息区块大小:合流区上/下游500~1000m; 精确度:±10%;刷新率:2min左右; 通信与计算延误:秒级
分流区智能匝道管控(CAV)	交通信息(断面)/单车车头时距、车速信息 范围:重点瓶颈合流区匝道; 信息区块大小:合流区内200~1000m; 精确度:±5%; 刷新率:秒级; 通信与计算延误:毫秒级
全路幅动态车道管控	交通信息(断面)/全车道交通流信息 范围:动态车道管控路段; 信息区块大小:500~1000m;精确度:±10%; 刷新率:5min;通信与计算延误:10s
智能停车引导	车辆特征信息/车辆颜色、大小、牌号等描述性特征信息 信息内容:颜色、大小、牌号等; 范围:隧道;精确度:误差5%; 刷新率:>5Hz;通信与计算延误:100ms
	附属设施信息/停车位等设施信息 信息内容:位置; 范围:停车场范围100~300m; 精确度:米级; 刷新率:1min; 通信与计算延误:秒级
ETC快速收费	车辆特征信息/车辆颜色大小牌号等描述性特征信息 信息内容:颜色、大小、牌号等; 范围:隧道;精确度:误差5%; 刷新率:>5Hz;通信与计算延误:100ms
	周边环境信息/收费站、路标等设施信息 信息内容:位置; 范围:前方200~500m; 精确度:米级; 刷新率:5min; 通信与计算延误:秒级

续上表

功能	信息需求
ETC 快速收费	车辆轨迹信息/本车车辆位置信息 范围:车道线外侧 1m 内;精确度:1m/s; 刷新率:5s;通信与计算延误:0.5s
安全信息辅助提醒 (陡坡、弯道、桥梁等)	交通信息/车道级交通诱导信息 范围:前方 0~1000m;精确度:无误差; 刷新率:>5Hz;通信与计算延误:10ms
	车辆特征信息/车辆颜色、大小、牌号等描述性特征信息 信息内容:颜色、大小、牌号等; 范围:隧道;精确度:误差 5%; 刷新率:>5Hz;通信与计算延误:100ms
	车辆轨迹信息/本车车辆速度信息 精确度:1m/s; 刷新率:5s;通信与计算延误:1s
车速预警	车辆轨迹信息/本车车辆速度信息 精确度:1m/s; 刷新率:5s;通信与计算延误:1s
变道预警	车辆轨迹信息/本车车辆位置信息 范围:车道线外侧 1m 内;精确度:1m/s; 刷新率:5s;通信与计算延误:0.5s
	道路状况信息/道路线型等信息 范围:本车前方 200m;精确度:车道线检测精度 95%; 刷新率:10s;通信与计算延误:1s
前车碰撞预警	车辆轨迹信息/本车车辆速度信息 精确度:1m/s;刷新率:5s; 通信与计算延误:1s
	车辆轨迹信息/本车车辆位置信息 范围:车道线外侧 1m 内;精确度:1m/s; 刷新率:5s;通信与计算延误:0.5s
	车辆轨迹信息/其他车辆位置、速度信息 范围:本车前方 50m;精确度:0.5s; 刷新率:0.5s;通信与计算延误:200ms
盲点预警	车辆轨迹信息/其他车辆位置、速度信息 范围:本车盲区范围内;精确度:分米级; 刷新率:1s;通信与计算延误:300ms

续上表

功能	信息需求
胎压预警	车辆状态信息/胎压信息 范围:低于原始胎压30%;精确度:+10%; 刷新率:3s;通信与计算延误:300ms
路况拥堵预警	道路状况信息/交通流(流量、密度、速度)信息 范围:本车前方200m;精确度:车流精度95%以上; 刷新率:10s;通信与计算延误:1s
交通事故预警	道路状况信息/事故发生位置信息 范围:本车前方500m;精确度:事故检测精度90%; 刷新率:20s;通信与计算延误:1s
路面施工预警	道路状况信息/施工发生位置信息 范围:本车前方200m;精确度:米级; 刷新率:10s;通信与计算延误:1s
道路障碍物预警	道路状况信息/障碍物位置信息 范围:本车前方200m; 精确度:障碍物检测精度90%; 刷新率:10s; 通信与计算延误:1s

2.3.1.4 信息需求-物理信息输出解耦

表2-11给出了从路侧物理设备到信息输出与信息需求的对应关系,涉及物理设备主要指路侧感知设备,包括毫米波雷达、激光雷达扫描仪、摄像头和智慧信标。

获取信息需求所需要的路侧物理设备 表2-11

信息需求	路侧物理设备
车辆位置、速度获取 4~14台/km单车布设(覆盖单车道),并通过V2V通信实现车间信息共享 车道级速密流数据获取 4~14台/km断面布设(覆盖2~3车道)	毫米波雷达 输出:车辆相对位置、速度; 感知距离:0.2~70m(近距);0.2~250m(远距); 精度:0.1(近距),0.4(远距); 频率:20Hz; 视场角:120°(近距),18°(远距); 车牌识别距离:22m
路面信息获取 按需求间隔布设	激光雷达扫描仪 输出:三维激光点云; 波长:903nm; 感知距离:120m(10%反射率); 线数:16/32; 精确度:±3cm; 旋转速率:5~20Hz; 输出特点:16线30万点/s

续上表

信息需求	路侧物理设备
动态交通管控信息获取 按需求间隔布设	摄像头 输出:车牌号、车型、车道、车辆品牌、车身颜色; 感知距离:40m内,26m处抓拍。 精确度: ①车牌、车型、车辆品牌、车身颜色:95%; ②车道判断:95%; ③车辆检测:99%。 帧率:25f/s; 码流:8192kbit/s
道路交通信息获取 按需求间隔布设	
路面信息获取 按需求间隔分布	
车辆特征信息获取 按需求间隔布设	
附属设施/周边环境信息获取 按需求间隔布设	
车道级速密流数据获取 67~125套信标/公里车道	智慧信标 输出:车速、车道、车型; 感知范围:8~15m/个,覆盖单车道。 精确度: ①车速、车道:95%; ②车型:90%; ③拥堵车流量统计:98%; ④平均驾驶速度:95%。 刷新率: ①单车:5次/s; ②交通信息:1次/s
车道级速密流数据获取 67~125套(信标+微波)/公里车道	智慧信标+微波 输出:车速、车道、车型;拥堵车流量、平均车速、异常停车、逆行。 精确度: ①拥堵车流量统计:98%; ②平均驾驶速度:95%; ③异常停车检测精度:95%; ④变道、逆行判定:95%。 刷新率: ①单车:5次/s; ②交通:1次/s

续上表

信息需求	路侧物理设备
车道级速密流数据获取 67~125 套信标/公里车道 +3 台摄像机	智慧信标 + 摄像头 + 微波 输出:多车道车辆的车速、车道、车型;拥堵车流量、平均车速、异常停车、逆行、车辆关联追踪及事件追溯。 精确度: ①车速、车道:95%; ②车型:90%; ③拥堵车流量统计:98%; ④平均驾驶速度:95%; ⑤异常停车检测精度:95%; ⑥变道、逆行判定:95%; ⑦关联精度:95%; ⑧追溯精度:90%。 刷新率: ①单车:5 次/s; ②交通:1 次/s

2.3.2 基于本体论的智能车路协同系统形式化表达

2.3.2.1 本体的概念及定义

本体起源于哲学领域,起初用其来表示时间的本原及其存在的性质。随之本体被引入计算机领域,用于表达人们对于领域的共同理解。近年来,本体的研究及应用日趋成熟,但在车路协同系统建模领域,本体论尚未得到应用。

在人工智能领域,Neches 等人最早给出"本体"定义。认为"本体定义了组成主题领域词汇表的基本术语及其关系,以及利用术语和关系组合规则来定义词汇的外延",也就是说本体是术语的一个闭包,它既包含有明确定义的术语,又包括根据规则导出的术语。本体的代表性定义如下:本体是对于"概念化"的某一部分的明确的总结或表达[10]。

本体提供了一组逻辑原语,以表达论域中概念的内涵,它具有严格的逻辑基础。本体实际上是对概念内涵的一种近似表达,而概念内涵是对概念外延或者概念真实含义的近似表示。本体通过对于概念、术语及其相互关系的规范化描述,刻画出某一领域的基本知识体系结构。根据概念粒度的相对大小,将本体分为顶层本体、领域本体、任务本体和应用本体[8],如图 2-5 所示。

通过本体语言,用户可以给领域模型编写清晰、形式化的概念描述。本体语言提供了概念、概念直接的关联、概念的实例等基本建模元素。传统的本体描述语言的语法,大多包含无格式的文本。它能提供统一的规范格式来构建本体。从结构上讲,本体可以是简单的树状结构也可以是复杂的网状结等。同时,引入本体论的思维逻辑后,可以进一步建立对应的本体模型,进行了可视化表达,丰富了对高速公路车路协同典型场景的研究。

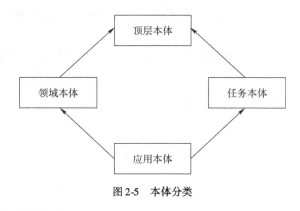

图 2-5　本体分类

2.3.2.2　本体的构造方法

目前,本体的构造方法及其性能的评估还未形成统一的标准,但是有一点得到公众的认可,在对特定领域的本体进行构造时,必须要求该领域专家的参与。如进行车路协同系统本体构造时,需要结合车路协同领域专家学者的意见。

一般情况下,本体的构造步骤如下。

第 1 步:首先确定本体域及其范围。在对具体研究的特定领域建立相应的本体时,需要明确研究的范围。

第 2 步:复用现有的本体。当前研究的领域如若需要融合其他领域的知识,则可考虑直接复用已有的本体,从而将资源的利用率最大化。

第 3 步:列举本体中的重要术语。通过术语表示所研究领域的各个实体对象及其属性、关系。

第 4 步:定义类和类层次。定义类即类的描述,包括类和相关子类的定义等。类层次定义时可采用自顶向下、自底向上以及两个方向同时进行这三种方法。

第 5 步:定义类的属性。常用属性类型有字符型、数值型、布尔型和枚举型。

第 6 步:定义槽的约束。一个槽可以有许多面,它们分别来描述值的大小、类型、范围等。

第 7 步:生成实例。定义一个类所需要的单个实例,这个过程需要三步,首先选择一个类,其次生成类的单个实例,最后填充槽的值。

2.3.2.3　车路协同系统本体库

基于本体论和车路协同系统特性,建立车路协同系统本体库,所构建的本体库包括物理资源语义本体模型和信息资源语义本体模型。

本体论的核心内容是本体论模型,建立一个完整有效的本体论模型通常需要以下四个步骤。

第 1 步:确定本体论研究的领域。将本体所要描述的特定领域归纳为一个名词,作为本体论模型中最大的主体。归纳为主体的名词不用过于具体,以便于列出更多的与主体相关的词条等。本书中确定要描述的特定领域为"高速公路车路协同典型场景"。

第 2 步:将需要研究的领域中的所有术语列出。这里的术语指的是与本体所要描述的特定领域相关的各种重要名词概念,本书中即为与高速公路车路协同相关的重要名词概念。

第3步：建立分类模型。通过修改此词条的固有属性和专用属性，对词条建立类及层级化的分类模型。

第4步：增加具象显示。对分类模型和词条之间建立连接关系，在所研究的特定领域中加入一个特定的例子。

本体论模型建立过程如图2-6所示。

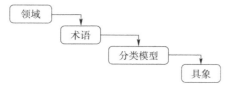

图2-6 本体论模型建立过程

2.3.2.4 高速公路车路协同场景本体模型构建

(1) 类的构建。

类描述了高速公路车路协同驾驶过程中典型场景中相关的不同概念，通过归纳、简化整理出相关的类，抽象出来的类的概念如图2-7所示。在高速公路车路协同中，按照信息流特征，可以按照总结划分出4个不同的典型场景，分别是单向信息发布、主动交通管理、伴随式信息服务、车路云一体化自动驾驶服务（包括自动驾驶专用道和编队行驶）。

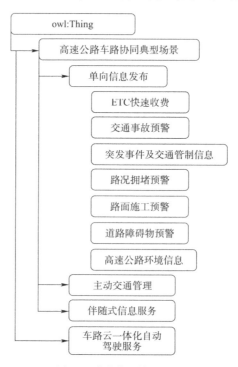

图2-7 类的简要关系展示

在类的划分当中，其中最上层的是所有类的超类owl:Thing。在超类的下面，递归地构建不同的子类和兄弟类，单项信息发布、伴随式信息服务、主动交通管理、编队行驶和自动驾驶专用道应为兄弟类，它们也是高速公路车路协同典型场景下这个类下面的子类，而高速公路车路协同典型场景即为 4 个具体场景业务的父类。同样的,异常天气预警、环境异常信息预警、路况拥堵预警、异常事件预警、路面施工预警、道路障碍物预警、ETC 快速收费、交通通行信息、交通管制信息是兄弟类,它们均为单向信息发布这个类的子类,单向信息发布是这几个类的父类。

在高速公路车路协同典型场景的建模中,我们将高速公路车路协同典型场景设置为父类,那单向信息发布、主动交通管理、伴随式信息服务、车路云一体化自动驾驶服务场景等子场景就是子类,表 2-9 中所列的功能是子类的子类。

(2)对象属性和数据类型属性的构建。

对象属性描述了概念类和概念类之间的关系。对每一个属性,均定义相对应的定义域(Domain)和值域(Range),以对描述的关系进行约束,且定义域和值域均为类类型。这里侧重于高速公路车路协同典型场景中的信息流流动,确定出"有信息流流动"这里对象属性,其具体定义域和值域分布见表 2-12。

对象属性的定义域和值域　　　　表 2-12

定义域	值域
单向信息发布	高速公路车路协同系统中的车端
主动交通管理	高速公路车路协同系统中的路端
伴随式信息服务	高速公路车路协同系统中的云端
车路云一体化自动驾驶服务	—

与对象属性不同的是,数据类型属性是类的内部属性,如在主动交通管理类中,存在主动交通管理所需要的信息,即为主动交通管理类的数据属性。交通疏散管控类是主动交通管理类的子类,也会一并继承了父类中的数据属性。比如,在自动驾驶专用道类以及其子类中,类中的数据属性如图 2-8 所示,其中,收集信息所需要的路侧物理设备均在属性描述的括号中展示出来。

图 2-8　类的数据属性示例图

（3）类的属性关系。

在本体模型的构建过程中，为了更进一步的展示不同类之间的联系，对类的属性进行图形化的展示，本体模型的图形化过程有两个方面的内容：一是高速公路车路协同场景的属性划分，二是前面所建的本体模型保存为OWL2的文件格式。在高速公路车路协同场景研究的本体建模中，对不同的类划分出具体的数据属性，这样，通过前面对不同父类和子类的属性的分析，便可以将类和属性之间的关系具体表现出来。

以上通过对高速公路车路协同典型场景进行详细阐述，从建模步骤出发，详细地介绍了本体论相关概念和本体模型的建立步骤，结合模型的步骤和注意事项，利用本体论对高速公路车路协同典型场景进行建模，并将模型中的数据进行分类汇总，以便于对高速公路车路协同典型场景及其中业务进行进一步的研究，对于高速公路车路协同技术的发展和推广都有促进的作用。

2.4　车路协同信息业务优先级划分及信息流优化

应对层次分析法的主观性偏差[10,11]，本节将遗传算法、模拟退火算法和层次分析法结合为遗传模拟退火算法改进的层次分析法GSA-AHP，用以求解高速公路车路协同系统中不同场景功能的权重系数，进而判定其相对优先级。

2.4.1　GSA-AHP 算法设计

GSA-AHP算法设计流程图如图2-9所示。

首先分解问题，构建层次分析模型，然后将初始的判断矩阵集合作为遗传算法的初始种群，计算种群中个体的适应度，如果没有满足遗传算法的迭代条件，将会进入迭代循环；如果满足，则计算出场景功能的优先级判定结果，算法流程结束。在遗传算法的迭代过程中，使用精英保留、变异和交叉操作生成新个体。其中，精英保留策略会进入模拟退火算法中，将个体中的精英作为初始解，在当前解的随机选取新解并接受判定，温度下降，直至满足模拟退火算法的迭代终止条件。

在高速公路车路协同系统不同功能优先级的判定问题中，从上到下可以展现为一个层次结构，不同的元素通过层级关系联系起来，本书中将按照目标层、准则层、场景层和功能层的顺序依次展开。

在目标层中，因为要判定场景功能的优先级，所以在高速公路车路协同典型场景及功能的层次模型建立过程中，将不同场景下功能优先级的划分作为层次分析模型的目标。

在准则层中，2022年，交通运输部在印发的《交通强国建设评价指标体系》中，指出围绕"安全、便捷、高效、绿色、经济"建设现代化综合交通运输评价指标体系[13]。同时，在高速公路典型场景下，安全、便捷、高效、绿色和经济这5条是多种情况下可以通用的准则，所以，本章以安全、便捷、高效、绿色和经济作为准则层的组成元素。

在场景层和功能层中，构建完层次分析模型的目标层和准则层后，以典型场景作为模型场景层的元素，以场景下的功能作为功能层的组成，建立出层次分析模型。高速公路车路协同功能层次分析结构图如图2-10所示。

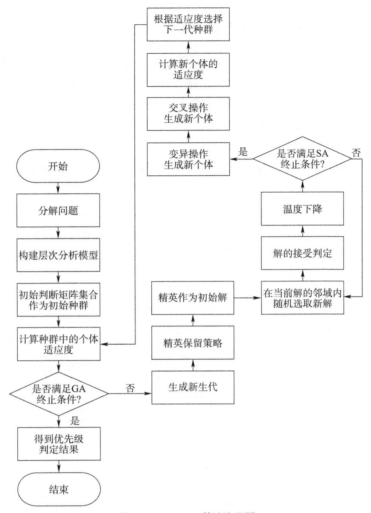

图 2-9　GSA-AHP 算法流程图

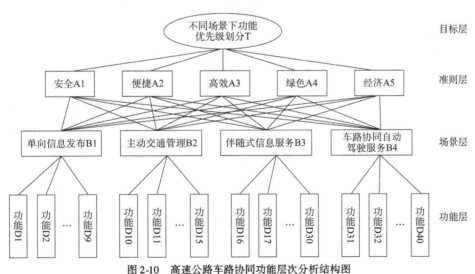

图 2-10　高速公路车路协同功能层次分析结构图

2.4.2 场景功能优先级层次结构模型求解

为得到层次分析模型中各层级的判断矩阵,本书设计出涵盖每个层级的专家打分表,邀请参与国家重点研发计划"高速公路智能车路协同系统集成应用"的 10 位专家填写《专家打分表》,对各个层级的因素进行重要度的两两比较打分,参与打分的专家背景多元,包括高校、科研单位、高速公路运营管理公司、咨询设计单位和智能交通企业,具有一定代表性。

结合不同层级的判断矩阵,通过修正后判断矩阵的分层计算,得到典型场景的优先级次序,在每个典型场景中进一步判定出不同功能的优先级次序。高速公路车路协同典型场景、交通典型场景及具体场景通信业务见表 2-13。

高速公路车路协同典型场景、交通典型场景及具体场景通信业务　　　表 2-13

交通场景层	优先级	功能业务层	功能序号	功能的相对优先级
单向信息发布	4	异常天气预警	1	6
		环境异常信息预警	2	6
		路况拥堵预警	3	5
		异常事件预警	4	2
		路面施工预警	5	4
		道路障碍物预警	6	1
		ETC 快速收费	7	7
		交通通行信息	8	7
		交通管制信息	9	3
主动交通管理	3	交通疏散管控	10	4
		出行诱导服务	11	4
		合流区智能匝道管控	12	1
		分流区智能匝道管控	13	1
		可变限速控制	14	2
		精细化车道管控	15	3
伴随式信息服务	2	盲点预警	16	4
		车速预警	17	6
		变道预警	18	6
		前车碰撞预警	19	1
		侧向碰撞预警	20	1
		紧急制动预警	21	2
		弯道车辆侧翻预警	22	3
		弯道最小跟车距离预警	23	3

续上表

交通场景层	优先级	功能业务层	功能序号	功能的相对优先级
伴随式信息服务	2	紧急车辆预警	24	8
		失控车辆预警	25	5
		车辆汇入、汇出预警	26	8
		安全信息辅助提醒(陡坡、弯道等)	27	8
		超车控制	28	7
		智能停车引导	29	9
		自动泊车	30	9
自动驾驶服务	1	专用车道超视距感知	31	6
		专用车道协同换道与应急疏散	32	4
		专用车道车路云协同纵向控制	33	1
		专用车道路侧纵向控制	34	2
		专用车道辅助定位	35	7
		车辆识别和轨迹监测	36	7
		货车编队跟驰行驶	37	3
		货车编队拆分	38	5
		货车编队重组	39	5
		货车编队换道	40	3

2.4.2.1 场景层面

在场景层面,按照优先级次序从高到低依次是车路云一体化自动驾驶服务场景、伴随式信息服务场景、主动交通管理场景和单向信息发布场景。结合实际情况分析如下。

(1)车路云一体化自动驾驶服务场景的优先级较高,是因为自动驾驶技术作为车路协同系统的核心发展方向之一,具有极高的潜力和重要性。自动驾驶技术的实现可以大幅提升交通安全性、流畅性和舒适性,实现无人驾驶的愿景。

(2)伴随式信息服务场景的优先级次之,因为伴随式信息服务可以为驾驶人提供实时的、个性化的交通信息和辅助决策,提高驾驶安全性和效率。该场景中的功能主要关注车辆之间的信息交互和协同,使得驾驶人能够更好地应对道路情况并做出正确的驾驶决策。

(3)主动交通管理场景的优先级较低,是因为该场景主要涉及交通管理部门的主动干预和调控,对车辆驾驶人的直接影响较小。该场景中的功能主要包括交通流量管理、道路拥堵缓解、交通事故处理等,旨在提高交通流的效率和安全性,优化交通资源的利用。

(4)单向信息发布场景的优先级最低,是因为该场景中的功能主要是单向的信息发布,车辆驾驶人可以通过接收到的信息做出相应的反应。这些功能通常包括路况信息、交通通行信息、紧急事件通知等,对车辆驾驶人的决策和行驶方式有一定的影响,但相对于其他场景而言,影响程度较小。

2.4.2.2 功能层面

在功能层面,每个场景内的功能优先级可以继续划分。例如,根据表2-13,在主动交通管理场景中,功能优先级从高到低排序依次是合流区智能匝道管控、分流区智能匝道管控、可变限速控制、精细化车道管控、交通疏散管控和出行诱导服务。由于合流区智能匝道管控和分流区智能匝道管控的权重相等,交通疏散管控和出行诱导服务的权重相等,所以,此场景中包含6个功能,存在4个优先级次序。结合实际情况分析如下。

(1)合流区智能匝道管控和分流区智能匝道管控的在场景中优先级最高且相同。这是因为合流区和分流区在高速公路上起到了重要的交通调度和管理作用。通过智能匝道管控系统,可以实时监测和控制车辆的合流和分流行为,优化交通流动,减少交通堵塞和事故风险。

(2)可变限速控制的优先级较高。通过智能控制系统,根据实时交通状况和道路条件,动态调整限速,能够提高交通流量的稳定性和平衡性,降低交通事故风险,并保障道路上的车辆运行安全。

(3)精细化车道管控的优先级次于可变限速控制。精细化车道管控系统可以根据交通需求和流量情况,对车道进行管理和优化,如临时关闭或开放车道、设置专用车道等,以提高车辆通行效率和交通流动性。

(4)交通疏散管控和出行诱导服务的优先级相同,略低于前面的功能。交通疏散管控系统主要应对突发事件和紧急情况,通过调度和控制交通流向,实现快速、安全的车辆疏散。而出行诱导服务则提供路线选择、导航指引等信息,引导驾驶人选择最佳的行车路线,减少拥堵和行程时间。

2.4.3 BEB算法改进

在实际的ICVIS-H中,为实现车辆与道路基础设施之间的协同感知、协同决策和协同控制,高度依赖无线信息的传输[14]。在本书第3章中,已经判定出不同场景功能的优先级次序。因此,在系统的无线传输过程中,可以针对场景和业务的权重优先级,对BEB算法进行改进,以提高系统性能和效率。

在ICVIS-H中,系统中的场景有权重的高低之分,场景中的功能业务也存在优先级的先后顺序,如果重要度较高的功能业务一直没有竞争信道成功,或者发送的时延较大,这无疑是会对系统产生较大影响的。由于BEB算法是道路信息传输过程的至关重要的组成部分,所以,根据场景及其功能的优先级顺序,针对BEB算法进行改进[14,15]。

在考虑优先级的二进制指数退避算法(Priority Binary Exponential Backoff,PBEB)设计中,为了使场景中功能所对应信息流的权重优先级顺序与BEB算法的改进相结合,将系统中的信息流抽象为拓扑图中的信息流节点,考虑不同功能所属的场景存在优先级次序,在算法中引入场景优先级系数 λ_k,其中,整数 k 为信息流节点所属场景的优先级,取值范围为 $k \in \{1,2,3,\cdots,K\}$,当 $k=1$ 时表示优先级最高,当 $k=K$ 时表示优先级最低。在确定PBEB算法的竞争窗口后,需要结合系数 λ_k 生成子竞争窗口,生成方式为:

$$CW_{sub} = \text{int}(\lambda_k CW) \tag{2-1}$$

式中：CW_{sub}——子竞争窗口；
　　　int——取整函数；
　　　k——场景优先级；
　　　λ_k——场景优先级系数，取值为 $\max(1/2^{4-k}, 1/CW)$。

对于优先级较高的节点，其退避时隙应更小，对于优先级较低的节点，其退避时隙的大小应更大。通过这种方式，在竞争信道的过程中，优先级较高的信息流节点相对于优先级较低的信息流节点有着更多的优势。定义整数 α 为信息流节点的优先级，且 $\alpha \in \{1,2,3,\cdots,M\}$，$\alpha$ 的大小和优先级的大小呈反比关系，即，当 $\alpha = 1$ 时表示优先级最高，当 $\alpha = M$ 表示优先级最低，得到退避时隙数 $backoff\_time$ 的计算方式为：

$$backoff\_time = slot\_time \times \text{int}(CW_{sub} \times Random()) + slot\_time \times \alpha \qquad (2\text{-}2)$$

式中：$Random()$——随机函数；
　　　α——场景内功能的相对优先级。

联立式(2-1)和式(2-2)，可得到退避时间的计算方式为：

$$backoff\_time = slot\_time \times \text{int}(CW \times \lambda_k \times Random()) + slot\_time \times \alpha \qquad (2\text{-}3)$$

根据式(2-3)，可以确定不同场景中不同优先级功能对应信息流节点的退避时间。具体改进的退避时间见表 2-14。需要注意的是，为了更为直观地表达，本书中的优先级先后与其符号表示中的数字大小呈反比关系，例如，优先级为 L_1 的功能，比优先级为 L_4 的功能优先级更高。

各功能优先级对应的退避时间　　　表 2-14

交通场景	优先级		退避时间
单向信息发布场景	L_4	L_{47}	$slot\_time \times \text{int}(CW \times \lambda_4 \times Random()) + slot\_time \times 7$
		L_{46}	$slot\_time \times \text{int}(CW \times \lambda_4 \times Random()) + slot\_time \times 6$
		L_{45}	$slot\_time \times \text{int}(CW \times \lambda_4 \times Random()) + slot\_time \times 5$
		L_{44}	$slot\_time \times \text{int}(CW \times \lambda_4 \times Random()) + slot\_time \times 4$
		L_{43}	$slot\_time \times \text{int}(CW \times \lambda_4 \times Random()) + slot\_time \times 3$
		L_{42}	$slot\_time \times \text{int}(CW \times \lambda_4 \times Random()) + slot\_time \times 2$
		L_{41}	$slot\_time \times \text{int}(CW \times \lambda_4 \times Random()) + slot\_time \times 1$
主动交通管理场景	L_3	L_{34}	$slot\_time \times \text{int}(CW \times \lambda_3 \times Random()) + slot\_time \times 4$
		L_{33}	$slot\_time \times \text{int}(CW \times \lambda_3 \times Random()) + slot\_time \times 3$
		L_{32}	$slot\_time \times \text{int}(CW \times \lambda_3 \times Random()) + slot\_time \times 2$
		L_{31}	$slot\_time \times \text{int}(CW \times \lambda_3 \times Random()) + slot\_time \times 1$
伴随式信息服务场景	L_2	L_{29}	$slot\_time \times \text{int}(CW \times \lambda_2 \times Random()) + slot\_time \times 9$
		L_{28}	$slot\_time \times \text{int}(CW \times \lambda_2 \times Random()) + slot\_time \times 8$
		L_{27}	$slot\_time \times \text{int}(CW \times \lambda_2 \times Random()) + slot\_time \times 7$
		L_{26}	$slot\_time \times \text{int}(CW \times \lambda_2 \times Random()) + slot\_time \times 6$
		L_{25}	$slot\_time \times \text{int}(CW \times \lambda_2 \times Random()) + slot\_time \times 5$

续上表

交通场景	优先级		退避时间
伴随式信息服务场景	L_2	L_{24}	$slot\_time \times \text{int}(CW \times \lambda_2 \times Random(\ )) + slot\_time \times 4$
		L_{23}	$slot\_time \times \text{int}(CW \times \lambda_2 \times Random(\ )) + slot\_time \times 3$
		L_{22}	$slot\_time \times \text{int}(CW \times \lambda_2 \times Random(\ )) + slot\_time \times 2$
		L_{21}	$slot\_time \times \text{int}(CW \times \lambda_2 \times Random(\ )) + slot\_time \times 1$
自动驾驶服务场景	L_1	L_{17}	$slot\_time \times \text{int}(CW \times \lambda_1 \times Random(\ )) + slot\_time \times 7$
		L_{16}	$slot\_time \times \text{int}(CW \times \lambda_1 \times Random(\ )) + slot\_time \times 6$
		L_{15}	$slot\_time \times \text{int}(CW \times \lambda_1 \times Random(\ )) + slot\_time \times 5$
		L_{14}	$slot\_time \times \text{int}(CW \times \lambda_1 \times Random(\ )) + slot\_time \times 4$
		L_{13}	$slot\_time \times \text{int}(CW \times \lambda_1 \times Random(\ )) + slot\_time \times 3$
		L_{12}	$slot\_time \times \text{int}(CW \times \lambda_1 \times Random(\ )) + slot\_time \times 2$
		L_{11}	$slot\_time \times \text{int}(CW \times \lambda_1 \times Random(\ )) + slot\_time \times 1$

确定不同优先级功能的退避时间之后，相当于确定了 PBEB 算法中的竞争窗口 CW 和退避时间 $backoff\_time$ 的大小。所以，在 ICVIS-H 中，基于功能优先级的 PBEB 算法流程如图 2-11 所示。

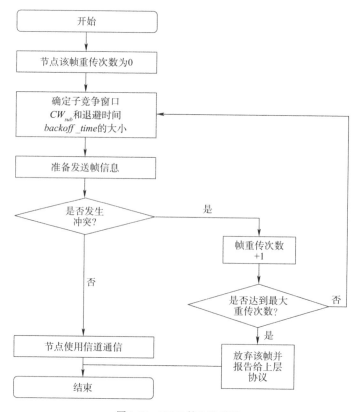

图 2-11　PBEB 算法流程图

2.4.4 仿真实验和结果分析

2.4.4.1 实验评价指标

(1)平均排队长度。实验中的排队长度即高层数据包队列大小,即从高层到达的数据包在缓存中等待发送时排队的长度,在仿真软件中从发送端统计。

(2)平均时延。数据包从终端产生到成功的传输到接入点的平均时间间隔称为平均时延。平均时延是个重要的衡量指标,其大小与数据包长度等因素相关。平均时延的计算方式为:

$$D = QE_{slot} \tag{2-4}$$

式中:D——平均时延的数学期望;

Q——数据包成功传输所需时隙数的数学期望;

E_{slot}——时隙平均长度的数学期望。

(3)吞吐量。将 S 定义为系统的归一化吞吐量,指单位时隙内有效数据包传输量与平均时隙长度之比例。

$$S = \frac{P_s P_{tr} E(P)}{(1-P_{tr})\sigma + P_s P_{tr} T_s + (1-P_s) P_{tr} T_c} \tag{2-5}$$

式中:S——系统归一化吞吐量;

P_s——当且仅当一个节点发送数据包的概率;

P_{tr}——有大于等于一个节点发送数据包的概率;

$E(P)$——数据包长度的数学期望;

T_s——数据包传输成功时信道占用的平均时长;

T_c——数据包传输失败时信道占用的平均时长。

常态化吞吐量可定义为单位时间内成功传输到接入点的数据包的总数。计算方式为:

$$S' = \frac{T \times n}{R} \tag{2-6}$$

式中:S'——系统常态化吞吐量;

T——每个数据包包含的信息比特数;

n——单位时间内成功传输的数据包个数;

R——数据传输速率。

(4)重传尝试。重传尝试是指在媒体访问控制层协议中会对发送失败的数据包进行重新传送的尝试,当重传尝试大于系统规定的最大次数时,该数据包会被丢弃并报告给上层协议。

此外,还需要得出非参数方法计算的置信区间。

由于仿真得出的数据结果不一定符合正态分布,所以,需要使用非参数方法分析数据,本书中使用 bootstrap 方法来计算置信区间。bootstrap 方法是一种强大的非参数统计方法,可以用于估计一个统计量的分布。在使用 bootstrap 方法计算出置信区间后,即可量化地确定改进后算法的有效性。例如,得到改进百分比的置信区间为$[\alpha,\beta]$,则说明有95%的置信水平相信真实的总体改进百分比位于区间$[\alpha,\beta]$内。

2.4.4.2 仿真结果及分析

由于单向信息发布、主动交通管理、伴随式信息服务和车路云一体化自动驾驶服务场景在信息传输方式和信息传输过程存在区别,所以,在具体的仿真过程中分别在不同场景下进行仿真。

在上述的设定下,用OPNET Modeler对PBEB算法进行仿真,并与BEB算法进行对比分析,每次仿真时间为600s,仿真次数20次,每次随机种子均不同,将仿真的结果存储到EXCEL表格中,并使用Python3中的openpyxl、numpy和matplolib库协助取得数据并计算平均值,再对得出的结果数据进行画图分析。

单向信息发布场景中,信息传输方式为单向,信息传输对象为群发,划分有7种不同的功能。仿真过程中,信息流节点对应的信息传输为单向且群发,共设置7种信息流节点,每个节点分别对应单向信息发布场景中不同优先级的功能。

主动交通管理场景中,信息传输方式为单向,信息传输对象为点对点,划分有4种不同的功能。仿真过程中,信息流节点对应的信息传输为单向且点对点,共设置4种信息流节点,每个节点分别对应主动交通管理场景中不同优先级的功能。

伴随式信息服务场景中,信息传输方式为双向,信息传输对象为群发,划分有9种不同的功能。仿真过程中,信息流节点对应的信息传输为双向且群发,共设置9种信息流节点,每个节点分别对应伴随式信息服务场景中不同优先级的功能。

车路云一体化自动驾驶服务场景中,信息传输方式为双向,信息传输对象为点对点,划分有7种不同的功能。仿真过程中,信息流节点之间的信息传输为双向且点对点,共设置7种信息流节点,每个节点分别对应车路云一体化自动驾驶服务场景中不同优先级的功能。

(1)信息流节点平均排队长度。由图2-12可以看出,在4种单一场景中,在算法改进前,不同优先级信息流节点的平均排队长度呈现出没有规律的变化趋势,总体变化幅度较小,相比较优先级低的节点,优先级高的节点的平均排队长度可能反而更大。在算法改进后,4种单一场景中,随着信息流节点编号增大,节点的平均排队长度同时也在递增。即,在同一场景内,优先级越高的功能,在信息传输过程中平均排队长度越小;优先级越低的功能,在信息传输过程中平均排队长度越大。

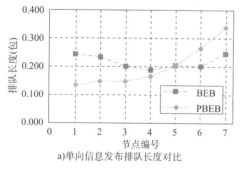
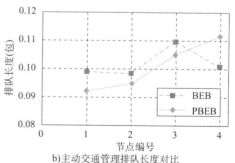

a)单向信息发布排队长度对比　　b)主动交通管理排队长度对比

图 2-12

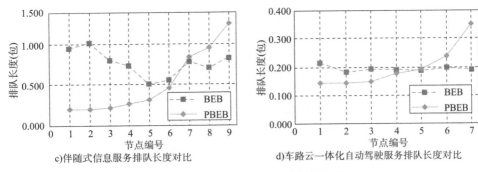

c) 伴随式信息服务排队长度对比　　d) 车路云一体化自动驾驶服务排队长度对比

图 2-12　4 种单一场景下节点平均排队长度

在表 2-15 中，单独列出在 95% 置信度条件下单向信息发布场景中 1-7 号信息流节点的平均排队长度优化置信区间。可以看出，在单向信息发布场景中，由于信息流节点 1 的优先级相比较其他信息流节点更大，它的优化效果也更好，在 95% 的置信度下，节点 1 的平均排队长度最少优化 31.52%，最多优化 56.57%。之后，随着节点编号的增大，信息流的优先级也随着变小，相对应的置信区间整体呈现出减小的趋势，表明 PBEB 算法保证了高优先级信息流相比低优先级信息流拥有更小的平均排队长度。

单向信息发布场景下各节点平均排队长度优化置信区间　　表 2-15

信息流节点	置信区间(%)	
	左端点	右端点
1	31.52	56.57
2	19.88	53.57
3	12.19	34.39
4	-4.19	32.13
5	-23.42	26.04
6	-30.63	24.70
7	-52.63	14.98

（2）平均时延。在图 2-13a）~图 2-13d）中，横坐标均为时间，纵坐标均为平均时延，图 2-13e）的 x 轴为时间，y 轴为场景编号，z 轴为算法改进前平均时延与算法改进后平均时延的差值，z 轴上点的计算方式如下。

$$Z_{difference} = D_{BEB} - D_{PBEB} \tag{2-7}$$

式中：$Z_{difference}$——z 轴方向上点的值；

D_{BEB}——BEB 算法的平均时延；

D_{PBEB}——PBEB 算法的平均时延。

4 种单一场景平均时延优化置信区间见表 2-16。

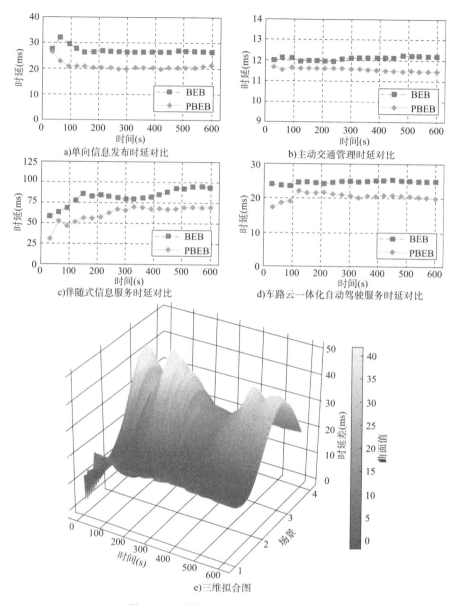

图 2-13 4 种单一场景下平均时延对比图

4 种单一场景平均时延优化置信区间　　　　　　　　表 2-16

场景	置信区间（%）	
	左端点	右端点
单向信息发布	20.06	23.37
主动交通管理	4.12	4.65
伴随式信息服务	22.27	25.59
车路云一体化自动驾驶服务	16.34	17.83

由图 2-13 和表 2-16 可以得出,在信息传输稳定后,4 种场景下的平均时延均有一定程度的减小,在 95% 的置信度下,单向信息发布场景的平均时延优化最少优化 20.06%,最多优化 23.37%;主动交通管理场景的平均时延最少提升平均时延最少优化 4.12%,最多优化 4.65%;伴随式信息服务场景的平均时延最少优化 22.27%,最多优化 25.59%;车路云一体化自动驾驶服务场景的平均时延最少优化 16.34%,最多优化 17.83%。在图 2-13e)中,BEB 算法和 PBEB 算法的平均时延之差在 yoz 平面上的投影整体呈现波浪状,且在信息流节点为 3 时,即在伴随式信息服务场景中平均时延的降低最多,这是因为在该场景中,不同优先级的功能节点最多,随着节点的增多,传输冲突概率的增大,PBEB 算法改进效果越明显。

(3)吞吐量。在图 2-14a)~图 2-14d)中,横坐标均为时间,纵坐标均为系统吞吐量,图 2-14e)中 x 轴为时间,y 轴为场景编号,z 轴为算法改进后系统吞吐量与算法改进前系统吞吐量的差值,z 轴上点的计算方式为:

$$Z_{difference} = T_{PBEB} - T_{BEB} \tag{2-8}$$

式中:$Z_{difference}$——z 轴方向上点的值;

T_{RBEB}——PBEB 算法的系统吞吐量;

T_{BEB}——BEB 的系统吞吐量。

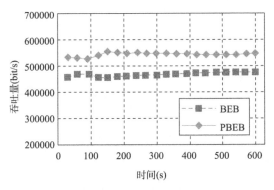
a)单向信息发布吞吐量对比

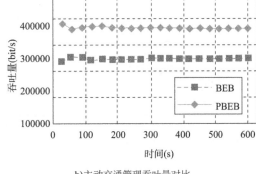
b)主动交通管理吞吐量对比

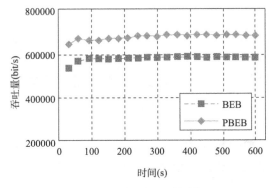
c)伴随式信息服务吞吐量对比

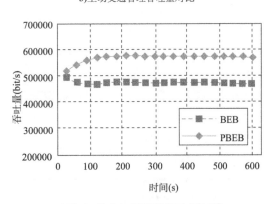
d)车路云一体化自动驾驶服务吞吐量对比

图 2-14

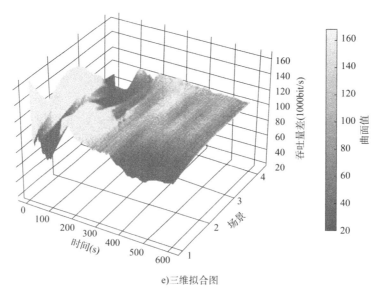

e)三维拟合图

图 2-14　4 种单一场景下吞吐量对比图

4 种单一场景吞吐量优化置信区间见表 2-17。

4 种单一场景吞吐量优化置信区间　　表 2-17

场景	置信区间（%）	
	左端点	右端点
单向信息发布	20.43	22.01
主动交通管理	31.64	34.52
伴随式信息服务	16.88	17.68
车路云一体化自动驾驶服务	20.12	21.80

根据图 2-14 和表 2-17，在信息传输稳定后，4 种场景下的系统吞吐量均有一定的提升，在 95% 的置信度下，单向信息发布场景的系统吞吐量优化最少优化 20.43%，最多优化 22.01%；主动交通管理场景的系统吞吐量最少提升平均时延最少优化 31.64%，最多优化 34.52%；伴随式信息服务场景的系统吞吐量最少优化 16.88%，最多优化 17.68%；车路云一体化自动驾驶服务场景的系统吞吐量最少优化 20.12%，最多优化 21.80%。由图 2-14e) 可以看出，除去信息传输的初始不稳定阶段，算法改进后系统吞吐量和算法改进前系统吞吐量的差在 yoz 平面上的投影整体较为平稳，说明在系统吞吐量方面，改进后算法对 4 种场景的提升均较为显著，没有明显差异。

（4）重传尝试。在图 2-15a)～图 2-15d) 中，横坐标均为时间，纵坐标均为系统重传尝试，图 2-15e) 中 x 轴为时间，y 轴为场景编号，z 轴为算法改进前系统重传尝试与算法改进后系统重传尝试的差值，z 轴上点的计算方式如以下公式所示。

$$Z_{difference} = R_{BEB} - R_{PBEB} \tag{2-9}$$

式中：$Z_{difference}$——z 轴方向上点的值；
R_{BEB}——BEB 算法的系统重传尝试；
R_{PEBE}——PBEB 算法的系统重传尝试。

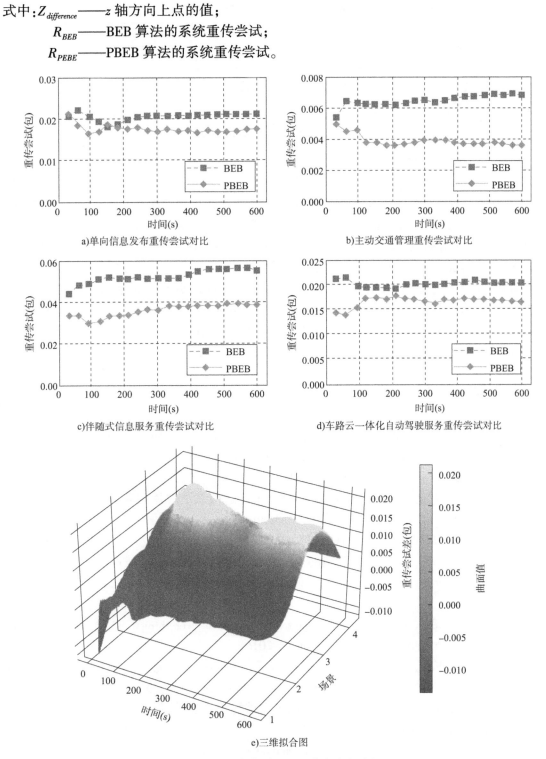

a) 单向信息发布重传尝试对比
b) 主动交通管理重传尝试对比
c) 伴随式信息服务重传尝试对比
d) 车路云一体化自动驾驶服务重传尝试对比
e) 三维拟合图

图 2-15 4 种单一场景下重传尝试对比图

4 种单一场景吞吐量优化置信区间见表 2-18。

表 2-18　4 种单一场景吞吐量优化置信区间

场景	置信区间(%)	
	左端点	右端点
单向信息发布	9.68	15.08
主动交通管理	35.14	39.34
伴随式信息服务	29.14	31.76
车路云一体化自动驾驶服务	16.02	18.70

由图 2-15 和表 2-18 可得到,在信息传输稳定后,4 种场景下的重传尝试均有一定的优化,在 95% 的置信度下,单向信息发布场景的重传尝试优化最少优化 9.68%,最多优化 15.08%;主动交通管理场景的重传尝试最少提升平均时延最少优化 35.14%,最多优化 39.34%;伴随式信息服务场景的重传尝试最少优化 29.14%,最多优化 31.76%;车路云一体化自动驾驶服务场景的重传尝试最少优化 16.02%,最多优化 18.70%。由图 2-15e)可以看出,除去信息传输的初始不稳定阶段,算法改进前重传尝试和算法改进后重传尝试的差在 yoz 平面上的投影整体呈现波浪状,均位于 xoy 平面以上,同时整体的优化幅度在相近的范围,表明 PBEB 算法对于 4 种场景在重传尝试方面均有较好的优化效果。

本章参考文献

[1] 中国汽车工程学会. 合作式智能运输系统 车用通信系统应用层及应用数据交互标准(第一阶段)[S/OL]. T/CSAE 53—2020. http://csae.sae-china.org/portal/standardDetail?id=8023e1a66e3c46892eebbac9da1d.

[2] 中国汽车工程学会. 合作式智能运输系统 车用通信系统应用层及应用数据交互标准(第二阶段)[S/OL]. T/CSAE 157—2020. http://csae.sae-china.org/portal/standardDetail?id=ee0fc223d9099b2fb78e034b81947c83.

[3] ESTI TR 102 638. Intelligent Transport Systems (ITS); Vehicular Communications; Basic Set of Applications; Definitions [R]. France: European Telecommunications Standards Institute, 2009.

[4] 3GPP TR 22.885. Study on LTE support for Vehicle-to-Everything (V2X) services [R]. France: 3rd Generation Partnership Project, 2015.

[5] WEBER H, BOCK J, KLIMKE J. A framework for definition of logical scenarios for safety assurance of automated driving[J]. Traffic injury prevention, 2019, 20(sup1): S65-S70.

[6] 徐向阳,胡文浩,董红磊,等. 自动驾驶汽车测试场景构建关键技术综述[J]. 汽车工程, 2021, 43(04): 610-619.

[7] BAI X, DENG W, REN B. An extraction method of scenario elements for autonomous driving simulation[J]. Automotive Engineering, 2021, 43: 1030-1036.

[8] HALLERBACH S, XIA Y, EBERLE U. Simulation-based identification of critical scenarios for

cooperative and automated vehicles[J]. SAE International Journal of Connected Automated Vehicles,2018,1(2018-01-1066):93-106.

[9] 高艺嘉,孙雨,郭沛.灾害天气下高速公路车路协同应用场景研究[J].中国交通信息化,2019(10):102-105.

[10] 李善平,尹奇韡,胡玉杰,等.本体论研究综述[J].计算机研究与发展,2004,7:1041-1052.

[11] 马晓威,范博,何佳.基于车路协同多业务优先级的车载通信退避算法[J].交通运输研究,2019,5(4):76-88.

[12] 王庞伟,于洪斌,张为,等.城市车路协同系统下实时交通状态评价方法[J].中国公路学报,2019,32(06):176-187.

[13] 佚名.《加快建设交通强国五年行动计划(2023—2027年)》印发实施[J].水运工程,2023(4):206-217.

[14] 冉斌,谭华春,张健,等.智能网联交通技术发展现状及趋势[J].汽车安全与节能学报,2018,9(02):119-130.

[15] WANG C,LI B,LI L. A new collision resolution mechanism to enhance the performance of IEEE 802.11 DCF[J]. IEEE Transactions on Vehicular Technology,2004,53(4):1235-1246.

[16] 周洪霞,赵爱龙,唐金元.基于IEEE802.11协议的退避算法改进设计[J].兵器装备工程学报,2016,37(11):56-59.

第3章
基于要素耦合程度的高速公路智能车路协同系统技术分级

3.1 高速公路智能车路协同系统"端-网-边-云"关键技术

未来的 ICVIS-H 将会是一个集成多种技术的复杂系统,涉及交通工程、多模态数据感知、无线通信、云计算、人工智能以及新一代物联网、边缘计算等多方面技术。本书基于当前主流的技术和发展趋势,分别从"端"侧、"网"侧、"边"侧和"云"侧总结了应用在 ICVIS-H 上的关键技术。

3.1.1 "端"侧关键技术

3.1.1.1 车辆高精度定位技术

车辆高精度定位技术是实现智慧公路系统的基础,有助于交通流精细化特性的精准控制,同时还可为车辆提供面向位置服务的伴随式交通信息。智慧公路为了获得车辆的全时空、连续、高精度定位,通常需要采用多种定位技术组合实现。如:全球卫星导航系统(Global Navigation Satellite System,GNSS)定位、航位推测(Dead Reckoning,DR)定位、地图匹配(Map Matching,MM)定位、基于无线电(Radio Localization,RL)的定位、基于视觉/雷达的定位和多传感器融合定位[1]等。

GNSS 包括多种类型的卫星导航系统,如:美国全球定位系统、中国北斗卫星导航系统、欧洲伽利略卫星导航系统及相关的增强系统[2](例如美国广域增强系统)。DR 定位是一种独立于 GNSS 的经典定位技术,具有高精度和良好的抗无线电干扰特性和耐候性,但其测量误差会随着时间累积进而导致精度不断下降,并且还需要初始时间校准,尤其是在测量位置时[3]。MM 定位技术是一种基于软件的定位方法,通过地图匹配确定车辆相对于地图的位置,但是其定位性能在很大程度上取决于数字地图的分辨率,此外数字地图必须具有正确的网络拓扑和高精度,否则将错误匹配[4]。RL 定位技术通过测量从已知的静止物体传播到运动目标的无线电波的传输参数,确定已知的静止物体与目标物体之间的距离差以及移动方向,但是由于其需要大量的路侧设备支持而成本过高,因此单一地使用 RL 进行车载定位将不是一个明智的选择[5,6]。近年来,基于视觉的定位由于其低成本和抗电磁干扰能力而得到了广泛的应用,但是图像易受到光线的影响并且存在图像模糊的问题。而基于激光雷达的定位虽然可以解决由于恶劣天气的影响[7],但是成本和耗时限制了其大规模应用。多传感器融合的定位方法正在成为实际定位和导航系统中的标准。常见的多传感器融合定位技术通常采用 GNSS 和惯性导航相结合的方式[8]。现阶段,多传感器融合定位方法精度多为米级或是亚米级,常常作为辅助系统为有人驾驶汽车提供定位服务,而很少用于无人驾驶汽车高精度轨迹控制。上述提到的 6 种定位方式,或多或少都存在一定的局限性。未来 ICVIS-H 在空旷路段将以 GNSS 卫星定位技术为主要定位手段,在 GNSS 盲区或特殊路段(如隧道、城市峡谷、山区道路、多层立交)将充分利用路侧设施提供的定位信息弥补卫星定位的不足,从而保证道路上所有车辆高精度位置的实时获取,从而保证车辆运动轨迹的可视、可存和可控,以期实现交通事故的提前预警、应急处理和事后分析。

3.1.1.2 ADAS 与车载网络技术

高级汽车辅助驾驶系统(Advanced Driving Assistance System,ADAS)是指通过装配在车辆上的传感器实时采集周围环境信息,通过一定的算法和控制准则,辅助汽车控制单元做出相应决策,实现车辆在部分场景能够代替驾驶人对汽车进行操作,从而减少因驾驶人操作失误而引发交通事故的汽车电子系统。目前,车辆上使用的较为成熟的传感器包括:雷达传感器、视频传感器等。汽车的智能化使用体验开始成为消费者重要的选车指标,许多原来只有高端车型具备的 ADAS 配置也开始向下渗透。如图 3-1 所示,11 种 ADAS 的安装率均大幅度提升。

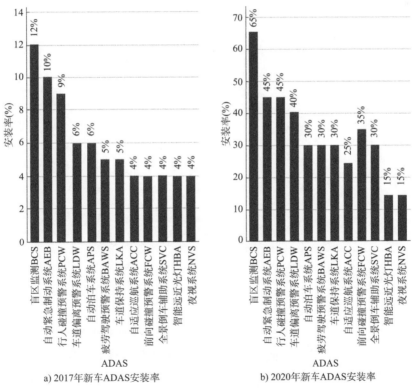

图 3-1 中国出厂新车 ADAS 安装率对比图

随着车联网技术的发展，V2X 可以帮助车辆实现与周围车辆、道路和设施的通信，通过信息交换形成完善的交互系统，精确感知和预测周边环境状态。未来 ADAS 将与 V2X 充分融合并协同工作，从而实现低成本的高层级自动驾驶，并降低交通事故、提高交通效率和燃油经济性。

车载网络是融合了 CAN、LIN、FlexRay、MOST、以太网等总线技术而形成的以车内总线通信为基础的规范化异构网络。通过汽车电子单元状态信息的传输，汽车能够感知各电子单元的状态是否正常，从而实现故障诊断功能。通过控制信息的传输，汽车具备智能控制功能，使得汽车更加智能化，是汽车实现智能化的基础和前提。车载网络通过 V2X 模块（一般基于 DSRC 或者 C-V2X 协议）与周围车辆（V2V）、基础设施（V2I）甚至行人（V2P）实现互联互通和协同控制，完成多车碰撞预警、行车路线规划、交通拥堵绕行、前车紧急制动警告、交叉口协同通行等多种场景应用。同时，车载网络通过 4G 或者 5G 网关与互联网进行联接，实现用户在汽车上进行商务办公、信息娱乐等活动。

3.1.2 "网"侧关键技术

3.1.2.1 异构网络融合技术

在 ICVIS-H 中，车辆在行驶过程中将通过多模式无线通信方式访问系统中的各种网络资源，从而实现安全预警、不停车收费、路径导航、娱乐与媒体资源访问等场景应用。高速公路智能车路协同系统多异构网络融合架构如图 3-2 所示。

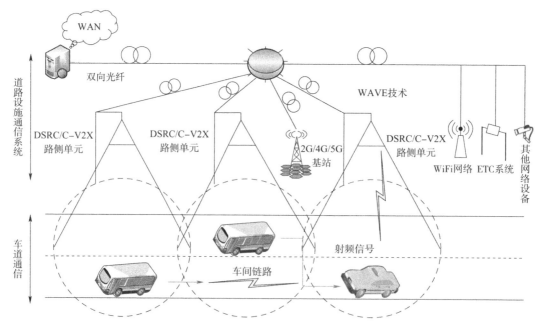

图 3-2　高速公路智能车路协同系统多异构网络融合架构

在 ICVIS-H 中，由于各种场景应用对通信网络在带宽、吞吐量、实时性、可靠性、交互方式等方面的需求存在较大差异，大部分应用需要通过专用通信网络实现，如：安全类应用对通信可靠性和实时性有极高的要求，一般采用基于 802.11p 或者基于 C-V2X 协议的短程通信网络;ETC 收费应用则基于较为成熟的 5.8GHz DSRC 技术;车载地图导航应用则基于带宽较大的 4G/5G 蜂窝移动通信技术;固定式路侧设备则主要通过以太网或者光纤网络接入监控中心。当交通场景发生变化或者切换时,ICVIS-H 要素间的信息交互则需要做出最优的自适应动态调整。因此,如何实现 ICVIS-H 中异构网络的融合是保证系统正常运行的关键,其已成为该领域的研究热点。

目前,异构网络融合主流的做法是通过制订一种切换协议,实现 V2I 与 V2V 的自动切换,当任何一个网络节点有数据访问需求时,系统将根据网络当前的资源占用情况以及数据节点的运动属性、地理位置、数据大小、数据重要等级等参数,为数据通信分配路由和信道,并对网络性能的上下限进行定量评估。Hossain 等[9]提出了一种异构车联网的概念,即依据不同网络特性和交互应用需求,在不同的承载网络上传输不同尺度的数据信息。Vegni 等[10]对车载和路侧无线网络进行"机会主义"式的利用,实现信息流在 V2V 和 V2I 两种协议间进行平滑切换,从而改善网络在不同交通场景下(稠密、稀疏交通流)的整体性能。范存群等[11]针对垂直切换技术普遍不能支持车载环境下的无线接入(wireless access in vehicular environment,WAVE)、WiMAX 和 3G cellular 间的垂直切换等问题,提出了一种基于贝叶斯决策的垂直切换算法。Zhang 等[12]基于双边匹配博弈中稳定匹配的相关概念,提出了一种面向车路协同的异构网络选择的博弈模型。

3.1.2.2 网络负载均衡技术

网络负载均衡是由多台服务器以对称的方式组成一个服务器集合,每台服务器都具有等价的地位,都可以单独对外提供服务而无须其他服务器的辅助。通过某种负载分担技术,将外部发送来的请求均匀分配到对称结构中的某一台服务器上,而接收到请求的服务器独立地回应客户的请求。随着城市地区车辆流量的快速增加,为了充分利用现有资源、最大限度地降低成本以及保持安全和服务质量,Agarwal 等人[13]提出了一种新的负载均衡路由方法,以提高网络稳定性和单个节点的电池寿命,该方案在能量使用、网络负载和平均分组延迟方面显著提高了网络性能。近年来,云计算已经成为车辆互联网的关键技术之一,尽管云计算提供了高性能的计算、存储和网络服务,但仍然存在处理延迟高、移动性支持和位置感知不足的问题。He 等人[14]提出了一种新的基于 SDN 的改进约束优化粒子群优化算法,该算法能有效降低单用户数据网络的时延,提高服务质量。车辆专用网络(Vehicular ad-hoc Network,VANET)由安装在车内和路边的设备组成,由于车辆可以以不同的速度随机移动,因此,网络节点之间的链路可能随时中断、车辆之间的通信可能被破坏。Nguyen 等人[15]引入了一种新的负载平衡路由协议,不仅考虑网络节点的移动,还分析邻居节点的数据包队列,同时选择最佳路由转发数据。

3.1.2.3 网络信息安全保障技术

ICVIS-H 为用户带来便捷服务的同时也存在一定的风险,特别是在网络信息安全方面,系统的安全至关重要,通过网络信息安全保障技术维护系统的网络信息安全体系。云计算或 VANET 都需要网络和信息安全,目前许多关于移动自组网安全性的研究只关注消息通信而忽略了信息存储,对云计算安全的研究只关注信息保护而忽略了用户隐私和匿名性。Wu 和 Homg[16]设计了一套符合保密性、认证性、不可否认性、有条件匿名性和有条件不可追踪性要求的网络和信息安全机制,用于验证乘客和车辆之间的相互身份、保证车辆或用户隐私以及一种加密云服务器上信息的安全加密方法,以避免内部人员或黑客未经授权的访问。随着汽车以太网的引入,汽车中的安全威胁和漏洞迅速增加,因此,从一开始就应该考虑汽车网络的安全和保障。Ju 等人[17]提出了根据传输数据的重要性定义安全级别的需求,考虑了包括汽车以太网在内的车内网络安全通信所需的安全条件。

3.1.3 "边"侧关键技术

3.1.3.1 多传感器融合与协同感知技术

ICVIS-H 可以为 L2 级以上高级自动驾驶汽车提供车-路协同环境,将融合路侧多传感器实现道路信息全息感知并发送给车辆,形成车路云一体化的协同系统,有效增强车辆主动安全性,提高交通运行效率。ICVIS-H 多传感器融合与协同感知系统包括但不局限于以下几方面功能。

(1)主动超视距[18]:基于路侧安装的摄像头,能够主动获取各个关键节点处的视频流数据,对车辆观测方向一定区域内的车辆、路况等环境实现全局获取。

(2)超视距可行驶区域检测[19]:路侧感知设备将感知可行驶区域的变化,通过 V2X 通信传递给接近的车辆,提醒车辆提前变道,避免追尾等事故。

(3)超视距障碍物检测[20]:路侧设备可以提前对视距范围以外的信息进行感知并将该信息通过 V2X 通信传递给接近的车辆,大大缩短车辆检测时间,能快速对事件进行处理、预防二次事故的发生。

(4)车辆全轨迹跟踪[21]:车辆在经过每两个相邻传感器感知范围的交叉区域,通过数据融合算法以及 V2X 技术,实现车辆数据的无缝衔接,使得车辆在整个高速公路行驶期间,实现全轨迹的跟踪。

目前,ICVIS-H 多传感器融合与协同感知技术的难点主要集中在以下三个方面:

①每种模态获得的空间特征图在相机坐标系和世界坐标系下的视图表示是显著不同的,因此,在不丢失信息的情况下,如何实现同一安装点位多源异构传感器数据融合是难点之一[22];

②感知设备感知范围限制,需要进行多点位数据融合以实现道路全局感知,因此,如何合理部署路侧感知设备以及如何实现多设备融合成为一大挑战;

③由于感知范围易受障碍物遮挡影响,难以实现对周边环境全面感知,使得自主式车辆感知技术无法较好地解决视野遮挡情况下的行驶安全问题,但基于车路协同的自动驾驶环境感知系统,可以融合路侧及车载感知数据,用于弥补现有技术条件下自动驾驶车辆独立环境感知系统的不足,因此,如何实现基于路侧设备与车辆感知设备的协同感知也是一大挑战。

3.1.3.2 用户为中心的自适应交通信息发布技术

以用户为中心的自适应交通信息发布技术是指 ICVIS-H 通过公路沿线可变信息标志、FM 广播、手机移动终端、车载导航终端、智能网联汽车车载终端等多种方式向驾驶人、乘员等提供个性化、定制化、场景自适应的交通信息服务。其信息内容由 ICVIS-H 云控平台统一规划,统一数据交互方式,由路侧外场设备、第三方出行服务平台及车路协同 RSU 设备等进行发布[23],以全面提升交通信息发布的覆盖面和及时性,为最终客户提供道路交通态势、气象条件、车道级管控、前方交通事故、行车安全建议、行车诱导、道路施工等信息,从而提高用户行车舒适度,保证用户出行安全[24]。

为了满足出行者大众化和普适性的服务需求,充分体现以用户为中心的公共性服务特点,日本道路交通信息通信系统(Vehicle Information and Communication System,VICS)通过车辆导航系统向出行者提供最近的有用交通信息,协助出行者进行路径选择,调整交通流时空分布,提高道路交通的效率。欧洲交通信息频道系统(Traffic Message Channel,TMC)借助调频广播按照标准交通信息推送实时交通和气象信息,服务范围几乎覆盖整个欧洲,为出行者提供最快捷的行驶路线[20]。美国的TRAVTEK系统[25]通过车载导航装置为出行者提供交通拥堵信息、交通事故信息、施工信息和实时线路诱导服务。美国的ADVANCE系统[26]利用车载导航设备与交通管理部门实现双向通信,将交通信息以声音、图像和文字的形式呈现给出行者,为其提供最优路径、线路引导服务。Wang[27]结合高速公路自身特点,给出了LBS技术在高速公路中应用,并设计了一种基于LBS的拥堵信息实施发布解决方案。阿里云[28]构建的云控平台通过路侧感知设备和手机客户端获取车辆位置、速度和交通事件等信息,并通过V2X或移动互联网将精准的交通信息及时地推送给进入特定场景的车辆,对交通事件的类型、位置和影响进行实时预警,提供及时换道、提前降速、谨慎驾驶、驶离出口、服务区位置等个性化信息。

3.1.3.3 车辆群体协同自动驾驶技术

作为ADAS智能辅助驾驶的最常用功能之一,自适应巡航控制(Adaptive Cruise Control,ACC)技术已经相当成熟,协同式自适应巡航控制(Cooperative Adaptive Cruise Control,CACC)可视为ACC系统的升级,二者的最大区别在于有无车间通信[29]。有了无线通信装置的加持,车辆具备了预知能力,这会导致它比普通ACC的响应时间缩短。此外,它还能降低燃油消耗率,减小交通事故的发生率,提高队列跟驰稳定性[30]。

CACC只是在单一车道内的纵向行为,换道操作则涉及了两列车道的横向控制问题,但是换道操作又属于不安全的驾驶行为,可能会与周围车辆发生刮蹭甚至碰撞。于是,协同换道成为车辆队列行驶框架下的热门话题,随着智能网联环境下多信息的融合,为车辆准确判断路况、实施精准控制策略提供了有力保障[31]。

合流区交通协调控制是在车联网环境下实现的,每辆车至少都装备有支持车辆定位和车车通信的车载终端,车载终端具有语音和文字显示功能,车辆行驶过程中实时采集车辆行驶状态和位置信息,并通过V2X通信向周边发送自身的位置、速度等信息。车辆接收到附近车辆信息后,按照合流区协调控制算法对信息进行处理,若将有冲突产生,车载终端对驾驶人进行预警,使驾驶人及时调整驾驶行为。图3-3所示为合流区车辆冲突点示意图。

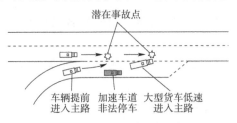

图3-3 合流区车辆冲突点示意图

3.1.4 "云"侧关键技术

3.1.4.1 基于大数据与人工智能的交通态势预测

路网中交通流量的增加给道路交通带来了许多问题,如交通管控艰难等,解决这些问题的关键就在于交通态势的预测。根据预测周期不同交通态势预测可分为两类:短时预测和长时预测[32]。短时预测是指时间间隔在 5～30min 时间跨度上,运用当前的交通流量数据信息,预测下一个 5～30min 时间间隔以内的交通流量值;长时预测是指时间间隔在 30min～1d 或者 1 周的跨度上,运用当前交通流量数据信息,预测下一个 30min～1d 或者 1 周的时间间隔内的交通流量。因为在高速公路上对于交通状况的管理和决策有时效性要求,所以,短时流量预测在高速公路交通运行中能起到更好的作用,是交通诱导的关键。

由于不同高速公路的管理和政策不尽相同,所以,只能对具体的高速公路建立特定的交通态势模型。通常来说,对于清洗后的数据,采用支持向量机(Support Vector Machine,SVM)或者 K 最邻近分类(K-Near Neighbor,KNN)方法,构建一种基于时空特性的交通流特征向量,并选择最优的 K 值,对算法中的特征向量、最近邻参数 K 进行交叉验证,选出最优的时间与空间维度的特征向量及 K 值;然后对于参数标定后的短时流量预测模型进行基于实测值的预测实验,验证其精确性与扩展性,最后将模型应用于特定的高速公路。

3.1.4.2 车道级主动交通管理技术

通常认为主动交通管理是一种动态交通管理策略,是通过控制交通需求以及布设先进的交通设施,实现从以往的被动管理向主动管理过渡的目标。通过实时掌握道路信息及状态,预测未来某个时间段的交通状况,并预先向道路使用者发布信息,提前预防道路拥堵以及交通事故的发生。该管理办法对于提高道路安全性、道路使用率以及提升道路吞吐量都将起到积极作用,目前已应用于美国及欧洲大部分城市[33]。

现阶段,我国对于气象信息的监测多数仍采用人力行为来监测,同时以人力方式进行疏导车辆的行为;这些被动管控措施不能通过有效的手段向驾驶人提供气象信息和高速公路路况信息,使得事故往往发生在管理部门采取措施之前。因此,有必要采取主动交通管理(Active Traffic Management,ATM)技术,通过对路上现有交通流的实时控制和诱导,最大限度地发挥道路基础设施的作用,以提高安全性和通行效率。对于 ATM 技术,可以采取以下几个方面的措施。

(1)速度协调控制:对于当前高速公路某一区间的交通流特性进行分析,采取速度协调控制;

(2)匝道控制:在高峰时期,通过实时有效地控制高速公路相应的汇入口的车辆流入,缓解拥堵的发生;

(3)排队预警:通过高速公路上的诱导显示屏或者微信小程序推送的方式来提示拥堵,以缓解交通拥堵;

(4)车道管理:通过获取有效的交通流状况,对多种车道管理策略进行评估取优,实现车流通畅的目标。

3.1.4.3 组件式应用服务开发技术

对于 ICVIS-H"端-边-云"体系来说,基于客户端/服务端(Client/Service,C/S)模式的组件式应用服务开发将会发展为高速公路车路系统的前沿技术,采取一站式开发、集成式应用,将逐渐成为主流趋势。对于每一个路侧设备或用户设备,都将作为客户端,访问路段云;而路段云又将作为客户端,访问区域云。

为了减少网络中的传输负载,拟采用动态加载技术,软件核心模块采用 Active X 形式,功能模块拟采用静态链接库和动态链接相结合的方式。对于整个车路协同系统而言,拟预留以下接口方式:

(1) 简单对象访问协议(Simple Object Access Protocol, SOAP)服务挂接方式;
(2) Script 脚本语言接口;
(3) 动态链接库(Dynamic Link Library, DLL)接口。

通过以上接口,开发人员或维护人员可以很方便地获取系统的实时状态以及对系统进行维护。

采用组件式开发技术,降低了整个系统开发的耦合度,在保持接口不变的情况下,使得替换不同组件快速完成多种需求成为可能。此外,由于整个系统是通过组件组合起来的,在出现问题的时候,可以采用排除法直接移除组件或者根据报错的组件快速定位问题,便于调试。

3.2 高速公路智能车路协同系统耦合分析

3.1 所述多种关键技术与其他元素共同构成了 ICVIS-H,各个子系统通过耦合作用共同决定 ICVIS-H 的功能。

3.2.1 系统耦合概念与系统耦合理论基础

耦合概念最早应用于物理学,原是指多个电路元件的输入与输出之间存在紧密配合,并通过相互作用从一侧向另一侧传输能量的现象,后来在通信工程、软件工程、机械工程等领域中均有应用。综合国内外耦合理论研究成果,耦合被定义为多个系统之间或系统内各个组成要素之间通过相互作用、相互影响,彼此之间产生相互促进或制约的现象。

耦合的内涵包括关联性、整体性、多样性与协调性。

(1) 关联性:多个系统之间或系统内各个子系统之间是关联的,相互间发生交互作用,能够彼此作用和影响;
(2) 整体性:参与耦合的子系统,其内部组成元素彼此影响,按照一定的运动规律重新组合,形成一个新的体系;
(3) 多样性:参与耦合的子系统的内部组成元素具有自组织能力,基于信息流动原则和自然关联,不断构筑新的组合,形成了多种多样的耦合体系;
(4) 协调性:耦合元素随着信息流动,不断形成新的组合,耦合体系动态变化,协调发展程度不断增强。耦合有助于各个子系统之间形成发展的合力,一方面促使各个子系统自身的发展进步,另一方面加强了各个子系统之间的协调配合程度。

3.2.2 系统耦合理论在车路协同系统中的应用

ICVIS-H 是一种具备自动的交通信息感知能力、高可靠的信息交互能力、强大的端边云计算能力和自主的决策与运行管理及控制能力的智慧化车路协同系统。由于 ICVIS-H 各子系统可以看作一定区域中彼此独立又密切关联的系统,各个子系统之间相互关联,同样可以引入耦合理论对 ICVIS-H 技术进行分级,以各个子系统的耦合协调状态来衡量整个车路协同系统性能。

ICVIS-H 各子系统相互耦合,ICVIS-H 采用先进的多传感器融合技术实现高速公路运行状态全息感知,基于车联网无线通信和新一代互联网等技术,全方位实施车-车、车-路动态实时信息交互,充分支持实时交通信息发布、主动交通管理、伴随式信息服务和路侧辅助的单车智能与协同驾驶等高级别智能交通系统的应用。充分实现人-车-路的高效协同,从而保障高速公路的运行与管理更加安全、高效、绿色、环保且具有可持续性。

构建基于要素耦合程度的 ICVIS-H 分级体系,该系统适用于不同耦合程度分级的应用场景,具备通用性。级别高的车路协同系统在功能上向下兼容级别较低的智能道路,级别低的车路协同系统经过增加设施和技术升级后亦可成为更高级别的车路协同系统。基于高速公路智能车路协同场景的分类,明确不同信息耦合等级的应用场景在感知与控制层、通信层、计算层、数据层、服务与应用层和展示层的具体内容;整合各耦合等级中具体场景在不同系统层级间的共性内容,基于车路协同系统"用户需求→场景→功能→物理设备→信息交互"逻辑链和逻辑模型,可构建满足不同用户需求、系统可伸缩的车路协同系统。

3.2.3 协作式智能交通系统及其度量指标

3.2.3.1 协作式智能交通系统(C-ITS)

今天的智能交通系统已经从原来的集中式控制转变为分布式控制的协作式智能交通系统,由车辆子系统、路侧子系统、中央系统、个人子系统通过多模式的通信技术实现互联互通、信息共享和系统控制,是一种典型的多智能体耦合的物理信息融合系统(Cyber Physical System,CPS)。从 ITS 到 C-ITS 功能和角色转变如图 3-4 所示。

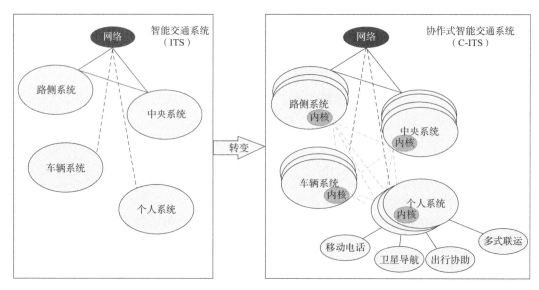

图 3-4 从 ITS 到 C-ITS 功能和角色转变图

协作式智能交通系统(Cooperative Intelligent Transport Systems,Cooperative ITS 或 C-ITS)

在国内又被称为车路协同系统、车路协作系统等。欧盟授权法案 M/2531 对协作式智能交通系统的定义是基于车和车(V2V)、车和基础设施(V2I)、基础设施和基础设施之间通信实现信息交互的 ITS,能够有效提高 ITS 服务和应用效益。协作系统已经成为智能交通发展的重要方向之一。近年来,国际上先进的智能交通国家和区域纷纷制定相关的政策和发展计划进行协作式智能交通系统的研究和试验,并已经逐步进入实际部署应用阶段。

3.2.3.2 C-ITS 耦合度度量指标

大量文献研究表明,CPS[34]子系统之间基于信息交互的耦合程度决定了系统的整体性能。这种耦合程度一般可以基于以下 6 个维度进行度量。

(1)交互信息的丰富性(Richness of Interaction Information,RC):一般指智能体之间有用交互信息的种类和描述颗粒度;

(2)交互信息的准确性(Accuracy of Interaction Information,AC):一般指智能体之间有用交互信息的准确程度以及噪声对其干扰程度;

(3)信息交互的实时性(Real-time Performance of Information Interaction,RT):一般指智能体之间进行信息交互的发送或接收频率;

(4)信息交互的可靠性(Reliability of Information Interaction,RL):一般指智能体之间进行信息交互时数据发送成功的概率;

(5)交互信息的利用率(Use ratio of Interaction Information,UR):一般指智能体收到有用信息后对这些信息的利用程度,当智能体信息处理速度小于信息交互速度时,就会导致信息利用率下降;

(6)执行器的敏捷程度(Agility of Actuator,AG):一般指智能体收到信息后进行相关动作的执行,其状态发生更新变化的速度。

相关文献的仿真及实物实验结果表明[35]:如果 ICVIS-H 在上述维度均处于较好的性能,CPS 的耦合紧密程度就越高,系统整体控制性能可以达到的期望也较高,其系统搭建的成本也会随之增加。

3.3 基于耦合度和聚类分析的高速公路智能车路协同系统的技术分级

3.3.1 聚类分析理论

在 ICVIS-H 中,可使用聚类法对车路协同系统分级。聚类分析(Cluster Analysis)是一种根据研究对象本身提供的信息将其进行分类的数理统计方法,其实质是按照距离的远近将数据分类,使数据资料类别内差异尽量小、类别间差异尽量大,并且在多元统计分析中,通过分类可以达到降维的目的。实际的聚类分析工作中,系统聚类是使用最多的一种聚类方法,它既可以对样品聚类,也可以对变量聚类,变量可以是连续型变量,也可以是离散型变量。此外,它的类间距离计算方法和结果表示方法也十分丰富,因此得到很多使用者的青睐。

通过耦合度进行系统聚类分析的方法可以有效地、快速地将 ICVIS-H 进行分类。对系统交互信息的丰富性、交互信息的准确性、信息交互的实时性、信息交互的可靠性、交互信息的利用率、执行器的敏捷程度6个维度进行耦合度度量,然后根据耦合度将ICVIS-H进行聚类分析。基于耦合度对ICVIS-H进行聚类分析的优点是能够简单、直观地比较不同ICVIS-H之间的差异。

3.3.2 分级来源及国内外高速公路智能车路协同系统分级方案

为了促进ICVIS-H的标准化和规范化推广,世界多个国家和组织纷纷推出了各自的智能网联道路分级体系。2019年,美国科罗拉多州交通厅(Colorado Department of Transportation,CDOT)根据道路服务对象和服务功能,将网联化道路分为Level 1~Level 6六个等级。该体系中,L1级道路未安装任何设备,甚至可以没有铺装;L2级道路有良好的道路标志标线;L3级道路有良好的智能交通设施;L4级道路针对网联车服务;L5级道路有专门针对高级自动驾驶的专用道;L6级道路是针对高级别自动驾驶需求进行简化的道路,无交通标志、信号和标线。该分级理念主要依据为网联车辆以及自动驾驶车辆提供的服务水平来进行等级划分。分级理念可供参考,以此转向道路系统为所有车辆类型提供信息服务。

2021年,欧洲道路运输研究咨询委员会(ERTRAC)为了让基础设施更好地对自动驾驶技术进行支持和引导,将道路基础设施划分为A、B、C、D、E五个等级[36],见表3-1。表中,"√"表示该等级的基础设施具备该项功能,"—"则表示不具备该项功能。其中,E级别是智能化程度最低、无数字化信息、不支持自动驾驶的传统基础设施,完全依赖于自动驾驶车辆本身;D级别支持静态道路标识在内的静态数字化信息,而交通信号灯、短期道路工程和可变信息交通标识牌需要自动驾驶车辆识别;C级别支持静态和动态基础设施信息,包括可变信息交通标识牌、告警、事故、天气等;B级别支持协同感知,即可感知微观交通情况;A级别支持协同驾驶,数字化基础设施可以引导自动驾驶车辆的速度、间距、车道。

欧洲道路运输研究咨询委员会支撑自动驾驶能力的基础设施级别划分　　表3-1

设施类别	级别	名称	描述	提供给自动驾驶车辆的数字化信息			
				具有静态道路标识的数字化地图	可变信息交通标识牌,告警,事故,天气	微观交通状况感知	自动引导:车速、车距、车道建议
数字化基础设施	A	协同驾驶	基于车辆移动的实时信息,基础设施可以引导自动驾驶车辆(单车或编队)实现全局交通流优化	√	√	√	√
	B	协同感知	基础设施可以感知微观交通情况,并实时提供给自动驾驶车辆	√	√	√	—
	C	动态信息数字化	所有静态和动态的基础设施信息均可以数字化形式获取并提供给自动驾驶车辆	√	√	—	—

续上表

设施类别	级别	名称	描述	提供给自动驾驶车辆的数字化信息			
				具有静态道路标识的数字化地图	可变信息交通标志牌,告警,事故,天气	微观交通状况感知	自动引导:车速、车距、车道建议
常规基础设施	D	静态信息数字化/地图支持	可获取包括静态道路标识的数字化地图数据,地图数据可以通过物理参考点(地标标识)补充,而交通信号灯、临时道路施工和可变信息交通标志牌仍需自动驾驶车辆识别	√	—	—	—
	E	常规基础设施/不支持自动驾驶	无数字化信息的传统基础设施,自动驾驶车辆需要识别道路几何线形和道路标识	—	—	—	—

该分级理念主要依据是为自动驾驶车辆提供的数字化信息服务,没有考虑交通管控服务要求以及道路情况,后续可以依据此思路进行完善。

2019年9月21日,中国公路学会自动驾驶工作委员会、自动驾驶标准化工作委员会发布了《智能网联道路系统分级定义与解读报告(征求意见稿)》,从交通基础设施系统的信息化、智能化、自动化角度出发,结合应用场景、混合交通、主动安全系统等情况,把交通基础设施系统分为I0级到I5级[37]。I0级交通基础设施无检测和传感功能,由驾驶人全程控制车辆完成驾驶任务和处理特殊情况,或者完全依赖于自动驾驶车辆本身;I5级可以满足所有单个自动驾驶车辆(自动化等级大于1.5及以上)在所有场景下完全感知、预测、决策、控制、通信等功能,并优化部署整个交通基础设施网络,实现完全自动驾驶,所有子系统无须在自动驾驶车辆设置备份系统,提供全主动安全功能。遇到特殊情况,由交通基础设施系统进行控制,不需要驾驶人参与。该分级采用信息化、智能化、自动化三个维度对ICVIS-H进行分级,概念清晰、容易理解,但是在执行该分级时,方案不够具体,有一定执行难度。

在此基础上,国内部分ICVIS-H也相继推出了建设指南,包括浙江省、山东省、川渝高速等。可以看出,对ICVIS-H进行分级的理念,在国内外受到了高度重视,通过层层递推的等级分界,可以更加清晰地了解ICVIS-H内在含义,使得建设目标更为明确,因此,一个细致划分、考虑多种因素的分级理念来支撑指南建设是必不可少的。

如图3-5所示,智能交通系统经历了人类感知耦合、无线通信耦合、传感器耦合三个阶段。

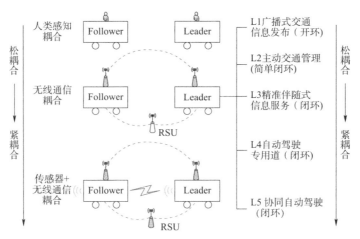

图 3-5 基于系统耦合程度的高速公路智能车路协同系统智能分级图

以车辆跟驰场景为例,在早期的道路交通系统中,主要靠驾驶人的视觉、听觉感知实现车辆间的协同,如:车距保持、紧急制动防撞等场景都是靠驾驶人自身感知行车环境信息并进行人为车辆控制。在车路协同时代,车辆间通过 V2V 实现信息共享,后车通过 V2V 获取前车位置、速度和加速度信息,实现自车的加速度控制。在自动驾驶时代,车辆间通过高精度的激光雷达或毫米波雷达加上无线通信技术实现紧密耦合,后车可根据传感器和无线通信获取的高精度环境信息,实现高精度的自动控制。以上三个阶段的场景在耦合程度上逐级加强。而在车路协同应用场景中,各子系统之间的信息耦合程度,还可以根据业务需求、信息交互的内容和方式、信息交互的实时性和可靠性进行进一步的细分。

3.3.3 高速公路智能车路协同系统分级及典型场景案例

考虑到 ICVIS-H 是一个极其复杂的巨大系统,在相关技术还未完全成熟的情况下,对其最高级别的系统进行大规模实施,存在着巨大风险。因此,在资金有限的情况下,可以依据相关智能交通应用的紧迫性,将 ICVIS-H 依据其子系统的耦合程度划分为不同的级别进行分步实施。因此,该架构基于 3.2.3.2 所述 6 个维度表述的场景要素耦合程度,对 ICVIS-H 进行了分级,具体分级见表 3-2。L0 级道路未安装任何设备,甚至可以没有铺装,它代表最低级别的原始道路;L5 级是针对高级别自动驾驶需求进行简化的道路,无交通标志、信号和标线,它代表可实现大规模异构车辆高精度感知和精准协同控制的高等级 ICVIS-H。因此,在资金有限的情况下,可以依据相关智能交通应用的紧迫性,依据这些级别分级实施。

高速公路车路协同系统依据其子系统的耦合程度分级表　　　　表 3-2

级别	功能描述	RC 丰富性	AC 精确性	RT 实时性	RL 可靠性	UR 利用率	AG 敏捷度	系统 耦合度	典型场景
L0	无任何信息化设施	—	—	—	—	—	—	无耦合	驾驶人通过人工判断进行驾驶
L1	可实现天气、交通拥堵、交通事件等信息的采集和单向广播	低	高	中	中	低	低	低	恶劣天气信息发布

续上表

级别	功能描述	RC 丰富性	AC 精确性	RT 实时性	RL 可靠性	UR 利用率	AG 敏捷度	系统耦合度	典型场景
L2	可实现断面交通流参数的采集和发布,可实现反馈式的主动交通管理	低	中	中	高	中	低	中	漏斗式可变限速管理
L3	可实现对定制服务的车辆进行全程伴随式信息服务和危险提醒	高	高	高	高	中	中	高	前车制动提醒
L4	可对自动驾驶单车提供超视距道路感知信息	非常高	非常高	非常高	非常高	高	高	非常高	自动驾驶专用道
L5	可对自动驾驶群体车辆提供全方位的协同调度与控制	非常高	非常高	非常高	非常高	高	非常高	紧密	合流区车辆群体协同驾驶

从以上分级可以看出,不论哪一种分级方式,其中级别高的智能道路在功能上都是向下兼容级别较低的智能道路,而且等级低的智能道路经过增加设施和技术升级后都可以成为更高级别的智能道路,但其建设成本也会更高。

由于目前绝大多数高速公路没有完备的智能路侧设备,考虑到设备成本和安装时间需求,高速公路在初始阶段不能在全部路段实现车路协同系统。因此,高速公路车路协同需要在典型场景下进行研究,待技术成熟后再逐步推广。本节将对 ICVIS-H 的广播式交通信息服务、主动交通管理、伴随式信息服务、自动驾驶专用道、车辆队列协同驾驶 5 个典型应用场景进行详细介绍。

3.3.3.1 L1 级:广播式交通信息服务

道路交通广播以移动人群为目标受众,旨在提供及时有效的交通信息服务,与"百度地图""高德地图"等导航平台相比,交通广播信息服务更具有特色和互动性。通过可变信息标志、可变限速标志、车道动态标志等路段沿线基础设施为驾驶人判断前方路况提供参考。尽管道路交通广播不能完全做到点对点提供交通信息,但能够以更全面、更专业的视角,对一个区域、一段时间内的交通运行状况做出整体的判断和解释,这是道路广播式交通信息服务的特色。

调频 FM 广播为出行人员提供高速公路的实时路况、天气、服务区餐饮、停车、充电等信息服务,使出行人员能够更好地规划出行方案,提高交通效率。除了传统 FM 广播媒体的基本功能外,还应具备紧急广播和数据推送功能,以实现智能差异化交通信息服务,全面提升现有公路网络的信息服务水平和效率。在恶劣天气、重大交通事故发生时,高速公路交通广播可以打破原有的节目形态,全时段播出应急信息及相关内容,提高应对突发事件和应急处置的能力。L1 的场景应用如图 3-6 所示。

图 3-6　L1 级场景应用

从 L1 级场景中选取交通事件提醒场景,利用表格的形式描述该场景对应的 V2X 具体类别、车联网络层级、信息流向、信息流展示方式、场景发生地点、展示镜头中的交通设施、交通参与者、具体的场景镜头等。表 3-3 给出了该场景的具体信息,该场景的仿真结果如图 3-7 所示。

交通事件提醒场景信息　　　　　　　　　　　表 3-3

项目	内容
场景名称	交通事件提醒
场景类别	V2I
车联网网络层级	云边端三层通信
信息流向	云到端
地点	任意允许换道的高速公路路段
画面内设施	一段设施完备的高速公路; 龙门架,可变情报板显示限速调高、交通流量正常
交通参与者	主车一辆,车型不限,装有 OBU 车载设备; 副车一辆,车型不限,装有 OBU 车载设备
场景概述	车辆在道路上正常行驶; 副车位于左前方,主车收到路侧设备发来的事件信息
详细内容	车辆在道路上正常行驶,收到车联网发来的事件信息。信息以提示音播报展示。提示范围有:交通事故、横风预报、团雾预报、下雨预报等
画面	仿真画面为主车内驾驶人视角。 主车行驶过程中收到多条路侧设备广播信息。 提示语音:"前方 3 公里,出现团雾概率 80%,请注意!" 提示语音:"前方 5 公里,出现降雨,请注意!" 提示语音:"京雄高速×××公里处,由北向南发生交通事故,请注意!"

3.3.3.2　L2 级:主动交通管理

ATM 技术出现于 20 世纪 80 年代,随着信息技术的发展,于 2000 年开始在欧洲、美国的高速公路上广泛应用。该技术基于可实现的短时交通流预测对道路交通流进行主动性管理,可划分为主动需求管理、主动交通流管理和主动停车管理等,体现了主动性的可预知能力,以及对紧急情况的应对能力。

a) 场景及交通参与者　　　　　　　b) 事件提醒

图3-7　交通事件提醒场景

ATM包括一系列完整连贯的交通管理措施，它可以对常发和偶发的交通拥堵进行临时的管理，从而发挥现有交通设施的最大效益。通过运用高科技手段，自动地进行临时调度和调整，在优化交通系统性能的同时，避免人工调度产生的延误，提高了交通系统的通行能力和安全性。其主要目标有两个：一是提高用户出行可靠度，将道路的状况和车道级管控信息（如前方路况信息、事件信息、限速信息、车道关闭信息）及时告知给道路使用者，提高旅行时间的可靠度，避免交通事件的进一步恶化；二是致力于改善交通安全，通过各种措施在增加道路通行能力的同时，提高交通安全水平。ATM主要包括速度管控（速度协调控制、分车道动态限速、速度漏斗）、流量管控（拥堵响应处理、临时开放硬路肩、匝道控制）和车辆行为管控（动态路径诱导、动态车道分配）等典型场景。

本书从L2级场景中选择主路管控，表3-4给出了主路管控场景的具体描述。

主路管控场景信息　　　　　　　　　　　　　　表3-4

项目	内容
场景名称	主路管控
场景类别	V2I
车联网网络层级	云边端三层通信
信息流向	云到端
地点	具有龙门架的高速公路路段
画面内设施	多段设施完备的高速公路。 龙门架，可变情报板显示限速调高、交通流量正常
交通参与者	主车一辆，车型不限，装有OBU车载设备。 副车一辆，车型不限，装有OBU车载设备
场景概述	车辆在道路上正常行驶，副车位于左前方，主车收到路侧设备发来的主路管控相关信息。 主路管控分为5个画面展示，5个画面与事故点的距离为：远、中、近、中、远。5个画面展示不同距离上主路限速的变化、车道状态的变化、拥堵程度的变化、车辆换道等执行行为
详细内容	车辆在道路上正常行驶，收到路侧设备发来的主路管控信息。信息以提示音播报和车载终端展示。信息提示内容有：交通事故、车道开关状态、车道限速信息、是否允许换道等
画面1	画面1为随车主画面。主画面为主车内驾驶人视角。 车辆与事故点距离远（大约3km），且正在向事故点接近。画面中出现龙门架，可变情报板显示最高限速80km/h（比120km/h降低40km/h）

续上表

画面1	主车在接近龙门架的行驶过程中收到多条路侧设备信息。 提示语音:"前方限速80km/h,请注意!" 提示语音:"当前车道饱和,请向右/左换道!" 车内终端屏幕显示:事故点距离、事故类型、当前所有车道状态
画面2	画面2为随车主画面。主画面为主车内驾驶人视角。 车辆与事故点距离中等(大约2km),且正在向事故点接近。画面中出现龙门架,可变情报板显示最高限速60km/h(比120km/h降低60km/h,比前一龙门架降低20km/h)。 主车在接近龙门架的行驶过程中收到多条路侧设备信息。 提示语音:"前方限速60km/h,请注意!" 提示语音:"当前车道拥堵,请向右/左换道!" 车内终端屏幕显示:事故点距离、事故类型、当前所有车道状态
画面3	画面3为随车主画面。主画面为主车内驾驶人视角。 车辆与事故点距离远(大约1km),且正在向事故点接近。画面中出现龙门架,可变情报板显示最高限速20km/h(比120km/h降低100km/h)。 主车在接近龙门架的行驶过程中收到多条路侧设备信息。 提示语音:"前方限速20km/h,请注意!" 提示语音:"当前车道关闭,请向右/左换道!" 提示语音:"左侧专用车道开放,请向左换道通过!" 提示语音:"右侧应急车道开放,请向右换道通过!" 提示语音:"接近事故点,请小心驾驶!" 车内终端屏幕显示:事故点距离、事故类型、当前所有车道状态
画面4	画面4为随车主画面。主画面为主车内驾驶人视角。 车辆驶离事故点,与事故点距离中(大约1km)。画面中出现龙门架,可变情报板显示最高限速80km/h。 主车在驶离事故点的过程中收到多条路侧设备信息。 提示语音:"通过事故点,请小心驾驶!" 提示语音:"左侧专用车道关闭,请驶出专用车道!" 提示语音:"应急车道关闭,请向驶出应急车道!" 提示语音:"请注意侧方车辆!" 提示语音:"请注意前方车辆!" 车内终端屏幕显示:当前所有车道状态
画面5	画面5为随车主画面。主画面为主车内驾驶人视角。 车辆驶离事故点,与事故点距离中(大约2km)。画面中出现龙门架,可变情报板显示最高限速120km/h。 主车在接近龙门架的行驶过程中收到多条路侧设备信息。 提示语音:"当前车道限速120km/h!" 提示语音:"请注意保持车距" 车内终端屏幕显示:当前所有车道状态

主路管控策略有两种展示方式。第一种:利用多个画面展示相同时刻主路上不同路段的最高限速;第二种:利用主车通过每一个最高限速变化点来展示主路管控策略。第一种侧重主路管控在时间和空间上的速度管控变化,是一种三维信息;第二种侧重展示主路管控策略在某车道空间上的速度管控状态,是三维信息中的一条线。本书对场景的仿真选择第二

种展示方式。

画面 1 视角如图 3-8 所示,是主车内驾驶人视角。在车辆接近龙门架时,收到路侧 RSU 通过伴随式信息服务发送的专用道管控提示信息:"前方 3km,发生交通事故,请注意!""前方限速 80km,请注意!"

图 3-8 主路管控场景画面 1 视角

画面 2 ~ 画面 5 视角分别如图 3-9 所示,是主车内驾驶人视角。

a) 画面 2   b) 画面 3

c) 画面 4   d) 画面 5

图 3-9 主路管控场景画面 2 ~ 画面 5 视角

3.3.3.3 L3 级:伴随式交通信息服务

伴随式交通信息服务是基于车辆位置的全程交通信息服务,获取具备定位功能的设备当前所在的位置,按照用户个性化信息需求,主动通过无线通信、互联网和路侧设备提供信息资源和基础服务。伴随式交通信息服务系统应满足出行者大众化和普适性的服务需求,充分体现信息发布的公共性服务特点,为公众提供"出行前""出行中"及"出行后"不同阶段的信息服务。

与普通高速公路相比,高速公路智能车路协同系统提供的信息服务具有其独特的个性化、针对性、精准性特点。

(1) 个性化:对于不同的出行者个体,对于推送的信息进行个性化的定制,使其更贴近于个体的特殊需求,提高信息接受度。

(2)针对性:提供消息订阅方式的信息推送服务。对于不同的出行者个体,通过其自定义的消息推送方式和订阅的消息种类,为其提供更加具有针对性的服务。

(3)精准性:在个性化与针对性的信息推送服务的基础上,对出行者个体对于不同信息的接受程度进行建模,并通过每次信息推送服务的反馈不断对模型进行调整,从而实现精准推送。

总而言之,L3级属于一种较为复杂的车-路信息紧耦合交互模式,对车辆定位精度和通信实时性要求较高。

本书对L3级的应用场景选择并道提醒进行仿真分析,具体场景概述为:①车辆在道路上行驶,在主车发生并道行为前,检测到侧向其他车辆,向主车进行侧向车辆提醒;②车辆在道路上行驶,检测到主车前方有车辆变道时,向主车进行并道提醒,仿真结果如图3-10所示。

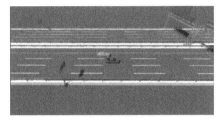
a) 并道提醒场景

b) 并道提示

图3-10 并道提醒场景

3.3.3.4 L4级:自动驾驶专用道

近年来,自动驾驶汽车技术因其在交通安全和效率方面的潜在优势,获得了政府、行业和学术界极大的关注。在自动驾驶汽车逐步商业化的过程中,有人驾驶车辆与自动驾驶车辆将共存相当长的一段时间。在此过程中,自动驾驶车辆对道路通行能力势必会造成影响。同时,由于实际交通环境较为复杂,很多潜在的风险无法被预测,将会对自动驾驶车辆的安全性带来威胁。

目前,大量研究建议,在ICVIS-H上开设一条自动驾驶专用道,专门供自动驾驶汽车使用,将有助于提高道路通行能力、降低事故风险,同时也是提高自动驾驶车辆市场渗透率的有效途径。设置自动驾驶专用道,可以将不同智能程度的车辆分离,提高道路通行能力,减少拥堵,提高驾驶安全性,缩短行驶时间,更好地管理有人驾驶车辆与自动驾驶车辆混行的交通流。然而,设置自动驾驶专用道带来的效益高度依赖自动驾驶车辆在交通流中的占比,当自动驾驶车辆流量相对较低时,自动驾驶专用道得不到充分利用,而有人驾驶车的可行驶车道被限制,行驶时间增加,进而可能降低路网的整体性能。

高速公路智能车路协同系统可以将自动驾驶专用道作为一个典型应用场景进行研究和应用。Guo[38]等人在一项研究中对高速公路左侧的单线管理设施和专用坡道进行了研究,将其作为运行自动驾驶车辆的首选场景。不仅如此,目前已经有包括中国在内的许多国家都将在高速公路上对自动驾驶专用道进行实践,如我国的京雄高速(连接北京至河北雄安新区),已设置了自动驾驶专用道。

3.3.3.5 L5级:车辆队列协同驾驶

高速公路上的有人驾驶车辆通常是无协同地进行行驶,车辆间距与车辆速度、驾驶人反应时间、路面状况、天气及光照条件紧密相关,可以用车辆跟驰模型描述这些参数间的关系。较大的车间距将降低高速公路通行能力,利用车-车/车-路通信和自动控制技术,可使得多辆汽车

(2辆以上)之间保持较短的安全距离,除头车以外的所有车辆自动跟随头车的行驶,使得形成了一个队列。由于车辆之间的速度与相对距离的控制是同步进行的,因此,这种多辆汽车车队行驶方式可以实现很高的平均车速,并大大缩短车间距,从而提高道路的通行效率,而且车辆队列内部间距较小,降低了车队中后车行驶中的空气阻力,使得后车的燃油消耗下降。

协同驾驶的主要任务是协同控制 CAV 安全、高效地通过冲突区域,如图 3-11 所示。为了自动驾驶车辆编队的成功应用,各国对这种典型场景进行了深入研究,从 1996 年到 2004 年,在欧盟委员会资助的两个智能交通系统研究项目中,对自动化卡车编队进行了开发和测试,取得了一些引人瞩目的结果,例如通过减少空气阻力可以有效地节省燃料等。

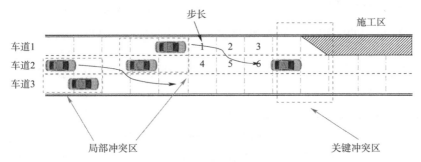

图 3-11　冲突区协同驾驶

通过以上场景分级,可以看到基于要素耦合程度的 ICVIS-H 技术分级,可以在不改变系统结构的情况下,通过逐级增强各个层次中软硬件模块的功能和性能,逐步提升系统的整体效能,从而满足不同用户的需求,具有通用性强、结构可伸缩、部件可复用和接口标准化等优点,可以大大降低系统开发时间和开发成本。

本章参考文献

[1] MIN H G, WU X, CHENG C Y, et al. Kinematic and Dynamic Vehicle Model-assisted Global Positioning Method for Autonomous Vehicles with Low-cost GPS/Camera/in-vehicle Sensors[J]. Sensors, 2019, 19(24):5430-5453.

[2] YU K G, GUO Y J. Anchor Global Position Accuracy Enhancement Based on Data Fusion[J]. IEEE Transactions on Vehicular Technology, 2008, 58(3):1616-1623.

[3] BEVLY D M, PARKINSON B. Cascaded Kalman Filters for Accurate Estimation of Multiple Biases, Dead-reckoning Navigation, and Full State Feedback Control of Ground Vehicles[J]. IEEE Transactions on Control Systems Technology, 2007, 15(2):199-208.

[4] JO K, JO Y, SUHR J K, et al. Precise Localization of An Autonomous Car Based on Probabilistic Noise Models of Road Surface Marker Features Using Multiple Cameras[J]. IEEE Transactions on Intelligent Transportation Systems, 2015, 16(6):3377-3392.

[5] GENTNER C, JOST T, WANG W, et al. Multipath Assisted Positioning with Simultaneous Localization and MApping[J]. IEEE Transactions on Wireless Communications, 2016, 15(9):6104-6117.

[6] WU Y H, TANG F L, LI H P. Image-based Camera Localization: An Overview[J]. Visual

Computing for Industry, Biomedicine, and Art, 2018, 1(1):1-13.

[7] HAM Y, HAN K K, LIN J J, et al. Visual Monitoring of Civil Infrastructure Systems via Camera-equipped Unmanned Aerial Vehicles(UAVs):A Review of Related Works[J]. Visualization in Engineering, 2016, 4(1):1-8.

[8] FALCO G, PINI M, MARUCCO G. Loose and Tight GNSS/INS Integrations: Comparison of Performance Assessed in Real Urban Scenarios[J]. Sensors, 2017, 17(2):255-279.

[9] HOSSAIN E, CHOW G, LEUNG V C M, et al. Vehicular Telematics Over Heterogeneous Wireless Networks: A Survey[J]. Computer Communications, 2010, 33(7):775-793.

[10] VEGNI A M, LITTLE T D C. Hybrid Vehicular Communications Based on V2V-V2I Protocol Switching[J]. International Journal of Vehicle Information and Communication Systems, 2011, 2(3-4):213-231.

[11] 范存群,王尚广,孙其博,等.车联网中基于贝叶斯决策的垂直切换方法研究[J].通信学报,2013,34(7):34-41.

[12] ZHANG R, HU J, XIA W W. Vehicle Heterogeneous Network Selection Algorithm Based on Matching Game[J]. Telecommunications Science, 2015, 31(9):51-59.

[13] AGARWAL S, DAS A, DAS N. An EfficientApproach for Load Balancing in Vehicular ad-hoc Networks[C]//IEEE. Proceedings of the 2016 IEEE International Conference on Advanced Networks and Telecommunications Systems. New York:IEEE,2016:1-6.

[14] HE X L, REN Z Y, SHI C H, et al. A Novel Load Balancing Strategy of Software-defined Cloud/Fog Networking in the Internet of Vehicles[J]. China Communications, 2016, 13(Supplement2):140-149.

[15] NGUYEN T D, VAN T P, DO T T, et al. A Load-balanced and Mobility-aware Routing Protocol for Vehicular ad-hoc Networks[C]//IEEE. Proceedings of the 2011 International Conference on Advanced Technologies for Communications. New York:IEEE,2011:36-39.

[16] WU H T, HOMG G J. Vehicular Cloud Network and Information Security Mechanisms[C]//IEEE. Proceedings of the 2016 International Conference on Advanced Materials for Science and Engineering. New York:IEEE,2016:196-199.

[17] MICHAELS A, PALUKURU V S S, FLETCHER M J, et al. CAN Bus Message Authentication via Co-Channel RF Watermark[J]. IEEE Transactions on Vehicular Technology, 2022, 71(4):3670-3686.

[18] 崔优凯.智慧高速公路建设的浙江方案——《智慧高速公路建设指南(暂行)》解读[J].中国公路,2020,20:22-25.

[19] OJALA R, VEPSÄLÄINEN J, HANHIROVA J, et al. Novel Convolutional Neural Network-based Roadside Unit for Accurate Pedestrian Localization[J]. IEEE Transactions on Intelligent Transportation Systems, 2019, 21(9):3756-3765.

[20] TROPEA M, DE RANGO F, NEVIGATO N, et al. Scare: A Novel Switching and Collision Avoidance Process for Connected Vehicles Using Virtualization and Edge Computing Paradigm[J]. Sensors, 2021, 21(11):3638-3661.

[21] HAMDI M M, AUDAH L, RASHID S A, et al. Techniques of Early Incident Detection and Traffic Monitoring Centre in VANETs: A Review[J]. Journal of Communication, 2020, 15(12): 896-904.

[22] YANG P T, DUAN D L, CHEN C, et al. Multi-sensor Multi-vehicle (msmv) Localization and Mobility Tracking for Autonomous Driving[J]. IEEE Transactions on Vehicular Technology, 2020, 69(12): 14355-14364.

[23] JIAO Y J, YIN Z S. A Two-Phase Cross-Modality Fusion Network for Robust 3D Object Detection[J]. Sensors, 2020, 20(21): 6043-6026.

[24] 石胜华, 王安娜, 蔡蕾, 等. 杭州绕城西复线交通气象预警与服务技术研究[J]. 公路交通科技(应用技术版), 2020, 16(6): 294-299.

[25] 王国锋, 张蕴灵, 宋鹏飞. 基于LBS技术的高速公路出行服务解决方案研究[J]. 公路, 2012, 5: 253-256.

[26] 董振宁, 苏岳龙, 陶荟竹. 从"连接"到"赋能"——高德地图构建智慧城市的"智能+"之道[J]. 中国建设信息化, 2019, 21: 40-43.

[27] WANG P. Annual Review of Information Science and Technology[J]. Library & Information Science Research, 2002, 24(4): 399-403.

[28] 柯青, 王秀峰, 孙建军. 以用户为中心的研究范式——理论起源[J]. 情报资料工作, 2008, 4: 51-55.

[29] 秦晓辉, 谢伯元. 协同式自适应巡航技术发展现状及趋势[J]. 现代电信科技, 2014, 44(3): 1-7.

[30] 刘迪. 高速公路多车协同驾驶控制策略研究[D]. 吉林: 吉林大学, 2020.

[31] ZHU L, YU F R, WANG Y G, et al. Big Data Analytics in Intelligent Transportation Systems: A Survey[J]. IEEE Transactions on Intelligent Transportation Systems, 2018, 20(1): 383-398.

[32] PATHAK A R, PANDEY M, RAUTARAY S. Construing the Big Data based on Taxonomy, Analytics and Approaches[J]. Iran Journal of Computer Science, 2018, 1(4): 237-259.

[33] 刘英奇. 恶劣天气下辽宁省高速公路交通管理系统研究[D]. 北京: 清华大学, 2017.

[34] LIAN F L, YOOK J K, TILBURY D M, et al. Network Architecture and Communication Modules for Guaranteeing Acceptable Control and Communication Performance for Networked Multi-agent Systems[J]. IEEE Transactions on Industrial Informatics, 2006, 2(1): 12-24.

[35] SUN L, LI Y M, GAO J. Architecture and Application Research of Cooperative Intelligent Transport Systems[J]. Procedia Engineering, 2016, 137: 747-753.

[36] KATRAKAZAS C, QUDDUS M, CHEN W H, et al. Real-time Motion Planning Methods for Autonomous On-Road Driving: State-of-the-Art and Future Research Directions[J]. Transportation Research Part C: Emerging Technologies, 2015, 60: 416-442.

[37] 刘睿健. 自动驾驶新标配之"聪明的车+智能的路"——车路协同自动驾驶系统初探[J]. 中国交通信息化, 2019, 11: 18-26.

[38] GUO Y, MA J Q, LESLIE E, et al. Evaluating the Effectiveness of Integrated Connected Automated Vehicle Applications Applied to Freeway Managed Lanes[J]. IEEE Transactions on Intelligent Transportation Systems, 2022, 23(1): 522-536.

第4章 基于分层模块化的高速公路智能车路协同系统一体化架构

4.1 高速公路智能车路协同系统架构分析

4.1.1 系统应用需求

智能车路协同系统的发展具有长期性以及综合条件的适配性。ICVIS-H 系统构建应围绕高速公路建设、管理、养护、运营和服务等环节的技术需求、面临的关键问题、可能的发展模式等方面进行剖析,从而全面提升 ICVIS-H 的安全、效率、环境友好性和用户体验[1]。

4.1.1.1 总体建设需求

(1) 提高感知数据获取能力的需求。ICVIS-H 建设需要在现有高速公路机电系统基础上,进一步完善人、车、路、环境等信息采集感知系统,充分利用新兴技术,提升感知的质量、广度、精度、细度,加强对高速公路运行的全局特征捕捉和车辆微观行为的洞察能力,支撑高速公路控制、应急、决策和服务能力的实质性突破。

(2) 构建高速公路融合通信网的需求。ICVIS-H 建设需要将 V2X 车路通信网络与现有高速公路机电通信网、物联网、DSRC 和北斗地基增强网等充分融合,为高速公路"车-路-云"协同提供高可靠、满足多业务需求的数据通道[2]。

(3) 提升高速公路数据计算能力需求。ICVIS-H 为提供安全、高效等应用服务,需要整合边缘计算和云计算等各种类型的计算资源并进行协同布设,实现多源异构数据的存储、计算、管理和调度。通过搭建分布式计算、流式计算、内存计算等多种先进数据计算引擎,针对不同的场景采用不同的计算模型,缩短数据计算的响应时间。

(4) 提升数据深度应用能力的需求。ICVIS-H 的关键环节是数据的深度应用。一是需要利用智慧公路的数据中台体系和业务云化处理,实现数据的规模化和资源化。二是需要通过数据的转化和提升,建立或接入各类业务的指标库、模型库、推理库等,构建"数据—信息—知识—智慧"的数据流动闭环,实现车路协同系统各业务的精细化管理,可用于智能评估、预测和决策。

（5）提升高速公路应急管理能力的需求。ICVIS-H 能够基于个体终端的精细化数据和智能路侧站等获取的动态交通信息,实现路网状态的车道级表达,并且基于高精度地图和定位,实现车道级监控应急车辆,并提供精准导航服务,实现及时救援以及事故应急处置预案的高效匹配、快速推演和智能评估。

（6）提升出行人员体验感和获得感的需求。ICVIS-H 需要结合可变信息板、可变限速标志、车载发布终端等发布方式,根据出行者的出行方式及层次化的信息服务需求,构建伴随式和集中式相结合的高速公路综合信息服务体系[3],实现实时路况的主动统一推送和交通事件信息、服务信息等差异化信息的分别播发。

（7）适应不同智能化程度车辆的需求。随着高速公路智能化进展,会长期存在人工驾驶车辆和网联车辆在道路共存、混行的情形,ICVIS-H 需要充分应用相关技术手段,建设适应不同智能化程度车辆行驶的高速公路系统。

4.1.1.2　用户需求

将重点考虑 ICVIS-H 服务的两类用户主体：公众出行者与交通管理者。其中,公众出行者包括重点营运车辆、货车、应急救援车辆、普通车辆、具备智能网联功能车辆的驾驶人等；交通管理者包括交通运输主管部门、交警、应急管理部门、医疗救援中心等[4]。

ICVIS-H 能够实现公众出行者的出行服务更加精细化、自主化,交通管理者的综合服务更加便捷化、高效化。ICVIS-H 用户应用需求见表 4-1。

ICVIS-H 用户应用需求　　　　表 4-1

用户类型		用户需求	
		普通需求	特殊需求
公众出行者	重点营运车辆驾驶人	提前发布临时管控路段以及针对重点营运车辆的限行路段；提前确定综合考虑费用、时间、安全等因素后的最优行驶路径；提前发布加油、加气等针对重点营运车辆的服务；提前告知针对重点营运车辆的收费、查超限信息；安全驾驶辅助	服务区休息预约；描绘驾驶行为图谱；事故风险预警；违章风险提示
	应急救援车辆驾驶人	精准定位事故点,确定基于时间最优的推荐路径	提前为应急救援车辆清出安全通道
	普通车辆驾驶人	提前发布经由城市信息；提升在途路况及服务区信息推送服务；接收应急救援车辆信息,以便车辆让路；提前发布路段临时管控和限行信息。完善车路信息交互机制；针对单车的信息精准推送	服务区充电预约；车辆疏导；完善智能网联汽车事故后追责相关的法律法规
	智能网联车辆驾驶人	完善车路信息交互机制；针对单车的信息精准推送	完善智能网联汽车事故后追责相关的法律法规

续上表

用户类型			用户需求	
			普通需求	特殊需求
交通管理者	交通运输主管部门	道路管理者	提高智慧化管理水平,联网联控统一管理;数据融合与数据链建设管理;实现路网交通流状态、车辆行为、气象状态、基础设施结构状态等高速公路运行多要素、大范围、高可靠性的信息采集	路网协调应急管理,突发事件的影响程度和处置;
		运营管理者	降低高速公路运营成本;运行状态感知与监测;交通事件感知与预案管控;出行信息服务管理;收费管理;机电设备维护管理;智慧养护管理	
	交警		提升车辆违法智慧化处理水平;提升道路交通安全	
	应急管理部门		提升应急处置效率	
	医疗救援中心		提升与其他部门联动效率	
	其他		实现对具备同样功能的系统重复利用,避免资源浪费	

4.1.1.3 应用需求演进

在对国内外应用总结的基础上对典型应用进行梳理,主要参考国标应用。梳理现有的19项应用,其中安全类应用达11项,原因主要有两点。

①技术难度。现有的通信技术已能满足安全出行应用对通信的可靠性和频率要求,而效率类应用还对车辆控制技术和跨平台信息集成技术提出了更高要求。

②市场接受度。安全问题是市场的痛点,而现有安全类应用主要依托信息发布手段,开发周期短,是合理的市场切入点。

因此,车路协同环境下的交通业务服务系统应先以信息服务类应用为依托,以安全出行类应用为突破口,建立明确的市场和坚实的通信技术基础。而后,通过不断丰富安全类、效率类和信息服务类应用进一步完善该服务系统。随着通信技术和车辆控制技术的提高,安全类、效率类和信息服务类应用将朝个体定制化、精细化、高效化的方向演进,如图4-1所示。其中,将演进分为共性演进方向和个性演进方向;个性演进方向指的是某(几)个应用的特定演进;共性演进方向是指该种演进可以全方位提升各类应用的实现效果,如车辆可控性的增加以及通信环境的增强等。

随着应用的成熟,同一场景中会并存若干应用。例如,在高速公路管理中,当出现故障车辆时,异常车辆提醒、前向碰撞预警、紧急制动预警、调节宏观交通流速度差的限速预警、拥堵提醒等都可能会被同步触发。由此可见,应用会在实践中依托场景、事件逐步演进为集安全、效率、信息发布为一体多应用集成业务。

在现有应用和演进方向的基础上,整合需求场景和各类应用得到9个集成业务,涵盖连续流路段、连续流匝道、间断流路段、分合流区等主要交通场景和网联车辆、驾驶人等主要交通参与者,实现了基本场景、现有应用及演进的全覆盖,见表4-2(表中现有应用编号与图4-1对应)。

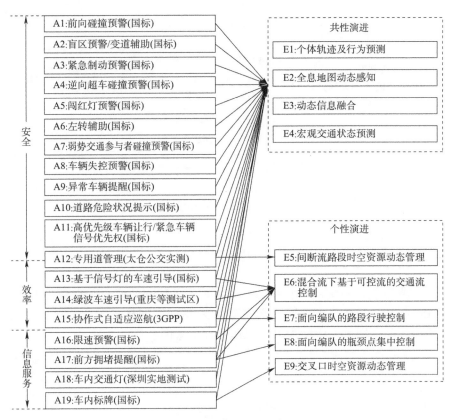

图 4-1 现有热点应用及演进

集成交通业务设计 表 4-2

序号	未来演进集成业务(场景)	业务描述	涵盖现有应用及演进
1	可变限速管理 (连续流路段)	(1)车辆碰撞避免； (2)宏观速度差调节； (3)事件信息发布	A1、A2、A3、A9、A10、A15、A16、A17、E6、E7、E8
2	车辆汇入控制 (连续流匝道)	(1)汇入过程碰撞避免； (2)可插入间隙分配； (3)轨迹级汇入控制	A1、A2、A3、A15、E8
3	协作式车队管理 (仅智能网联车辆) (连续流及常规路段)	(1)协作式自适应巡航； (2)车队协同变道； (3)车队形成与分离； (4)车辆碰撞避免	A1、A2、A3、A15、E7
4	专用道柔性管理 (连续流路段)	(1)专用道动态开放； (2)专用道状态提醒	A11、A19
5	行车路径优化 (分合流区域)	(1)控制中心全局优化； (2)车辆执行优化轨迹； (3)车辆碰撞避免	A6、A7、A8、A18、A19、E9

续上表

序号	未来演进集成业务（场景）	业务描述	涵盖现有应用及演进
6	生态驾驶引导 （连续流路段、分合流区）	（1）车辆中心协同决策； （2）低能耗驾驶曲线； （3）高延误引导避免	A5、A13、A14、A18、A19
7	匝道控制 （信控匝道）	（1）控制中心全局优化； （2）信号配时方案实施	A18、A19、E9
8	车道级动态管控 （间断流路段）	（1）交通状态全局感知； （2）动态车道功能制定； （3）对向车辆碰撞避免	A4、A12、A19、E5、E9
9	伴随式信息发布 （公众）	（1）各类服务信息整合； （2）信息多终端发布	A10、A19、E12

（1）可变限速管理。可变限速管理通过基于预先设置的交通控制策略和不同限速区间，实时调整各区间限速，对车流进行宏观速度差调节，从而实现从正常行驶区与拥堵区的平稳过渡，降低事故风险。图4-2所示为可变限速管理示意图。

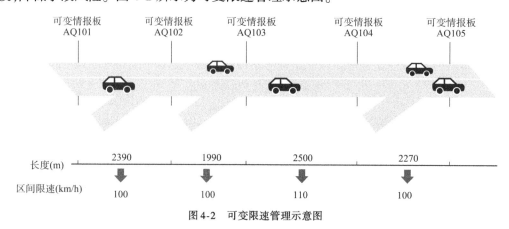

图4-2 可变限速管理示意图

（2）车辆汇入控制。匝道车辆在保证安全的前提下，进行轨迹级的汇入控制，通过选择合理的汇入时间、汇入位置和汇入速度，分配可插入的间隙，减少汇入车辆对主线车流的影响，提高高速公路及快速路的匝道处通行效率。图4-3所示为车辆汇入控制示意图。

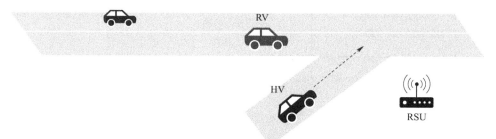

图4-3 车辆汇入控制示意图

(3)协作式车队管理。车队的头车从云端及周边车辆获取安全、交通环境、车载传感器等信息,形成车队行驶策略,从而完成整个车队的动态管理,确保车队安全、高效出行。图 4-4 所示为车队管理示意图。

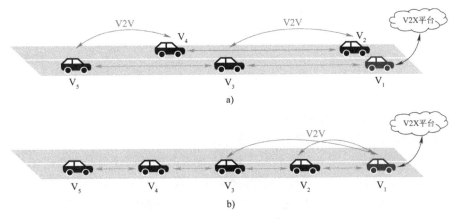

图 4-4 协作式车队管理示意图

(4)专用道柔性管理。紧急车辆在专用道行驶时,RSU 广播专用道处于占用状态的信息,其余车辆收到该消息后,判断自身是否位于出清距离内,若是,则离开专用道。图 4-5 所示为专用道柔性管理示意图。

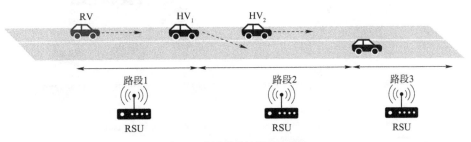

图 4-5 专用道柔性管理示意图

(5)行车路径优化。路侧单元根据车辆信息直接计算加速、减速、行驶轨迹预测等控制策略信息,从而调整车辆行驶状态,执行优化轨迹,自适应性通过分合流区域,提高交通分合流区通行效率。图 4-6 所示为基于轨迹控制的分合流区通行管理示意图。

图 4-6 基于轨迹控制的分合流区通行管理示意图

(6)生态驾驶引导。根据出行车辆的需求,基于地图信息、车辆实时状态、驾驶人行为信息等,计算出行车辆行驶策略,为出行车辆提供准确、实时行驶速度,使车辆保持低能耗驾驶曲线,同时开展避免高延误引导。图 4-7 所示为生态驾驶引导示意图。

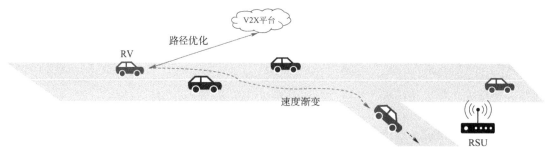

图 4-7 生态驾驶引导示意图

(7)匝道控制。匝道路侧控制机根据实时主线网联车数据进行匝道信号控制优化,如果有条件,可以结合控制中心的背景数据和方案进行优化。该业务需要具备控制中心全局优化和匝道信号方案实施的功能。图 4-8 所示为基于实时网联数据的匝道信号动态优化示意图。

(8)车道级动态管控。基于预先设置的交通控制策略自动调整车道级限速值,并通过门架式动态限速标志发布当前车道限速值和异常交通状况预警信息,实施主线智能管控,实现车道级动态限速、车道资源动态分配、路网交通流动态分配等;通过分合流区上游范围内的车辆与路侧单元的实时通信,路侧单元收集网联车辆的状态数据,以此为基础进行进口道车道功能的划分。图 4-9 所示为动态车道管理示意图。

图 4-8 基于实时网联数据的匝道信号动态优化示意图

图 4-9 动态车道管理示意图

(9)伴随式信息发布。系统服务平台整合路侧检测器的数据,并结合与天气、交管等部门的数据,通过可变信息标志、手机软件等实时发布出行信息(如拥堵路段及时长,事故路段、危险路段等)。该业务需要具备各类服务信息整合和信息多终端发布的功能。图 4-10 所示为伴随式信息发布示意图。

图 4-10 伴随式信息发布示意图

4.1.2 系统架构演进

随着车路协同技术的发展,行业应用的规模不断扩大。需求的激增,带来的是技术上的压力。系统架构也因此不断的演进、升级、迭代,从单一应用架构,到垂直拆分架构,到分布式服务架构,到流动计算架构 SOA 以及现在火热的微服务架构[5]。

4.1.2.1 单一应用架构

当网站流量很小时,只需通过一个应用将所有功能都部署在一起,来减少节点部署和成本。此时,用于简化、增删、改查工作量的数据访问框架(ORM)是影响项目开发的关键。但是,其存在以下问题:

(1) 代码耦合,开发维护困难;
(2) 无法针对不同模块进行针对性优化;
(3) 无法水平扩展;
(4) 单点容错率低,并发能力差。

4.1.2.2 垂直拆分架构

当访问量逐渐增大,单一应用架构无法满足需求,为了应对更高的并发和业务需求,根据业务功能对系统进行拆分,流量能分散到各个子系统中,且系统体积可控,可以针对不同模块进行优化,方便水平扩展,负载均衡,容错率提高,一定程度上降低了开发人员之间的协同及维护成本。此时,用于加速前端页面开发的 Web 框架(MVC)是关键。但是,其相同的逻辑代码需要不断地复制,不能复用,影响开发效率。

4.1.2.3 分布式服务架构

当垂直应用越来越多,应用之间交互不可避免,通过将核心业务、基础服务抽取出来,系统间相互调用,提高了代码复用和开发效率,作为独立的服务,逐渐形成稳定的服务中心,使前端应用能更快速地响应多变的市场需求。此时,用于提高业务复用及整合的分布式服务框架(RPC)是关键。但是,其系统间耦合度变高,调用关系错综复杂,难以维护。

4.1.2.4 流动计算架构(SOA)

随着服务化的发展,服务之间的调用和依赖关系越来越复杂,容量的评估、小服务资源的浪费等问题逐渐显现,通过增加一个调度中心可以基于访问压力实时管理集群容量,提高集群利用率,由此产生了面向服务的架构体系(SOA)。此时,用于提高机器利用率的资源调度和治理中心(SOA)是关键。但是,其因为服务间的依赖关系存在联动作用,运维、测试部署困难。

4.1.2.5 微服务架构

微服务和面向服务的框架都是基于对系统的拆分,但两者粒度不同,微服务的服务拆分粒度很小,每个服务虽小,但"五脏俱全"[6,7]。微服务和面向服务的框架差别见表4-3。

微服务和面向服务的框架差别　　　　　表4-3

SOA	微服务
整体,服务尽可能集中	服务尽可能拆分
水平分多层	纵向业务划分

续上表

SOA	微服务
按层级划分不同部门组织负责	单一组织负责
粗粒度	细粒度
划分多个业务单元 BU	独立子公司
存在复杂组件	组件小
业务逻辑横跨多领域	业务逻辑存在于每一个服务中
企业服务产总线(ESB)充当通信	使用轻量级通信,如 HTTP

微服务每个服务都使用自己的数据源,部署独立,服务间虽然有调用,但要做到服务重启不影响其他服务,有利于持续集成和持续交付。每个服务都是独立的组件,可复用,可替换,降低耦合,易维护。

4.2 基于分层模块化的高速公路智能车路协同系统的端边云架构设计

4.2.1 架构设计原则

车路协同系统架构设计应以管理者和出行者需求为导向,以先进技术为支撑,遵循"实用性、标准化、开放性、灵活性、可扩展性、衔接性、安全性"原则。

(1)实用性原则。车路协同系统架构设计的根本动力源自业务管理和用户服务的需求,而非纯粹的信息技术驱动,因此,车路协同系架构设计应开展需求调研工作,充分分析管理者和出行者的需求,确保发挥实效。

(2)标准化原则。在国家、行业尚无标准的领域,应在制定规范要求开展车路协同系统架构设计,促进车路协同系统架构设计和系统建设的标准化。

(3)开放性原则。车路协同系统架构设计中涉及的通信接口、数据交互格式等应尽可能依托开放标准,保持技术的中立,减少对特定软件、硬件设备型号或技术的依赖,以保证车路协同系统的长期应用需求。

(4)灵活性原则。车路协同系统架构设计应因路制宜,结合道路特点和实际需求开展建设,灵活选择合适的功能模块、技术路径和实施方法。

(5)可扩展性原则。车路协同系统架构设计应紧扣交通运输的信息化、智慧化发展方向,确保所采用的设备、技术、系统具有良好的可扩展性,降低未来功能升级的成本。

(6)衔接性原则。车路协同系统架构设计应循序渐进地实现车路协同系统的集成,架构设计中包含从管理中心其他系统中接受、交换、调用数据的能力,实现与城市道路或高速公路管理中心的其他系统的衔接、融合、调用。

(7)安全性原则。车路协同系统架构设计应注重交通安全与信息安全,充分考虑安全风险防控策略。

4.2.2 架构设计维度

车路协同系统架构一般有逻辑架构、应用架构、数据架构和技术架构四类。在建设车路协同系统前,需明确系统的逻辑架构和应用架构;在车路协同系统开发过程中,需明确系统的数据架构和技术架构。

4.2.2.1 逻辑架构

车路协同系统逻辑架构是指车路协同业务的拆分逻辑架构,如图4-11所示,车路协同系统通过"端-边-云"间的信息交互实现系统应用,形成"端-边-云"一体化逻辑架构。

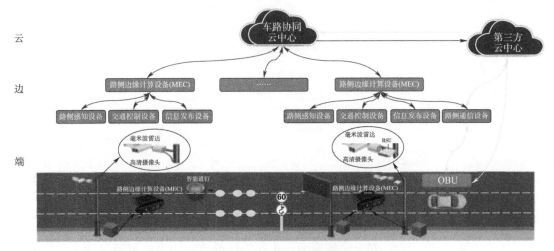

图4-11　车路协同系统逻辑架构

(1)"端"是指路侧端与车载端。路侧端是一个集感知、通信和数据上传功能于一体的智能系统,通过在路侧部署感知、通信、发布设备实现,支持多种外部系统接入。车载端是集自车信息感知、实时信息交互和智能应用计算于一体的智能系统,通过在车辆安装智能车载终端(OBU)实现。

(2)"边"指边缘计算,通过部署多接入边缘计算(MEC)设备实现。边缘计算设备具备多源数据融合处理功能,可以对交通数据、运动目标数据进行实时运算分析。

(3)"云"指车路协同云平台。车路协同"云"端环境是一个宏观感、处、控中心,可感知宏观区域交通状态,对实时和历史数据进行处理分析,实现整个系统的控制与管理。

4.2.2.2 应用架构

车路协同系统应用架构是指实现系统应用的层级架构,一般从感知、传输、计算、应用的角度进行层次划分。应用架构如图4-12所示,主要由应用服务、平台服务、设施服务、信息通信和数据采集5个层级组成。

(1)应用服务层。车路协同应用服务是指以提升道路运行安全和效率、提供优质信息服务为目标,面向道路用户所构建的系统应用场景。

(2)平台服务层。平台服务层主要是指车路协同系统在中心端需实现的平台功能与应用。平台服务层一般有两种形式:一种是采用云平台的构建方式,即云平台的PaaS层;另一种是采用一般的中心平台的构建方式,在道路管理中心部署车路协同平台。一般地,平台服务层内部可分为两个层次:一方面是针对上传至平台数据的资源管理平台;另一方面是面向车路协同系统的应用管理平台。

图 4-12 车路协同系统应用架构

（3）设施服务层。设施服务层主要是依托车路协同系统云平台或中心平台、边缘计算终端所形成的计算、存储、网络、安全设施资源。车路协同系统中心设施资源可购买云服务，即 IaaS，可购买公有云或构建私有云，也可为非云的形式，针对车路协同系统在管理中心自建基础资源设施。

（4）信息通信层。车路协同系统依据不同道路场景建设条件，利用 C-V2X、以太网、4G/5G、光纤网进行融合组网，支持系统"端-边-云"间的数据传输。车路协同系统信息可适用于车路通信专网和广域互联网，即可支持 PC5 直连和 Uu 口两种通信接口。目前，车路通信主要通过 LTE-V 通信技术实现。随着 C-V2X 技术的发展，车路通信网络可不断升级。

（5）数据采集层。车路协同数据采集层主要通过路侧感知设备、路侧通信设备、互联网以及与道路其他应用平台间的数据交互，实现车路协同数据采集。一般地，车路协同系统需要通过采集层感知道路的交通运行状态、车辆微观状态、交通气象状态以及数字基础设施状态四类信息。

4.2.2.3 数据架构

车路协同数据架构主要是指表达系统存储、组织数据资源方式的架构，需考虑车路协同系统应用场景、不同时间段的应用场景对数据进行的数据异构、读写分离、数据库、缓存、分布式数据策略等。

4.2.2.4 技术架构

车路协同技术架构主要是指根据系统应用架构的技术需求进行技术选型，描述各技术之间关系的架构。需考虑车路协同系统技术层面、开发框架、开发语言、非功能性需求技术选择等。

车路协同系统技术架构需在软件开发时进行具体设计。

4.2.3 系统架构实现

在面向车路协同领域的软件架构的实施原则中三个最重要的指导思想就是分层次、面向对象、模块化。车路协同系统建设的整个架构进行分层设计,每层对应一个或一类技术架构,按模块进行建设,并通过 SOA 标准方式集成,在整体上实现开放式的网络能力架构。

4.2.3.1 分层次

采用分层次的架构含义是指将车路协同系统框架设计成为相互独立、彼此提供服务与接收服务的层次结构。其中,各个层次接收下一层次提供的服务,并且为上一层次的功能提供服务。为了实现易于维护、软件重用等特点,需要对于层次的功能进行明确划分,精确定义层次间接口,并适当地进行数据、业务流程的抽象。同时,可通过建立拓扑约束模型等方法,增加层次设计的抽象性,明确层次接口的约束条件。由于车路协同系统规模庞大,还需考虑各个层次之间存在基于不同应用的数据交换协议。

(1)优点。

总的来讲,采用分层次架构来实现有许多优点:

①能够支持软件设计的抽象。可以从上而下进行系统分析与设计,同时,能够在设计阶段将系统功能实现的具体细节与软件系统框架的实现完全区分开来。

②实现了功能的稳定性与灵活性。通过保持各个层次功能的相对独立性能够实现功能的可靠维护。同时,易于进行功能拓展。

③提高了系统开发的可重用性。提高功能的模块化与实现的层次化能够在模块与层次规模上进行软件的复用,从而提高了软件开发效率。

④支持模块化。基于模块化实现的软件,能够很好地同分层次、面向对象等设计理念相结合。

⑤能够结合面向对象技术。由于抽象数据类型概念对软件系统有着重要作用。目前软件开发已经非常重视使用面向对象技术。

(2)作用。

同样,分层次的车路协同系统架构能够对不同应用场景下的功能实现产生良好的作用。

①通过接口的约束能够实现功能模块化。

②通过层次设计抽象能够促进模块功能泛化。

③通过层次间功能划分能够实现功能的标准化,同时保证稳定性、健壮性与灵活性。

④通过建立拓扑约束模型能够实现系统功能设计的抽象性。

⑤通过采用数据交换协议能够保证软件的拓展性与软件可支持系统的规模。

4.2.3.2 面向对象

面向对象技术的本质就是模块化的构件思想,通过对于不同服务对象的数据抽象与数据封装,形成具有模块化功能的构件。根据车路协同系统各个模块之间的相互关系,进行模块功能层次性划分,从而在保证各个模块的独立性的前提下,通过层次性功能模块形成车路协同系统的总体运行框架。

面向对象技术的主要优点在于数据抽象与数据封装。抽象能够描述大多数对象及其关系,封装就能够根据对象之间的关系变动进行数据抽象。通过数据抽象与数据封装就能够比较好地为功能模块化、软件层次化、架构体系化提供支持。针对车路协同系统中信息链路、用户需求对现有交通管理系统结构进行升级,进行可扩展性设计与模块化实现,其主要优点是:

(1) 可以支持系统的层次化设计;
(2) 可以支持系统的模块化设计;
(3) 易于进行功能的调整与实现;
(4) 易于系统的维护与升级;
(5) 能够很好地同面向对象等设计理念相结合;
(6) 在架构上具有很大的灵活性,易于进行软件复用。

4.2.3.3 模块化

模块化即按照功能或者应用的不同,将软件划分为若干部分,一个功能就是一个模块,这些功能的组合就是一个软件。模块化的系统设计方法有许多的优点。

(1) 模块化遵循传统 SA/SD 方法遵循的软件设计原则,如信息抽象、信息隐藏及模块独立性等,易于实现或修改。

(2) 模块化实现的软件能够很好地同分层次、面向对象等设计理念相结合。

(3) 模块化实现的软件其功能相对独立,因此,在车路协同系统架构上具有很大的灵活性,易于进行软件复用。

4.2.4 分层结构建模

国内外对于 ICVIS-H 的技术和系统开展了很多研究,在研究深入推进的同时,不断完善 ICVIS-H,并且构建它的整体架构[8]。在梳理和学习国内外 ICVIS-H 架构的基础上,吸收先进的技术和相关理念,对 ICVIS-H 分层模块化架构进行划分,其逻辑架构如图 4-13 所示。具有该分层模块化架构的 ICVIS-H 是一种中心云、边缘云、车载和路侧终端协同的具有自下而上逐级数据处理与管控指令传递逻辑架构的 ICVIS-H,它在传统的车路协同系统的基础上增加了边缘云,可以满足 ICVIS-H 对超低时延的需求。

该系统通过感知、计算、通信、控制等技术的一体化融合,实现"人-车-路-云"之间的高可信信息交互与智能协同管控;同时,通过在高速公路上安装感知、通信和控制设备,为自动驾驶车辆提供环境感知和通信的支持;并且通过边缘计算实现就近云端算力部署,可以从时间和空间两个维度上突破单车智能系统对车辆周边环境感知能力的局限性。

该 ICVIS-H 分层模块化架构从下至上分为感知与控制层、通信层、计算层、数据层、服务与应用层和展示层六个层次,它们分别完成不同层次下的功能。

(1) 感知与控制层。

感知与控制层是构建端边云一体化 IntelliWay 高速公路智能车路协同系统的基础,作为原始数据的直接来源,它综合运用路侧设备、车载设备、门架上的各种设备和终端对人、车、路、事件等信息进行感知,可以感知场景内所有移动物体的运动特性,并将感知到的信息通过通信层向上层传输,为上层的决策和服务提供原始数据。上层通过对这些原始数据进行分析处理,为车辆提供决策服务,可以实现对车辆运行状态的控制,提高车辆行驶的安全性和效率。同时,该层还可以作为辅助模块提供信息服务,例如对具有安全风险的车辆作特别的信息提示或控制措施、对特殊的交通事件进行预警以及交通信息的发布等,为车辆上的人员提供有用的信息。

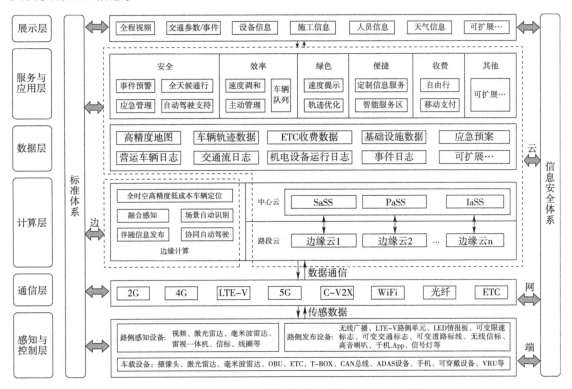

图4-13 IntelliWay 变耦合模块化车路协同系统逻辑架构图

(2)通信层。

通信层通过构建集 2G、4G、LTE-V、5G、WiFi、光纤、ETC 等为一体的基础网络架构,为数据、语音、图像、视频等的传输提供了强有力的保障。通信层主要就是提供网络通信、传输数据,从下到上可以将感知与控制层的原始传感数据向计算层传输,为计算层的云服务提供数据;同时,从上到下可以将计算层对数据分析处理后的决策向感知与控制层传输,实现车辆运行状态的控制。此外,基于边缘计算,边缘节点上的边缘应用下发、边缘应用分析处理结果的云端保存以及视频等数据的云边协同处理可以采用通信层的 5G 网络回传,实现大带宽、低时延的云边通信。

(3)计算层。

计算层的作用主要是对原始数据进行分析处理,为车辆提供决策,并实现信息融合、信息发布等。IntelliWay 高速公路车路协同系统信息处理的核心问题是在路侧还是在云控中心进行数据处理和信息提取,如果道路的交通感知信息全部上传到云端存储和分析处理,网络传输与云端处理均难以承受成本,而路段云的边缘云可以提供本地计算存储,降低中心云平台的性能处理与带宽要求,所以,边缘计算和云计算可以分工协同实现高速公路车路协同服务。

(4)数据层。

数据层主要用于对数据和参数进行管理,包括高速公路各个部分的所有参数数据,这些参数数据包括高精度地图数据、车辆轨迹数据、交通流参数数据、事件参数数据、营运车辆参数数据、机电设备运行参数数据、ETC 收费数据、应急预案数据等。

(5)服务与应用层。

服务与应用层的平台服务可以为实现信息共享、应用系统功能等提供技术支撑,主要用于提供安全、高效、绿色、便捷的应用服务。安全服务包括事件预警、应急管理、异常天气通行等服务;效率服务包括速度调度、主动管理的等服务;绿色服务包括速度指示、路径优化等服务;便捷服务包括信息服务等;收费服务包括 ETC 等;另外还包括许多其他方面的服务。

(6)展示层。

展示层主要用于信息、参数数据等的展示,展示的内容包括全程录像视频、交通参数、设备状态、施工状态、人员状态、天气状态等。

4.3 基于高速公路智能车路协同系统技术分级的架构裁剪

4.3.1 面向应用需求的架构裁剪方法

业务应用需求驱动了架构工作的需求和性能指标的制定。优化技术系统的组成,强化基础功能应用,是面向应用需求的架构裁剪的基本目标[9]。

由于外部环境变化、主图需求形式演进等原因,在不同阶段伴随着功能数量的增加、复杂度的提高,根据清晰的业务需求,明确界定业务输入和输出,删减组件的同时保留必要功能,从而实现降低成本、提高系统性能。

4.3.1.1 裁剪规则

根据项目目标和局限来选择裁剪组件,具体规则如下。

裁剪规则 1:如果有另一个组件可以执行其有用功能,其功能载体可以被裁剪掉。选择一个组件作为新的功能载体,至少要满足以下条件之一:

(1)组件已经在功能接受对象上执行了相同或类似的功能;
(2)组件已经在另一个功能接受对象上执行了相同或类似的功能;
(3)组件在功能接收对象上执行了任何功能或至少有简单相互作用;
(4)组件拥有执行所需功能的一系列资源。

裁剪规则 2:如果裁掉有用功能的接收对象,其功能载体也可以裁剪掉。

裁剪规则 3:如果功能的接受对象本身执行有用功能,其功能载体可以被裁剪掉。

4.3.1.2 裁剪模型步骤

基于裁剪规则建立系统功能裁剪模型[10],具体步骤如下:

(1)利用选择指南来选择要被裁剪的技术系统组件;
(2)选择要被裁剪组件的第一个有用功能;
(3)选择适用的裁剪规则;

(4)若选择裁剪规则1,选择新的功能载体;
(5)规范描述裁剪问题;
(6)对组件的所有功能重做步骤(2)~(5);
(7)对要被裁剪的所有组件重做步骤(1)~(6)。

4.3.2 高速公路智能车路协同耦合程度分级

根据上述裁剪规则,结合3.3.3高速公路智能车路协同系统的技术分级,本节描述各级高速公路智能车路协同系统的架构及其功能要求。

4.3.2.1 L0级架构及功能要求

L0级系统架构如图4-14所示。

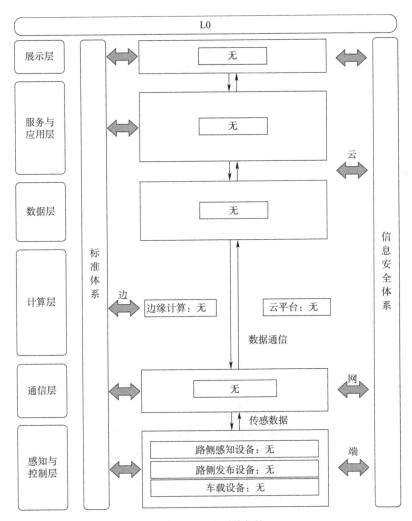

图4-14 L0级系统架构

L0级道路无任何信息化设施,铺设的道路按照普通的安全标准和机动性标准设计道路,服务对象为驾驶人。

4.3.2.2 L1 级架构及功能要求

L1 级系统架构如图 4-15 所示。

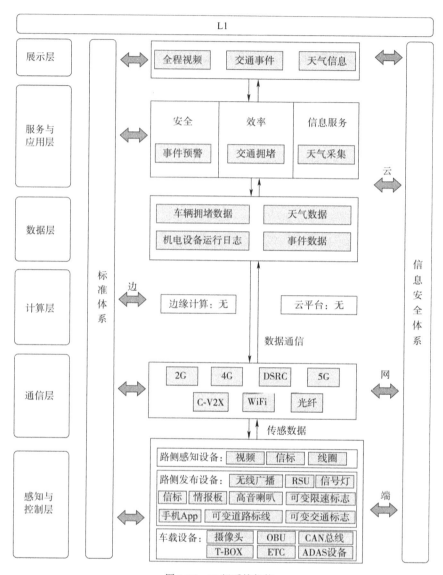

图 4-15　L1 级系统架构

L1 级铺设的道路没有车路协同系统设备和基础设施来收集车联网的数据信息,但是可以通过网络实现相关的数据服务,初步开展信息化工作,可实现天气、交通拥堵、交通事件等信息的采集和单向广播。服务对象为驾驶人。

4.3.2.3 L2 级架构及功能要求

L2 级系统架构如图 4-16 所示。

L2 级系统架构可实现断面交通流参数的采集和发布,可实现反馈式的主动交通管理。服务对象为驾驶人和车辆。

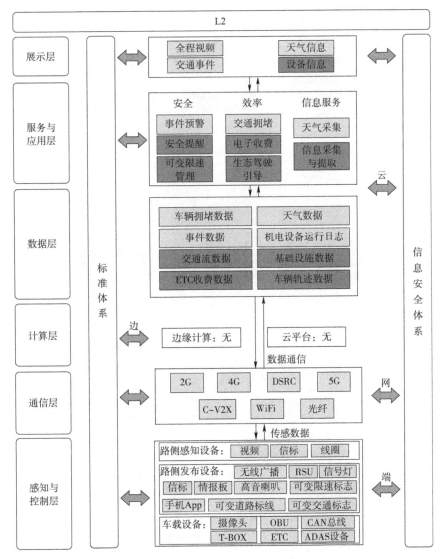

图 4-16　L2 级系统架构

4.3.2.4　L3 级架构及功能要求

L3 级系统架构如图 4-17 所示。

L3 级系统架构铺设的道路有受边缘计算和云平台控制的自适应设备,能够实现车-路、车-用户、道路-道路之间的双向数据共享,可实现对定制服务的车辆进行全程伴随式信息服务和危险提醒。服务对象为驾驶人和车辆。

4.3.2.5　L4 级架构及功能要求

L4 级系统架构如图 4-18 所示。

L4 级系统架构铺设的道路是为 4 级自动驾驶车辆设计的道路或专用车道,所有道路信息直接传送车辆的车载系统中,系统可对自动驾驶单车提供道路感知信息。服务对象为驾驶人和车辆。

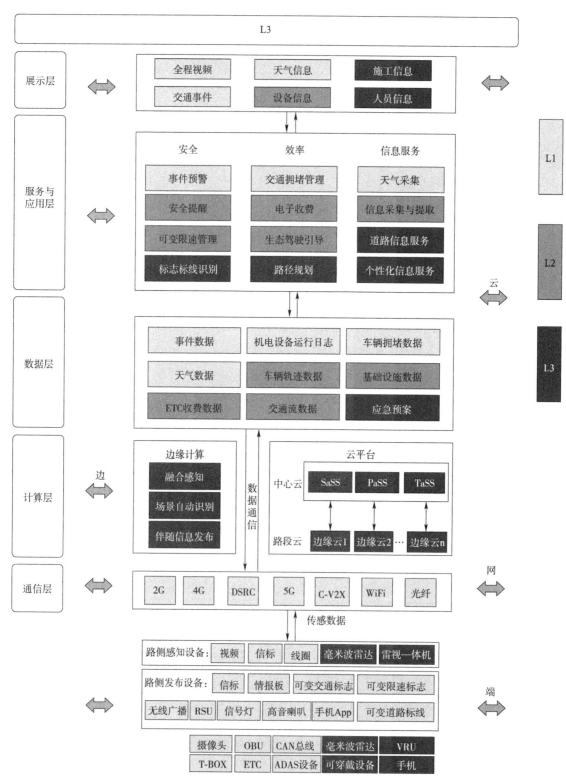

图 4-17　L3 级系统架构

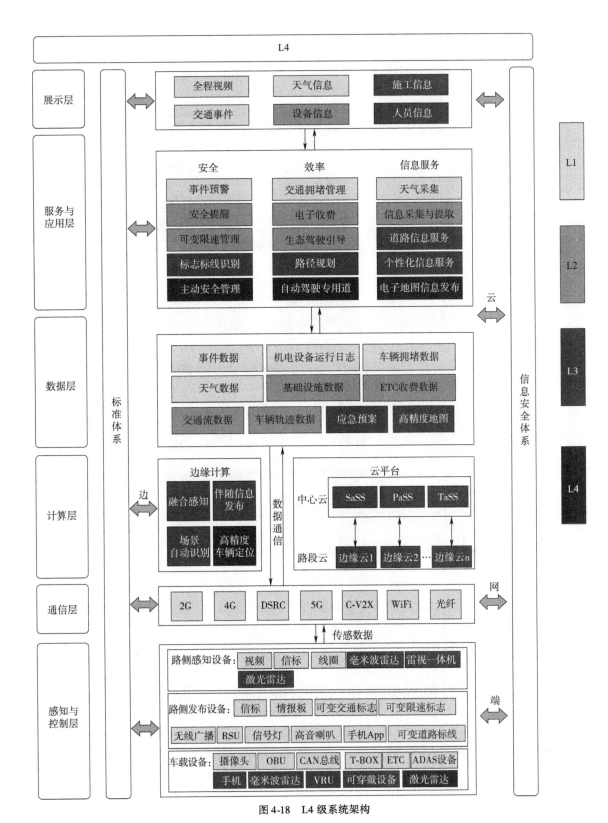

图 4-18 L4 级系统架构

4.3.2.6 L5级架构及功能要求

L5级系统架构如图4-19所示。

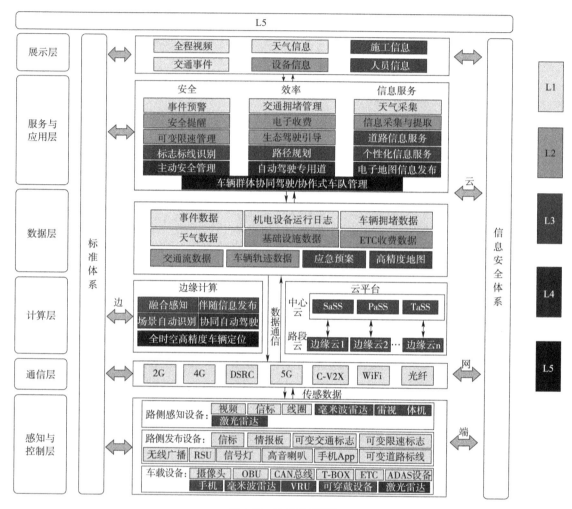

图4-19 L5级系统架构

L5级系统架构铺设的道路的所有车道都可以满足4级自动驾驶车辆的行驶，并且无须信号灯、标志标线等信息。系统耦合程度紧密，可对自动驾驶群体车辆提供全方位的协同调度与控制。服务对象为车辆。

4.4 基于事件驱动的高速公路智能车路协同系统任务分解

4.4.1 事件集与信息集

4.4.1.1 事件集

面向ICVIS-H安全高效及优质服务需求，梳理高速公路系统内可能发生的引起通行能力降低或高速公路上出现的影响正常交通流量的活动,以及对日常道路运营产生不利影响的、随机发生的、未计划的活动,会造成或可能造成公共安全或生命财产损失的活动,本书将这几类活动形成事件集,并根据 ICVIS-H 应用服务要求提出 ICVIS-H 的事件检测功能要求和精度要求[11],具体见表 4-4。

ICVIS-H 事件集   表 4-4

序号	事件类型	事件描述	功能要求	精度(%)
1	交通事故	交通事故主要包括车辆相撞、碰壁、侧翻等	要求数据融合后能够判断交通事故是否发生,并确定交通事故发生时的具体位置	≥90
2	违章停车	违章停车主要指在行车道内停车超过一定时长	要求数据融合后能够判断违章停车是否发生,并确定违章停车具体位置和车牌信息	≥90
3	逆行	逆行主要指车辆不安规定逆向行车	要求融合后能够判断是否发生逆行事件,以及逆行车辆的位置及车牌信息	≥90
4	抛洒物	抛洒物主要指行车区域内出现抛落的物体	要求融合后能够确认是否出现抛洒物,以及抛洒物发生的位置信息	≥90
5	火灾	—	要求能够确认行车区域是否发生火灾,并确认火灾的发生位置	≥90
6	高温	—	要求能够识别出高温车辆,并进行跟踪报警	≥90
7	交通拥堵	交通拥堵是指车辆速度下降到某一阈值,排队达到一定长度	要求能够判断行车区域是否发生交通拥堵,并确定拥堵的发生位置	≥95
8	行人闯入	行人闯入是指行车区域有行人闯入事件	要求融合后能够判断是否发生行人闯入事件,并且确定事件发生的具体位置	≥95
9	应急车道停车	应急车道停车指在应急车道停车超过一定时长	要求融合后能够判断是否发生应急车道停车事件,并确定事件发生的位置及车牌信息	≥90

ICVIS-H 对宏观交通流状态感知和车辆微观行为感知提出了新的要求,结合事件检测功能要求和精度要求,梳理路侧感知设备的数据采集精度和数据类型见表 4-5。

路侧感知设备的数据采集精度和数据类型   表 4-5

序号	数据类型	数据描述	精度(%)
1	交通量	交通量是指单位小时内通过某一断面的车辆数量	≥95
2	车辆速度	车辆的瞬时速度及平均速度	≥95
3	车道占有率	车道占有率是指单位时间内通过某断面的所有车辆占有时间	≥90
4	车头间距	车头间距是相邻两辆车的平均空间距离	≥90
5	车头时距	车头时距是指相邻两辆车的平均时间距离	≥90

续上表

序号	数据类型	数据描述	精度(%)
6	车辆画像	车辆画像信息包括车辆类型、车身颜色、车牌等	车型精度≥85 车身颜色精度≥95 车牌精度≥95

4.4.1.2 信息集

本书基于国内外现有的相关标准和ICVIS-H的实际建设内容,针对系统内的事件惊醒分类并提出基本要求。提出的数据结构主要包括行人、车辆、道路、环境以及管控五大类,基本覆盖交通环境中的所有要素见表4-6。ICVIS-H基础数据中每一类数据中根据其结构特点继续分为不同的小类。

高速公路车路协同基础数据梳理　　　　表4-6

数据大类	数据小类	数据基本结构
行人数据	行人数据	行人检测器、行人数据
车辆数据	车载数据	车辆种类、基本信息
	检测器数据	检测器种类、检测信息
道路数据	高速公路数据	匝道、路段、车道
环境数据	天气数据	天气检测器、天气信息
管控数据	信号控制	信控方案、相位阶段、信号灯
	VMS控制	可变信息板组、可变信息板、方案信息

行人数据由专门的行人检测器获得,所以,该部分分为检测器数据和行人轨迹数据两部分。车辆的轨迹数据需要根据车辆类型进行分类,分为CV Group网联车组和CAV Group网联自动驾驶车组两类。这两类车辆都可获取其轨迹数据,并且储存下来作为历史轨迹数据,而网联自动驾驶车还可以获取车辆控制参数。检测器数据根据检测器种类的不同可以分为线圈数据、微波数据、视频数据、卡口数据、电子车牌数据和加油站数据。在高速公路中,匝道把整个高速公路分成了若干路段,路段内部根据道路条件(如几何线型、车道数等)的变化又可以分成若干子路段。环境数据需要通过检测器采集天气数据,所以该部分分为检测器数据和天气数据两部分。高速公路匝道部分使用信号控制,由于只有一个信号灯较为简单,所以只需要控制方案和信号灯相位。路段部分的管控措施有应急车道管理和可变限速管理,两者都通过可变信息板进行控制,分为可变信息板组、可变信息板和管控方案三部分。

4.4.2 系统任务

由于目前绝大多数高速公路没有完备的智能路侧设备,因此,高速公路一开始不能在全部路段实现车路协同系统,成本和时间都不允许。高速公路车路协同需要在典型场景下进行研究,待技术成熟后再逐步推广。

本节将对IntelliWay高速公路智能车路协同系统分为全息感知、交通安全、通行效率、生态驾驶、信息服务、应急救援和第三方服务七大应用体系,具体如下:

(1)全息感知。全息感知是智慧道路发展的底层基础,需要路侧感知设备提供全面、高质、稳定的交通数据,主要包括交通状态监视、交通事件检测、车辆轨迹识别、车辆特征识别等应用场景。

(2)交通安全。基于环境物体感知的安全驾驶辅助提示、前向碰撞预警等安全类应用,有效预防和减少交通事故,保护人身和财产安全。

(3)通行效率。通行效率是影响高速公路运营的关键因素,智能交通系统调度交通资源包含拥堵提醒、车速引导等效率类应用,优先采取提前预留车道、封闭道路等方式,让车辆在安全高效的情况下到达目的地。

(4)生态驾驶。驾驶人个性特征、外界刺激信息、道路状况及交通条件、车辆自身特征、行驶参数等生态驾驶的影响因素,归纳生态驾驶的优化控制策略,总结静态、动态的能耗排放采集分析、充电地图引导、生态驾驶引导等生态驾驶应用。

(5)信息服务。高速公路智能车路协同系统建设的核心目的是为公众服务。提供分合流区提示、危险路段提示、伴随式信息服务等全方位立体服务,旨在使出行者更快速、更高效地获取高速公路基础信息,进而提前做好路线规划,享受个性化出行服务,保证出行的安全性、可靠性、便捷性,感受高速公路出行的便利。

(6)应急救援。立足高速公路的应急管理和救援指挥业务,根据预测危险源、危险目标可能发生事故的类别、危害程度,而制订的事故应急救援方案,提供优先车辆通行、紧急事件交通疏导、恶劣天气交通管制等服务。

(7)第三方应用。车路协同系统支持第三方平台接入,可基于第三方平台信息向车辆提供车位信息、旅游信息、公交信息的信息推送。

4.4.3 技术要求

4.4.3.1 数据要求

针对数据采集过程,从完整性、准确性、覆盖度三个方面对数据进行要求。

(1)完整性。数据的完整性说明如下:应避免存在缺失(接口断)或重复数据;完整度不应低于95%。

$$完整度 = \frac{规定时间内非重复且完整的数据}{规定时间内获取的全部相关数据} \quad (4-1)$$

(2)准确性。数据的准确性说明如下:数据错误或异常是指数据与实际情况出现明显偏差,如超过理论极限值、严重不符合统计学规律等;准确度应高于80%。

$$准确度 = \frac{规定时间内准确的数据}{规定时间内获取的全部相关数据} \quad (4-2)$$

(3)覆盖度。数据的覆盖度说明如下:空间覆盖度上应覆盖全道路;时间覆盖度应覆盖全天候。

4.4.3.2 传输要求

参考《C-V2X增强业务演进需求与应用消息交互需求》和相关国家标准,车路协同系统信息的传输要求需要考虑通信距离、延误以及更新频率。根据场景的不同,信息的传输要求有所区别,各场景的传输要求见表4-7。

ICVIS-H 各场景信息传输要求　　　　　　　　　　　　　　　　　表 4-7

场景	通信距离(m)	延误(ms)	更新频率(Hz)
车辆汇入控制	≥150	≤100	≥10
协作式车队管理	队内通信：≥200 与外部车辆通信：≥300	低频：≤100 高频：≤30（事件触发）	低频：1 高频：≥10（事件触发）
专用道柔性管理	≥300	≤100	≥10
生态驾驶	≥200	端到端时延：≤100 空口时延：≤20	V2N：1～3s V2I：≥10
动态车道管理	≥500	≤100	≥10
可变限速信息	≥300	≤100	1～10
超速预警	≥150	≤100	≥10
慢行交通行为识别	城市区域：≥150 其他：≥300	≤100 无人驾驶：≤10	≥10
综合信息服务	≥300	≤100	1

4.5 高速公路智能车路协同系统信息流示例

4.5.1 L1 级单向信息发布——前方拥堵

前方拥堵信息流如图 4-20 所示。

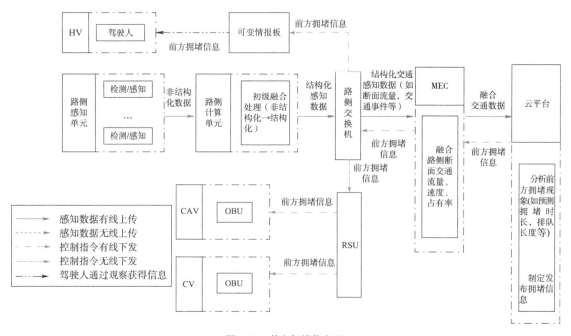

图 4-20　前方拥堵信息流

4.5.2 L1 级单向信息发布——前方管控

前方管控信息流如图 4-21 所示。

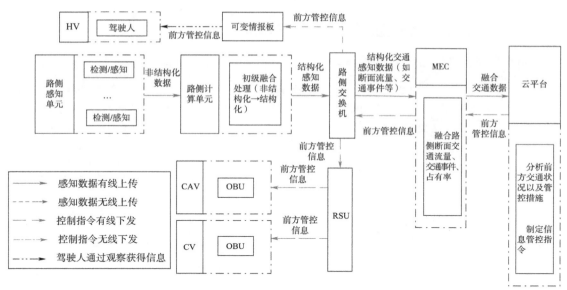

图 4-21 前方管控信息流

4.5.3 L2 级主动交通管理——匝道控制

匝道管控信息流如图 4-22 所示。

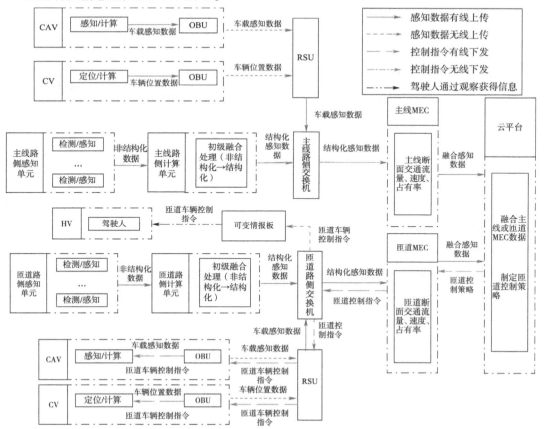

图 4-22 匝道管控信息流

4.5.4 L2级主动交通管理——可变限速

可变限速信息流如图4-23所示。

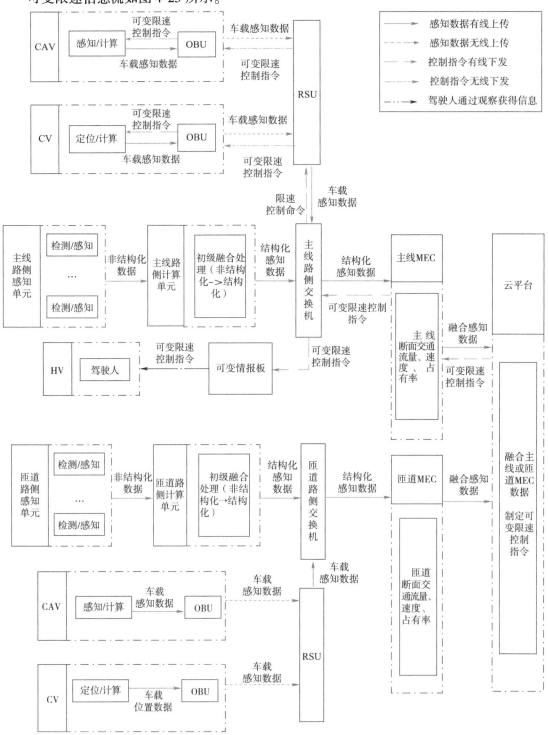

图4-23 可变限速信息流

4.5.5　L3级伴随式信息服务——异常轨迹提醒

异常轨迹提醒信息流如图4-24所示。

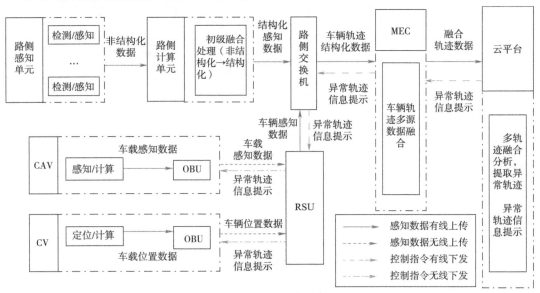

图4-24　异常轨迹提醒信息流

4.5.6　L3级伴随式信息服务——盲区预警

盲区预警信息流如图4-25所示。

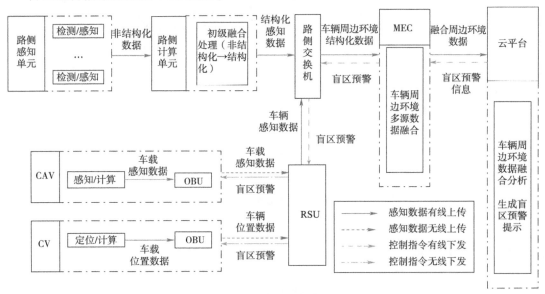

图4-25　盲区预警信息流

4.5.7　L4级自动驾驶专用道——超视距感知

超视距感知信息流如图4-26所示。

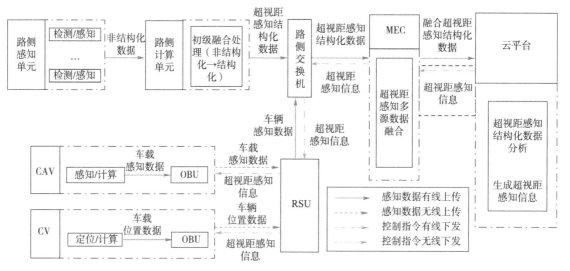

图 4-26　超视距感知信息流

4.5.8　L5 级精准协同——精准协同换道

精准协同换道信息流如图 4-27 所示。

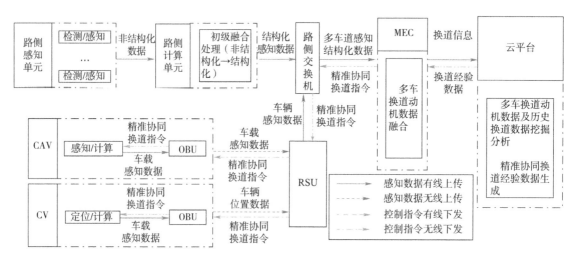

图 4-27　精准协同换道信息流

本章参考文献

[1] 张进进.智慧高速公路建设需求与应用场景探究[J].中国交通信息化,2022(11):101-103.

[2] 郭九鹭.高速公路通信融合系统研究及设计[D].西安:长安大学[2023-08-09].DOI:10.7666/d.D559357.

[3] 田丽萍,朱弘戈,梁锐,等.面向高速公路混合流的多维融合信息发布机制研究[J].公路交通科技(应用技术版),2020,v.16;No.182(02):283-285+296.DOI:CNKI:SUN:GLJJ.0.2020-02-086.

[4] 安泽萍,姚翔林,贺静.基于用户需求的车路协同典型场景研究[J].公路,2021(011):066.

[5] 李刚健.基于SOA的云计算架构模式新探[J].吉林建筑工程学院学报,2011,28(2):3.DOI:10.3969/j.issn.1009-0185.2011.02.024.

[6] 范宇.微服务分布式架构下的GIS路政管理系统设计与实现[D].成都:成都理工大学,2019.

[7] 黄强文,曾丹.基于Spring Cloud和Docker的分布式微服务架构设计[J].微型电脑应用,2019,35(6):4.DOI:CNKI:SUN:WXDY.0.2019-06-030.

[8] 赵祥模,高赢,徐志刚,等.IntelliWay-变耦合模块化智慧高速公路系统一体化架构及测评体系[J].中国公路学报,2023,36(01):176-201.

[9] 陈剑锋.面向对象建模与软件架构技术探讨及应用[D].成都:电子科技大学,2003.DOI:10.7666/d.Y494567.

[10] 于菲,檀润华,曹国忠,等.基于系统功能模型的元件裁剪优先权研究[J].计算机集成制造系统,2013,19(2):10.DOI:CNKI:SUN:JSJJ.0.2013-02-015.

[11] 朱晓东,闫梦如,安泽萍,等.高速公路智能车路协同系统事件—信息集研究[J].公路,2022(002):067.

第5章 基于多层域的高速公路智能车路协同系统测评体系

5.1 多层域测评体系架构

ICVIS-H 具有高交互性、系统复杂性、技术先进性等特点,容易受到各种不同因素的影响。由于目前车路协同系统很多相关技术尚处于研究阶段,许多核心技术亟待突破,而且缺乏有效的验证环境,深入研究 ICVIS-H 标准化架构关键技术及标准,搭建合理、科学的 ICVIS-H 功能测试评价体系,是建立安全、高效、生态的"人-车-路"一体化车路协同系统的必要前提,是车路协同系统落地前的关键一步,能够起到评价系统功能实现,进而针对性地对系统性能进行优化的作用。

ICVIS-H 的主要特征是系统集成度高,项目投资数额大,对社会、经济、环境等方面带来多方面的效益和影响,并且车路协同系统实施的效果与人们自身的行为、喜好、对信息的反应等心理和生理因素还有很大关系。因此,如何对车路协同这样一类全新项目的绩效进行预测和评估,已经成为系统研发人员、规划人员、运营管理者和项目决策部门亟待解决的难题。解决这些问题的关键是要对车路协同系统进行科学的验证评估,通过对车路协同系统的技术可行性、经济效益、社会和环境影响做出评价,为 ICVIS-H 的可行性研究方案比选、实施效果分析以及系统运营优化提供科学依据。

因此,针对 ICVIS-H 整体运行效能提出多层域综合性能测试评估方法,提供"端-边-云"三层面产品与系统解决方案,建立系统且完整的评价模型,对建立面向安全高效及精准个性服务的 ICVIS-H 技术体系,对 ICVIS-H 的发展和应用起到推动作用,对提高道路交通安全和通行效率及实现道路交通系统可持续发展方面具有重要意义,同时,也对推动我国信息化、智能化进程快速发展,推动我国从交通大国向交通强国迈进奠定了坚实的基础。多层域测评体系架构图如图 5-1 所示。

5.1.1 高速公路智能车路协同系统虚拟仿真软件测评

借助仿真环境高效可重复性及接近真实测试环境的可靠性,根据车路协同的系统特征,基于交通仿真软件打造 ICVIS-H 设计方案评估与优化平台。利用仿真平台进行不同场景、不同规模下的交通仿真,研究各测试场景与验证平台的适应性与安全性要求匹配程度,并依据仿真后的交通运行数据对综合测试评价指标进行计算,以此分析车路协同系统对不同场景中交通效率的影响程度。每次仿真都会进行相同条件下非车路协同系统的仿真,通过比较来评估车路协同系统对道路交通运行效率的提升情况。

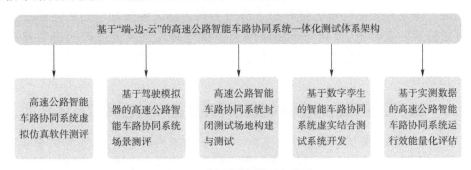

图 5-1　多层域测评体系架构图

本书基于交通仿真软件(SUMO 和 OMNET++)对高速公路的交通网络进行建模,基于网络仿真软件平台构建智能网联道路通信网络模型,针对典型应用场景进行具体仿真开发,通过 V2V 和 V2I 通信实现相关道路信息的感知和传输,将不同智能程度的车辆分离,提高道路通行能力、减少拥堵,缩短行驶时间,更好地管理有人与无人驾驶混行的交通流,并对特殊事件进行响应,提高驾驶的安全性,从而在 ICVIS-H 部署前,完成对其系统架构合理性、信息交互逻辑的正确性、突发事情下系统运行的鲁棒性、系统建设及运行鲁棒性的测评,发现设计方案中存在的问题和潜在风险。

5.1.2　基于驾驶模拟器的高速公路智能车路协同系统场景测评

采用驾驶模拟器对智能车路协同系统运行效能进行测评。驾驶模拟技术因其具有实时获取数据、事件及行驶轨迹可控、实现人机双在环测试以及高度逼真地模拟驾驶环境等优点,为研究面向驾驶人主观适应性的 ICVIS-H 性能测试提供了支撑。面向驾驶人的主观感受,通过体验驾驶模拟器中搭建的典型应用场景功能设置,再以问卷调查的形式,结合层次分析法统计大众对应用场景功能设置的认可程度,从而实现对 ICVIS-H 典型应用场景的重要度主观评价。基于驾驶模拟技术搭建车路协同系统试验测试平台,验证 ICVIS-H 的综合性能,并论证该方法在车路协同测试方面的可行性,为进一步挖掘作用机理等深层次问题奠定基础。该系统可基于人因工程理论采用主观评价方式实现 ICVIS-H 场景的测评,可完成对场景设计的合理性以及用户对场景的接受度—易用性—愿意使用—愿意支付等主观因素进行测试。有助于在"场景设计—场景搭建—场景使用—场景发生事故"等各个环节对其进行优化、测试、评价、校正,从而得到场景的最佳参数。

5.1.3　基于封闭测试场地的高速公路智能车路协同系统典型场景功能与性能测试

在封闭测试场地对 ICVIS-H 典型场景进行测评。依托高速公路智能网联测试路段所提供的车路协同系统功能,为驾驶人提供切身的等比例的实车实景 ICVIS-H 场景功能体验。基于试乘者主观意向的个人驾驶操作决策下的车辆行驶状态数据,以面向整体运行效能的多维主客观评价指标体系作为支撑,并以体验前后的调查问卷统计和分析为主观评价手段,以安全性、高效性、舒适性、生态性、有效性、可靠性、移动性指标的量化分析作为客观评价方法,面向驾驶人的主观行为意向和决策,对 ICVIS-H 典型场景功能与性能进行综合测试。本书提出的功能性能评价方法可为封闭测试场地的车路协同系统及自动驾驶功能测试提供一定参考,提高与车路协同及自动驾驶相关决策过程的透明度以及加强公众对车路协同及自动驾驶技术的可靠性、可用性和可理解性的看法等策略,从而赢得公众的信任和满意。

5.1.4 基于数字孪生的智能车路协同系统虚实结合测试系统开发

数字孪生虚实结合测试系统包含真实测试环境、虚拟测试场景、真实测试车辆和虚拟测试车辆。在真实测试环境中,使用封闭测试场地内的真实道路作为测试道路,真实测试车辆亦在真实测试环境中运行。利用虚拟平台搭建虚拟测试场景,真实测试环境中的路侧通信系统可将虚拟测试场景传输至真实测试车辆,虚拟测试场景与真实测试车辆在真实环境中运行时的感知结果相叠加,实现虚拟测试场景与真实测试环境的融合。在虚拟测试场景中,虚实结合测试系统以真实道路环境为原型,通过构建道路模型、路侧背景信息模型等,形成数字孪生测试场地。在该场地中,测试系统将虚拟测试场景与真实测试环境映射叠加,使该测试系统包含虚拟测试车辆与真实测试车辆。利用该虚实结合测试系统,可对在现实中难以实现的智能车路协同测试场景实施测试。

5.1.5 基于实测数据的高速公路智能车路协同系统运行效能量化评估

基于实测数据对 ICVIS-H 运行效能量化进行评估。基于高速公路 ETC 门架收费实施的车路协同系统主要利用 ETC 门架收费设施作为路侧感知设施,感知安装了 OBU 的车辆,获取交通流量、拥堵、事故等交通事件信息等。路侧设备感知的信息通过现有传输网络传输至云控平台,经过云控平台的数据处理以后,再通过路侧设备,向过往车辆发布交通管制、天气变化、限速、前方事故和拥堵等信息,从而提高道路的交通通行能力和管理效率。高精度车辆轨迹数据比传统的传感器数据提供更全面的道路交通信息,可以提供车辆连续的空间信息。利用高精度车辆轨迹数据中的实时车辆位置、速度等信息以及车辆连续的空间信息,可估计路段平均速度、行程时间或者交叉口的排队长度、延误等交通信息,并且具有数据量大、数据获取成本低、实时性等优点,从而判断交通运行状况,可基于这两种数据对 ICVIS-H 下的交通运行效能进行评估。本书基于山东高速集团采集的实测数据对智能车路协同系统运行效能进行客观量化评估。

5.2 基于 SUMO + OMNET 的高速公路智能车路协同场景虚拟仿真

车路协同系统的仿真一般分为三部分,分别为:交通参与者仿真、交通环境仿真以及车联网仿真[1]。虚拟仿真测试的便利性、安全性、可重复性和经济性等优点在车路协同发展过程中起着举足轻重的作用。目前该领域已有很多仿真工具,根据车路协同场景的需求,本节以 SUMO 作为道路交通模拟器,实现车辆运动仿真及交通环境仿真;以 OMNeT++ 为网络模拟器,实现通信仿真;选择 Veins 作为车辆网络的开源模拟框架,其提供了 Python 脚本通过 TCP 套接字连接协调 SUMO 和 OMNeT++,具备了构建完备车联网环境的能力,以实现车路协同仿真。本节将分别从 SUMO、OMNeT++ 和 Veins 入手介绍虚拟仿真系统的构建,并以自动驾驶汽车专用道为例进行分析。

5.2.1 SUMO

SUMO 是德国宇航中心(DLR)研发的一款开源交通仿真软件[2],其于 2001 年推出并不断更新迭代,实例如图 5-2 所示。SUMO 允许对多式联运交通系统(包括道路车辆、公共交通和行人)进行建模,可以实现建立网络并在网络内分配路线,以及开发交通信号控制算法在给定起点—目的地(OD)矩阵等的情况下,模拟和分析网络内的交通。SUMO 具有大量支持工具,可自动执行交通仿真的创建、运行和评估等核心任务,例如网络导入、路径规划、可视化和排放计算。SUMO 可以通过自定义模型进行增强,并提供各种 API 来远程控制模拟。

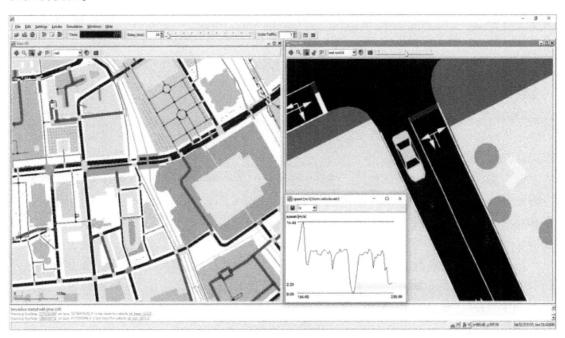

图 5-2　SUMO 实例

利用 SUMO 仿真需要的输入数据包括:路网结构数据、基础设施数据(信号控制器、信号灯、检测器等)和交通需求数据等,这些数据在 SUMO 中均以 XML 文件的方式保存,其形式为:路网文件.net.xml、基础设施文件.add.xml、交通需求文件.rou.xml 等。SUMO 仿真的输出数据分为三类:基于路网状态的宏观数据、基于车辆个体的微观数据和基于交通流的中观数据。SUMO 支持的交通流模型包括:跟驰模型、换道模型和交叉口模型(当车辆接近交叉口时,车辆的加减速行为和让行行为)等。

最简单、最基本的 SUMO 仿真一般由两部分组成:路网文件和路径文件。

5.2.1.1 路网文件

在 SUMO 中,路网文件的生成方式有 3 种,分别如下。

(1)手工创建。SUMO 中的路网是由节点(交叉口)和边(路段)组成的,一般通过节点文件(节点. nod. xml)、边文件(边. edg. xml)以及边类型文件(类型. type. xml)构成,通过以下命令生成 SUMO 路网文件:

netconvert--node-file < *. nod. xml > --edge-files < *. edg. xml > -t < *. type. xml > -o < *. net. xml >。

(2)从 OpenStreetMap 中导入。OpenStreetMap(OSM)地图是一款由网络大众共同打造的免费开源、可编辑的地图服务,它利用公众集体的力量和无偿的贡献来改善地图相关的地理数据。通过 SUMO 内置的 netconvert 插件,将捕获的 OSM 地图数据转换为 SUMO 路网文件,命令如下:

netconvert--osm-files < *. osm > -o < *. net. xml >。

(3)使用 NetEdit 绘制路网。NetEdit 是一个可视化的网络编辑器,其能够从零开始创建路网和对已生成的路网进行修改。该应用强大的选择性和突出的界面显示能够对路网中的属性进行调试。除了绘制构建 SUMO 路网基础的节点和边之外,还可添加信号灯、人行道等元素。

5.2.1.2 路径文件

SUMO 的路径文件生成方式有 2 种,分别如下。

(1)手工创建。路径文件(路由. rou. xml)和行程文件(行程. trip. xml)是 SUMO 的两种存储车辆行驶信息的文件,依附于特定的路网文件。路径文件存储的是车辆的路径信息,行程文件则存储的是车辆的起始点信息。

对于路径文件,首先定义的是车辆的类型、加速度、减速度、长度、最大行驶速度和车头时距,然后定义路径(route),表示会通过的路段(edges),最后定义路网中每辆车的类型和行驶的路线。值得注意的是,路径中的路段一定要是相互连通的,否则,会出现报错。

相比于路径文件,行程文件则只需要指定起点和终点。行程文件主要保存的内容有:车辆 ID(id)、出发时间(depart)、起点 ID(from)和终点 ID(to)。在该阶段,只需要定义起点和终点,中间的路段是会自动进行补全的。

除此之外,也可在路径和行程文件中添加交通流属性,生成指定数量的连续车辆,通过交通分配小区(traffic assignment zone)定义车辆生成的区域等。

(2)自动创建。相比于手工创建,SUMO 中内置了 4 种交通流的生成模型,分别为:ACTIVITYGEN——从网络中的人口描述中产生需求;OD2TRIPS 将从交通当局获得的真实 Origin-Destination-Matrices 转换为单车行程;DFROUTER 使用感应回路数据来计算车辆路线,以及 DUAROUTER 导入源边和目的地边给出的需求数据,通过最短路径计算获得路线。通过 SUMO 内置的 randomTrips 插件,自动生成车流文件。例如最简单的使用是只需要输入路网文件,然后采用 python randomTrips.py-n input_net.net.xml 指令生成 trips.trip.xml 文件。

定义路网文件和路径文件之后,需要新建一个 sumocfg 文件,指定路网文件和路径文件,最后运行新建的 sumo config 文件,即可执行 SUMO 仿真。至此,完成一个基础的 SUMO 仿真构建。

5.2.2 OMNeT++

OMNeT++(Objective Modular Network Testbed in C++)[3]是一个免费开源的多协议网络仿真软件,也是一个可扩展的、模块化的、基于组件的 C++仿真库和框架,主要用于构建网络仿真器,其实例如图 5-3 所示。"网络"的含义广泛,包括有线和无线通信网络、片上网络、排队网络等。特定领域的功能,例如对传感器网络、无线自组织网络、互联网协议、性能建模、光子网络等的支持,由作为独立项目开发的模型框架提供。OMNeT++提供了基于 Eclipse 的集成开发环境 IDE、图形运行时环境和许多其他工具,有实时仿真、网络仿真、数据库集成、SystemC 集成和其他几个功能的扩展。在车路协同应用中,OMNeT++可以很容易构建 VANET 网络,实现车联网从底层网络拓扑结构到顶层应用的全部功能仿真。

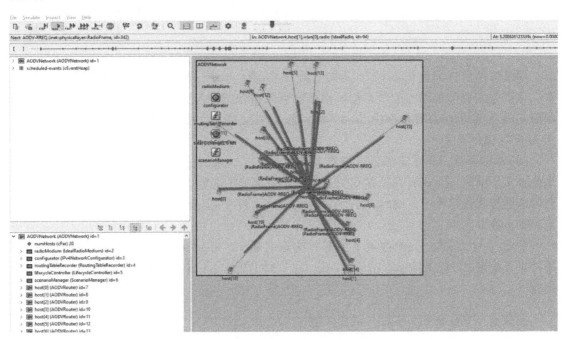

图 5-3 OMNeT++实例

构建一个基础的 OMNeT++仿真,一般分为以下 3 步。

(1)定义网络拓扑结构。使用 OMNeT++进行仿真,首先要去定义网络的拓扑结构。在 OMNeT++中,网络中所有的物理单元都由模块(module)形式定义,我们可以用 module 实例化的模块对象,也可以将其放到其他的模块中,从而实现网络的拓扑,模块的定义如图 5-4 所示。最底层的模块为简单模块(simple module),模块可以通过添加组合形成复合模块(compound module)中,模块之间可以互相嵌套,且嵌套的层级没有限制,模块之间可以定义继承关系。在OMNeT++中,一个节点、多个节点、一个网络,都可以是一个模块,网络(network)本质上就是一个复合模块。

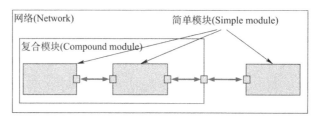

图 5-4　OMNeT++中的模块(module)定义

(2)实现网络行为。OMNeT++中,网络行为被划分为离散事件系统(Discrete event system),指的是网络中的事件发生在时间线中离散的部分,通过在FES和FEL的数据结构中保存未来事件的集合来实现。OMNeT++在底层中采用二叉堆实现的优先级队列和事件循环实现了该机制的模拟,如图5-5所示。

图 5-5　OMNeT++离散事件机制

网络事件是指消息的发送与接收。在OMNeT++中,消息的发送为广播模式(一对多),也就是在通信范围内的节点均可以接收到该模块的消息,消息的发送由sendXXX系列函数完成,消息的接收基本都由handleMessage函数完成,也可采用自消息的处理函数scheduleAt实现循环发送。

(3)参数配置。为了能够运行仿真,需要创建一个omnetpp.ini文件。由于NED文件可能包含多个网络,omnetpp.ini指示仿真程序要仿真哪个网络,它将参数传递给模型,为随机数生成器显式指定种子。同时,也在omnetpp.ini文件中指定每个节点的位置、节点的通信范围等参数。

至此,一个基础的OMNeT++仿真就构建完成了。在定义了网络的拓扑结构、网络的事件以及配置后,利用鼠标右击omnetpp.ini文件,选择run as omnetpp simulation即可开始仿真。

5.2.3　Veins

Veins(Vehicles in network simulation)是一个用于车载网络的开源仿真框架,其本质是一个OMNeT++程序,实例如图5-6所示,各组件关系如图5-7所示。Veins基于离散事件的网络模拟器(OMNeT++),在通过交通控制接口(TraCI)与道路交通模拟器(SUMO)交互时运行模拟事件。Veins对这些进行了扩展,为车辆间通信模拟提供一个全面的套件模型,并提供一个Python脚本通过TCP套接字连接协调SUMO和OMNeT++,使得车联网(VANET)的模拟更加容易。

Veins 在 SUMO 中将车辆实例化为一个网络节点,此任务由 TraCIScenarioManager-Launchd 模块处理,该模块连接到 TraCI 服务器(SUMO、sumo-launchd)并订阅车辆创建和移动等事件。对于在 SUMO 中创建的每辆车,在 OMNeT++仿真中实例化一个 OMNeT++复合模块。假设该模块包含 TraCIMobility 类型的移动子模块,它将循环使用此模块在 SUMO 中进行仿真,并更新节点的移动信息(如位置、速度和方向)。

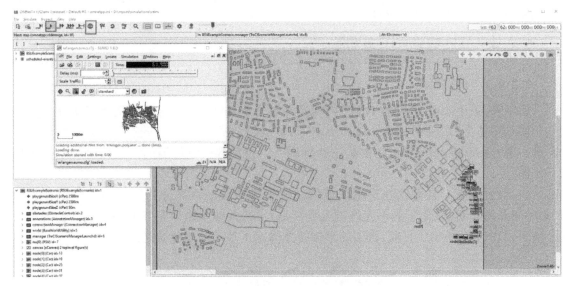

图 5-6 Veins 实例

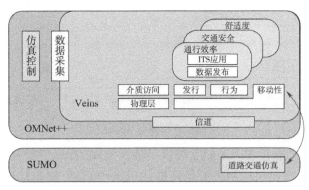

图 5-7 Veins 各组件关系图

Veins 的本质是将 SUMO 与 OMNeT++集成起来,因此,构建一个基于 Veins 的车联网仿真,需要首先根据 5.2.1 及 5.2.2 中的内容,分别构建单独的 SUMO 交通仿真以及 OMNeT++网络仿真。在此基础上,构建一个可执行的 Veins 仿真分为以下 3 步。

(1)Veins 场景构建。在 5.2.2 中提到,一个网络本质上是一个复合模块。当然,车联网的组成形式也是一个复合模块。在 OMNeT++中新建一个用于描述网络拓扑的 ned 文件,描述每一个路侧节点(车辆是在仿真运行时产生的,并被视为节点)的位置、网络协议、通信范围等属性。

(2)文件关联。生成 launch 文件,拷贝 SUMO 路网文件及路径文件。在 test.launched.

xml 文件中拷贝 network. net. xml 路网文件和 route. rou. xml 路径文件以及它们的 sumo 配置文件 XX. sumo. cfg 文件。

(3)参数配置。在 5.2.2 中的 omnetpp. ini 配置文件中指示 OMNeT + + 添加网络属性的 SUMO 配置文件。

至此,一个 Veins 仿真的配置工作就结束了。利用鼠标右击 omnetpp. ini 文件,选择 run as omnetpp simulation 即可开始仿真。

5.2.4 自动驾驶专用道实例

5.2.4.1 设置策略

近年来,关于人驾驶车辆(HDV)与自动驾驶车辆(AV)组成的混合交通流研究一直是一个热点问题[4,5]。研究表明,HDV 与 AV 共享道路会降低行车的安全性和高效性,为 AV 设置一条专用车道(DL)则可以解决这些问题[6]。自动驾驶专用道的设置策略一般分为以下 3 种。

(1)硬性设置。自动驾驶专用车道的硬性设置方式是将高速公路的内侧车道设置为 CAVs 的专用车道,其他车辆不允许进入该车道行驶,其他车道只允许 HDV 行驶,不允许混合行驶,如图 5-8 所示。目前,我国的京雄智慧高速正是采用该种设置方式。

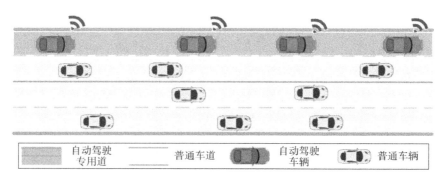

图 5-8 硬性设置策略

硬性设置方式的优点在于为 CAVs 提供了独占空间,有利于提升网联车辆和自动驾驶车辆的安全性。CAVs 在建设初期主要是网联化的商用车辆,例如接驳车辆、机场大巴和重点货运车辆。然而,通过本书的研究发现,自动驾驶车辆的市场渗透率和 CAV 车辆的自身性能对自动驾驶专用车道的作用有决定性的影响。在自动驾驶落地初期,CAVs 的市场渗透率较低,对道路的利用率并不高,从而使通行效率下降。当自动驾驶车辆比例逐渐升高达到中等比例时,自动驾驶专用车道的性能逐渐显现,实现提升交通流量的目的。然而,随着自动驾驶车辆比例继续增加,达到较高比例时,硬性设置一条自动驾驶专用车道已经无法满足高占有率的自动驾驶车辆的行驶需求。因此,在这种情况下,可以考虑采用灵活的交通管理策略。例如,通过动态分配车道,根据实时交通情况,将一定比例的车道划分为 CAVs 使用,并允许其他车辆短暂进入以提高整体道路的利用率。这样的灵活性可以更好地适应不同阶段自动驾驶车辆的发展和市场渗透率的变化。

(2)选择设置。自动驾驶专用车道的选择设置方式是将高速公路的内侧车道设置为

CAVs 的专用车道,其他车辆不允许进入该车道行驶,而其他车道允许 CAV 与 HDV 混合行驶。为了区别,其他车道在此策略下被命名为混合车道,如图 5-9 所示。

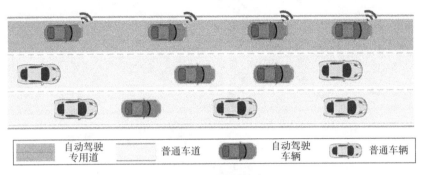

图 5-9 选择设置策略

这种设置方式的确能够弥补在 CAV 渗透率高时可能出现的"无路可走"的情况。然而,在 CAV 渗透率低时,这种设置方式仍然无法充分利用道路资源,导致出现通行效率下降的问题。当 CAV 的市场渗透率较低时,自动驾驶专用车道可能存在空闲的情况,而其他车道则与 HDV 混合行驶,未能实现最佳的道路利用。这种情况下,道路上的车辆无法充分分配到自动驾驶专用车道,从而限制了整体交通的流畅性。为了提高道路的利用率和通行效率,在 CAV 渗透率低的时候,可以考虑灵活的交通管理策略。例如,在低负载时,允许非 CAV 车辆短暂使用自动驾驶专用车道,以提高道路的利用率。这样可以确保道路资源得到最优化的利用,减少拥堵和提高通行效率。因此,虽然该设置方式在高 CAV 渗透率时能够解决问题,但在低 CAV 渗透率时仍然存在道路利用率低下的问题。因此,需要综合考虑不同阶段的渗透率,并采取灵活的管理策略来优化道路交通流量和通行效率。下面介绍的柔性设置方法可以在一定程度上解决在低 CAV 渗透率时导致的道路利用率低下的问题。

(3)柔性设置。当高速公路智能化水平提升到一定水平时,可以采用一种自动驾驶专用车道的柔性设置策略。该策略针对自动驾驶车辆形成的车辆队列,在车队前后一段距离内动态设置专属区域,其他车辆无权进入该区域,如图 5-10 所示。相比于自由混合流的方式,柔性设置策略能够在适中的 CAV 渗透率下,使 CAV 形成长车辆队列并在自动驾驶专用车道上行驶,提高道路的通行效率并降低安全风险。与硬性设置策略相比,柔性设置策略可以在 CAV 渗透率较低时,其允许一部分 HDV 与 CAV 混合行驶,在不影响交通安全的前提下提高专用车道的通行效率。因此,柔性设置策略在总体上提升了道路的通行效率,并避免了高 CAV 渗透率时由于缺乏道路空间而无法与 HDV 共同行驶的情况,从而最大程度地提高了总体的通行效率。与选择设置策略相比,柔性设置策略的优势主要体现在 CAV 渗透率较低时,其充当了一个过渡阶段的角色。

柔性设置策略需要依赖路侧感知设备来提供准确的车辆相关信息,并通过车路交互设备及时向高速公路上的车辆和标识牌发送管控指令,这样才能实现车辆队列的动态设置和其他车辆无法进入专属区域的限制。由于该策略涉及复杂的车辆感知和通信技术,目前主要处于仿真验证阶段,以验证其可行性、有效性和安全性。通过仿真验证可以评估该策略在不同交通状况下的性能表现,为进一步的实际应用做好准备。随着技术的不断发展和成熟,柔性设置策略有望在未来实际道路中得到应用。相关的车辆感知技术和车路交互设备的发展将对该策略的可行性和实施提供关键支持。

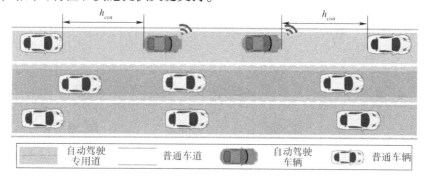

图 5-10　柔性设置策略

5.2.4.2　数据获取

对于混合交通流,涉及四种跟车行为:人驾驶车辆—人驾驶车辆、人驾驶车辆—自动驾驶车辆、自动驾驶车辆—人驾驶车辆、自动驾驶车辆—自动驾驶车辆。为了分析自动驾驶专用道的效益,我们采用三种不同的跟驰策略:激进、中立、保守。各种驾驶行为模式对应的车头时距参数设置见表 5-1。

四种驾驶行为对应的车头时距参数(单位:s)　　　　表 5-1

时距类型	h_{AA}	h_{AM}	h_{MA}	h_{MM}
激进模式	0.8	1	1.8	1.8
中立模式	1	1.3	1.8	1.8
保守模式	1.3	1.3	1.8	1.8

本节使用 SUMO 搭建的路网是通过开放地图场景(OSM)导入的,选择了济南绕城高速公路 K42-K57 路段作为模拟场景。该路段是单向两车道和双向四车道结构,总长 15km,并设置了初始 2km 用于车辆生成。车道的最高限速为 108km/h。图 5-11 所示为通过 OSM 导入的 SUMO 地图,使用 NetEdit 工具去除了多余的交叉口和匝道。

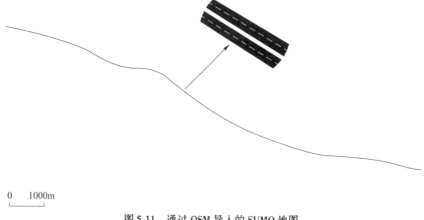

图 5-11　通过 OSM 导入的 SUMO 地图

在 SUMO 中,在道路上以 1km 为间隔布置道路参数检测器,使用 inductionLoop 模块来收集交通流参数。图 5-12 所示为 SUMO 中 inductionLoop 模块的样式。

图 5-12 SUMO 中 inductionLoop 模块

综合各个检测器收集到的数据,去掉一些冗余和重复的数据即得到数据。

5.2.4.3 案例分析

(1)设置专用道 vs 不设置专用道。

以中立模式为例,图 5-13 所示为 CAV 渗透率 10%～90% 下,设置自动驾驶专用车道和不设置自动驾驶专用车道的交通流量—密度图。

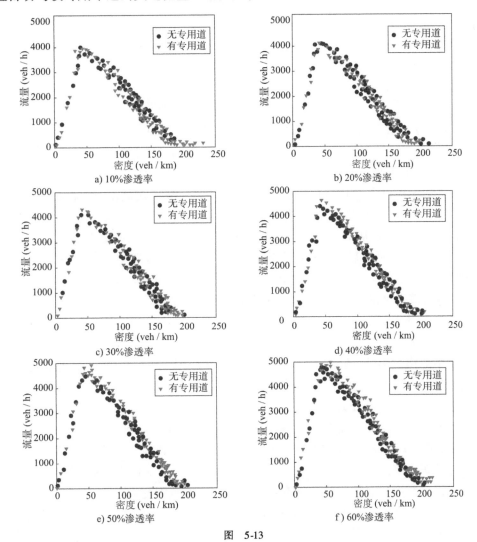

图 5-13

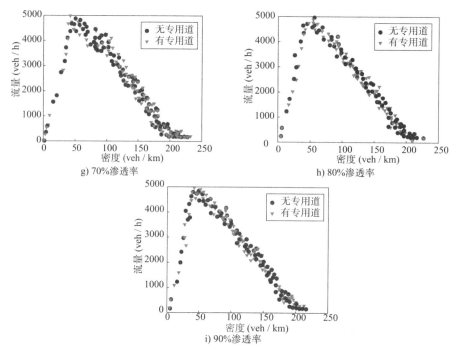

图 5-13 10%~90% 渗透率下有无专用车道对比图

在图 5-13a)~图 5-13c)中,当 CAV 渗透率在 10%~30% 之间时,设置自动驾驶专用车道与否对交通流量没有显著影响。这是因为在这个范围内,专用车道上的 CAV 数量较少,无法形成明显的车辆队列,因此,与混合行驶情况下的交通流量相似。然而,在图 5-13d)~图 5-13f)中,当 CAV 渗透率增加到 40%~60% 之间时,开始显示出设置专用车道的优势。由于专用车道能够让更多的 CAV 集中在车道上行驶,形成更长的车辆队列,使得车头时距较小,从而增加了交通流量。相比之下,不设置专用车道时,CAV 与 HDV 混合行驶,车头时距较大,导致交通流量相对较少。在图 5-13g)~图 5-13i)中,当 CAV 渗透率增加到 70% 以上时,随着 CAV 数量的增加,CAV 与 HDV 之间的跟驰行为逐渐减少,专用车道带来的 CAV 队列效应逐渐减弱。因此,设置专用车道与否对交通流量的影响可以忽略不计。

(2)专用道管理策略对比。

同样以中立模式为例,图 5-14 所示为在三种车道设置策略下,CAV 渗透率在 0~100% 下的交通流量—密度图。

流量—密度图大致可分为以下三部分。

①自由流相。在自由流相中,车流密度较低,车道上的车辆处于自由流动状态。在这种情况下,采取何种车道设置策略对整体交通流的影响微乎其微。不同的 CAV 渗透率下,自由流相对应的车流密度范围不同。由于 CAV 具有较短的车头时距,较高的 CAV 渗透率所对应的车流密度范围相对较低的渗透率对应的车流密度范围更大。

②同步流相。在同步流相中,一个稳定的车辆速度可能对应多个不同的车辆密度。这意味着在一定的车辆密度下,车流可以保持稳定的速度。在这个阶段,车道设置策略对交通

流的影响可能更为明显,特别是在高 CAV 渗透率下,专用车道的设置可以增加 CAV 之间的车头时距,从而帮助维持稳定的同步流。

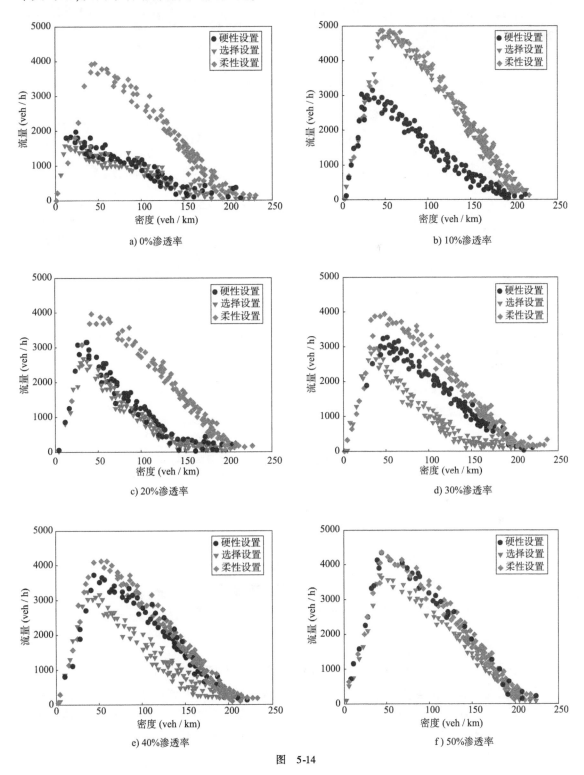

图 5-14

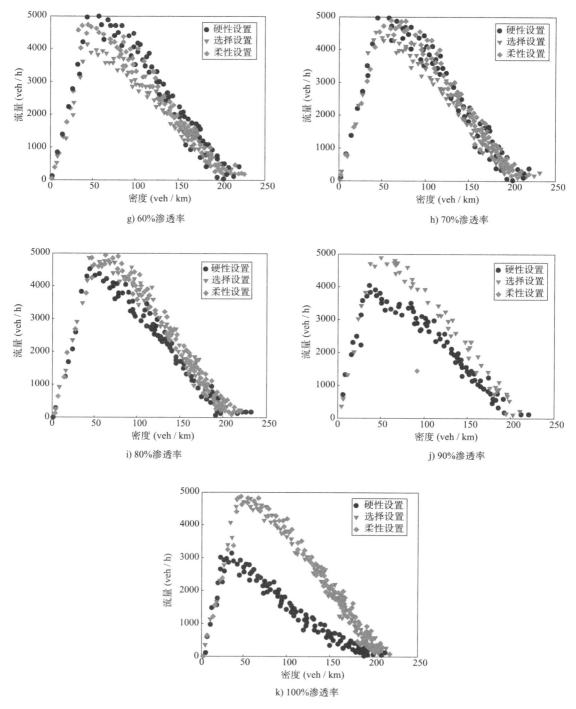

图 5-14 0~100%渗透率下三种车道设置策略对比图

③运动拥堵相。在运动拥堵相中,随着车辆数量的增加,道路的承载能力逐渐达到上限。这导致车流速度减慢,车流密度上升,车流量下降。不同的车道设置策略可能导致车流量达到的峰值不同,这可能是由于专用车道可以集中更多的 CAV 形成车辆队列,从而在一定程度上提高了道路的通行能力。

在图 5-14a)～图 5-14c)中,随着 CAV 渗透率从 0% 到 20% 增加,三种车道设置策略的车流量都在增加。其中,硬性设置和选择设置模式的流量增长幅度明显,从 2000veh/h 增加到 3000veh/h。这是因为在这些设置策略下,专用车道的引入使得更多的 CAV 能够行驶在自己的专用车道上,从而明显增加了流量。相比之下,柔性设置的增长较缓慢,这是因为原本双车道上已经有车辆在行驶,随着 CAV 渗透率的增加,只是更换了车辆类型的比例。此外,由于为了仿真模拟现实情况,CAV 的车头时距设置并不过于激进,因此,流量的增长没有那么明显。

在图 5-14d)～图 5-14e)中,当 CAV 渗透率达到 30%～40% 之间时,硬性设置的流量明显高于选择设置,甚至接近柔性设置。这是因为在这个渗透率范围内,CAV 专用车道和普通车道的利用率都达到了最大值,与选择设置中可能出现的 CAV 与 HDV 混行情况相比,硬性设置表现更好。

在图 5-14f)～图 5-14g)中,当 CAV 渗透率达到 50%～60% 之间时,硬性设置的流量已经超过了柔性设置,达到了约 4500veh/h,随着渗透率的增加,柔性设置和选择设置的流量也在增加,但与硬性设置相比仍存在差距。

在图 5-14h)中,当 CAV 渗透率达到 70% 时,柔性设置和硬性设置的流量均达到了 5000veh/h,选择设置的流量约为 4500veh/h。在图 5-14i)中,当 CAV 渗透率达到 80% 时,选择设置和柔性设置的流量仍保持在 5000veh/h,而硬性设置的流量下降。这是因为硬性设置下的 CAV 专用道已经达到最大容量,造成多余的 CAV 无法行驶,同时,普通车道上也没有足够的 HDV,导致整体交通量下降。

在图 5-14g)～图 5-14h)中,当 CAV 渗透率达到 90%～100% 之间时,选择设置和柔性设置的流量一直保持在 5000veh/h,而硬性设置的流量持续下降,直到渗透率达到 100% 时降至 3000veh/h。这是因为硬性设置的车道规则导致车流量下降。

5.3 基于驾驶模拟器的高速公路智能车路协同测评系统开发

半实物仿真技术(Hardware-in-the-loop)是工程应用中的一种有效的控制策略验证与功能试验方法,是一种在仿真实验系统中加入所要研究的系统的部分实物的仿真技术,其相比于一般仿真具备更好的真实性,是目前常用的车辆驾驶仿真手段。其采用虚拟数学模型与实际系统部件联合仿真的方式,对一些特别难以准确建模的系统,例如 AV/CAV 的建模、传感器的建模等,使用这种仿真方式可以避免这种困难,减少系统建模的工作量,缩短了研究开发的时间,提高了时效性。同时,由于在仿真回路中引入了部分实物,可以更加直接地检验这部分设备的功能和性能,输出高保真的仿真结果的同时,其输出的结果还可以进一步校准所建立的数学模型,是一种用途广泛的研究方法。基于此,采用半实物仿真技术可全面解决混行交通环境下 AV/CAV 的验证与评估,同时,对于模拟 AV/CAV 与 MV 的交互验证问题,亦可通过所搭建的仿真平台系统实现。

5.3.1 系统架构

基于驾驶模拟器的车路协同测评系统包括 5 个模块,分别是:仿真模块、人因模块、参数配置模块、应用场景模块以及评价模块。系统架构如图 5-15 所示。

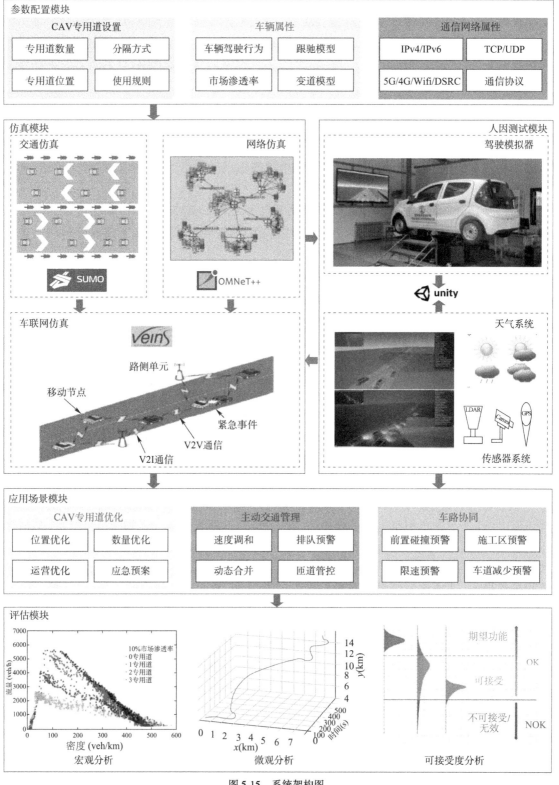

图 5-15 系统架构图

(1)参数配置模块。在参数配置子模块中,对交通流生成、路段设计、车道管理、车辆运动学、通信网络配置等进行自定义。将所有这些不同的参数设置写入到一个 XML 文件中,并在模拟开始时加载它们。在该系统中,一般通过描述车辆的驾驶行为来定义交通场景。以 CAV 专用车道场景为例,通过编程使所有 CAV 在预先指定的车道上行驶,但不允许非 CAV 行驶,就基本实现了 CAV 专用车道原型场景。此外,通过定义具有不同参数和车道使用规则的不同类型车辆,可以很好地模拟主动交通管理和车路协同系统等其他交通场景。

(2)仿真模块。该系统中最重要和最基础的模块是仿真模块,它承载了整个平台系统,包括交通模拟器、通信网络模拟器和车辆自组织网络(VANET)模拟器。使用开源模拟器 SUMO 和 OMNeT++ 作为仿真平台的载体,实现车辆建模、车辆动力学和 V2X 通信。使用 SUMO 生成交通道路网络和现实交通需求,并使用 OMNeT++ 对车辆网络进行建模。Veins 作为车辆网络的开源仿真框架,提供 Python 脚本以通过 TCP 套接字连接来桥接 SUMO 和 OMNeT++。

(3)人因模块。在该系统中,SUMO、OMNeT++ 和 Unity3D 以 C/S 模型部署(图 5-16),SUMO 和 OMNeT++ 运行在高性能服务器计算机上,而 Unity3D 运行在另一台高性能客户端台式计算机上。TraCI 使用基于 TCP 的 C/S 架构来提供对 SUMO 的访问,它可以连接多个客户端并按顺序执行客户端的所有命令。因此,多个终端用户可以执行相同的模拟,从而有助于探索人驾驶车辆(车辆驾驶模拟器)、背景车辆和 CAV 之间的复杂交互。

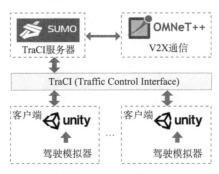

图 5-16 系统中三个模拟器之间的架构图

(4)应用场景模块。Unity3D 可以容易地对典型 AV 的核心组件进行功能化,包括激光雷达、雷达、摄像头以及常见 AI 算法的实现。Unity3D 支持的驾驶模拟器可以通过内置 API 轻松安装,例如罗技 G29 系列驱动力轮和踏板组。对于其他驾驶模拟器,同样的功能可以通过 C#脚本语言调用其驱动程序来实现。还可以配备虚拟现实(VR)头盔(例如 Oculus),以允许驾驶人在高度沉浸式交通模拟场景中与虚拟汽车互动。将 SUMO 接入 Unity3D,可以灵活设计各种交通条件下的大规模交通网络。OMNeT++ 创建了一个支持流行的 V2X 协议的互联互通环境,例如 IEEE802.11p、LTE-V2X 和 5G。因此,SUMO、OMNeT++ 和 Unity3D 的组合创建了一个具有完整传感、通信和控制能力的 CAV 模型。

(5)评价模块。在该系统中,集成了三种评价方法:交通流量宏观分析、个体车辆微观交通流理论分析、驾驶人和乘员的可接受性分析。宏观交通流分析主要关注出行速度、密度、交通量和出行时间等因素。个体车辆微观交通流理论分析主要研究某一时间点或路段的交通特征,评估和建模单个车辆交通运行特征是一种理论方法,也是分析、描述和预测交通流运行规则的最重要工具之一。驾驶人和乘员可接受性评估通常以问卷的形式评估交通参与者的主观感受。通过结合实验中收集到的交通参与者的行为数据,可以量化新兴技术的安全性、可靠性、有效性等特性,从而确定交通参与者对新兴技术的接受程度。

5.3.2 驾驶模拟器

应用汽车驾驶模拟器对道路交通"人-车-路-环境"系统进行仿真研究已逐渐成为道路交通研究领域的一个重要发展方向[7]。汽车驾驶模拟器具有实验安全性高、可再现性好、开发性强和成本低等显著特点,能够为驾驶研究提供一个安全的环境,能方便、经济地制定与驾驶行为相关的研究策略,实验条件范围广且可以调控,实验条件容易转换,实验数据可通过计算机在线处理与分类存储,为后期的统计分析提供极大的便利[8]。目前,汽车驾驶模拟器已广泛应用于各种目的的车辆智能控制、道路交通设施、智能交通系统、驾驶人行为特征评价等方面的研究,成为人机工效学、交通运输、车辆工程、心理学等相关领域的辅助性研究工具。

汽车驾驶模拟器利用电子计算机,在电子、液压、控制等技术的支持下,一般由模拟舱、运动模拟系统、实时控制与运算系统、视景模拟系统、声响模拟系统、触感模拟系统和中央控制台组成[9]。一台完备的汽车驾驶模拟器如图 5-17 所示,其硬件部分应包括驾驶舱系统、数据采集系统、计算机处理系统、投影仪系统、屏幕系统、运动平台系统、控制操作平台 7 个部分组成,软件系统应包括车辆运动仿真系统、道路交通微观仿真系统、计算机图像实时生成系统、运动平台控制系统、车辆与交通声响模拟系统、软件管理控制系统等。

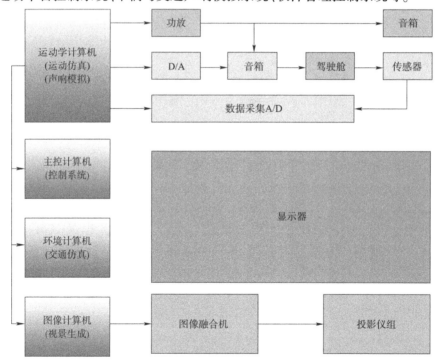

图 5-17 汽车驾驶模拟器系统组成

汽车驾驶模拟器可用于以下研究领域:
(1) 对车辆系统的评价,包括车载信息系统、辅助安全装置、智能系统、车载电话、安全辅

助装置、其他车辆装置等设备的评价问题;

(2)对道路交通环境的评价,包括道路线形、交通标志、隧道、路口、天气、安全设施、其他交通设计等道路交通环境的评价问题;

(3)对驾驶人行为的评价:包括老年人、年轻人、新驾驶人、有视力障碍的人、酒后驾驶、药物影响、其他特殊人群、临床实验等驾驶行为的评价;

(4)主动交通管理、车路系统技术的研究。

现阶段,驾驶模拟器因具有可与外部车辆协同交互实验,可提供复杂交通环境和实验条件,可为复杂工况下的运动策略提供安全快捷的验证等优势,一些汽车厂商和科研机构开始尝试利用驾驶模拟器推动汽车智能技术的研究,特别是在无人驾驶汽车技术的开发与推进中起到了重要的作用。

5.3.3 数据流同步机制

在基于驾驶模拟器的车路协同测评系统中实现了 SUMO-to-OMNeT++ 和 SUMO-to-Unity3D 两个通信接口(图 5-16)。采用 Veins 设计的 TraCIScenarioManager 模块双向连接 SUMO 和 OMNeT++。通过使用该模块,Veins 可以在 SUMO 中获取模拟道路网络中的车辆状态,并在 OMNeT++ 中更新其移动状态。此外,还开发了继承自 TraCIScenarioManager 模块的定制化模块,通过 V2X 通信与相邻车辆交换数据,并将这些数据发送到 SUMO。

SUMO-to-Unity3D 双向通信接口(一种扩展的 TraCI 接口)是在 Unity3D 中使用 C#脚本语言开发的,用于建立 SUMO 和 Unity3D 之间的通信。有了这个接口,可以确保在将大量 SUMO 车辆引入 Unity3D 时产生逼真的交通模拟。SUMO 中的车辆数据通过 TraCI 发送到 Unity3D,并与 Unity3D API 集成以实现车辆运动的 3D 可视化。TraCI 还用于将 Unity3D 控制的车辆(由车辆驾驶模拟器驾驶的车辆)数据迁移到 SUMO。

图 5-18 所示为三个模拟器之间数据同步时序流程图,展示了三个模拟器在每个仿真步长中的数据同步机制。SUMO 最初通过运行预定义的跟车模型和变道模型来更新每辆车的运动状态。OMNeT++ 然后通过 TraCI 从 SUMO 请求所有车辆数据,并在 OMNeT++ 中更新每辆车的位置。CV 和 CAV 根据每辆车的最新数据(例如位置和速度),通过 V2X 通信与相邻车辆发送和接收信标,然后将它们的 V2X 数据转发给 SUMO,进而更新 SUMO 中每辆车的相应变量,所有这些步骤都将在平台的预定时间内完成。对于 SUMO 与 Unity3D,在模拟开始时,Unity3D 向 SUMO 请求所有车辆状态并在 Unity3D 中更新他们的位置。当 OMNeT++ 完成一个仿真步长时长内的任务时,Unity3D 从 SUMO 请求并更新所有车辆状态,包括 V2X 数据,接着驱动由用户或控制算法控制的 Unity3D 中的虚拟车辆。最后,Unity3D 控制的虚拟车辆通过 TraCI 将其状态更新到 SUMO 中。所有这三个模拟器都是时间同步的,因为三个模拟器采用相同的模拟时钟(SUMO 模拟时钟)。

5.3.4 X-in-the-loop

X-in-the-loop 方法旨在为日益复杂的交通系统集成驾驶人和环境。目前,这种方法是一种相对较新且快速的开发和测试方法。X-in-the-loop 中的 X 指的是被测单元,可以是模型(model-in-the-loop)、软件(software-in-the-loop)、硬件(hardware-in-the-loop)、车辆(vehicle-in-the-loop)、传感器(sensor-in-the-loop)或人类驾驶人(human driver-in-the-loop)。X-in-the-loop 技术将仿真模型与现实世界的组件集成在一起,并利用现有的工具和方法来充分考虑驱动程序和外部环境对需求和开发过程的影响。该技术的核心是利用模型或代码来替代测试中的缺失部分,实现软硬件结合测试。基础架构如图 5-19 所示。

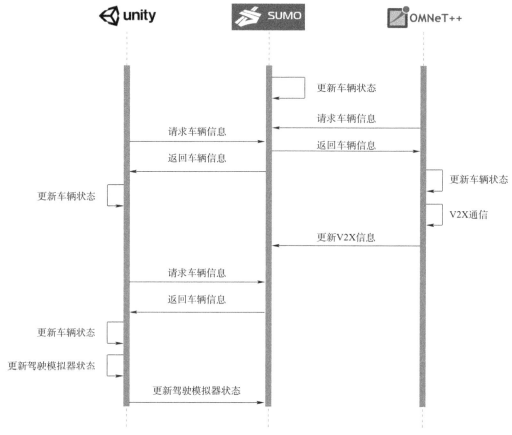

图 5-18　三个模拟器之间数据同步时序流程图

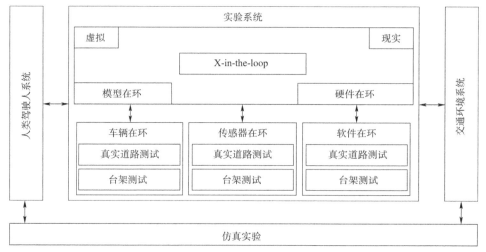

图 5-19　基于 X-in-the-loop 的测试架构

X-in-the-loop 开发测试和验证方法由以下子系统组成:车辆系统、人类驾驶人系统、交通环境系统和实验系统。在这种架构下,充分利用三个模拟器的各种模型,可以在缺少部分部件的情况下,构建一个测试回环来完成测试。

在该系统中,模型在环表示被测对象的存在形式是模型。使用回路中其他组件的软件和硬件可以验证和校准模型。软件在环是指对被测对象的存在进行编码的情况,利用实时仿真平台与环路中其他组件的软硬件进行交互,以验证编码的准确性。硬件在环目前从狭义的控制器扩展到通用硬件,其中被测对象的存在是硬件,回路中的其他硬件和软件组件验证被测硬件。车辆在环是指被监控的全尺寸车辆实体,通过在回路中实现仿真平台和其他组件来测试车辆的性能和车辆控制算法。传感器在环是指将真实传感器部署到测试回路中,通过注入传感器数据来测试和验证传感器的性能。对于人类驾驶人在环,测试对象是人类驾驶人,使用仿真软件测试和验证人类驾驶人的驾驶行为和社交互动,构建身临其境的驾驶体验。

5.3.5 换道实例分析

以单向 4 车道为例,研究有无车路协同系统对于道路交通流的影响。使用本节介绍的系统来研究当 DL 中发生故障 CAV(FCAV)时 CAV 变道时间对交通流的影响,如图 5-20 所示。

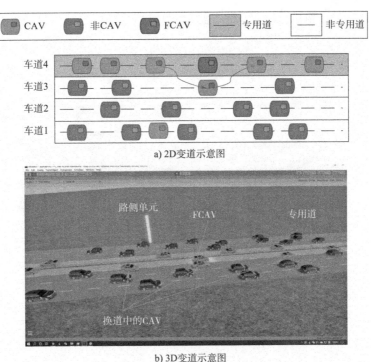

图 5-20 CAV 换道示意图

该实验分为两组。第 1 组:没有 V2I,意味着 CAV 在 FCAV 进入 CAV 的视野(本案例中为 100m)之前没有 500m 外的 FCAV 信息。第 2 组:使用 V2I,意味着 CAV 会收到关于 500m 以外的 FCAV 的消息,并且可以考虑换道。请注意,有换道意图并不一定意味着 CAV 在收到消息后会立即执行换道操作,反而 CAV 会继续行驶,直到换道所需的安全距离足够时才会换道。

在这两组试验中,分别针对 20%、30% 和 40% CAV 渗透率三种情况进行了实验。如果 CAV 以换道为目的,但无法在 20s 内完成,则将强制执行换道操作。在这种情况下,周围的车辆将会采取相应的动作,例如减速,以确保安全。

在实验中,FCAV 故障信息使用 V2I 技术传输到路侧单元,其他 CAV 也通过 V2I 提前收到此故障信息,然后提前采取相应措施。采用了 Veins 的默认通信框架,波短消息协议(WSMP)[10]来承载 FCAV 的自定义故障消息。使用基于 IEEE1609.4 的信道,信道频率为 5.89GHz,数据速率为 6Mbit/s,传输功率为 200mW。

图 5-21 中以圆圈显示第 1 组的结果,以三角形显示第 2 组的结果。每个实验中,三角形的最高点高于圆圈的最高点,这验证了第 2 组的流量高于第 1 组的流量。当 CAV 渗透率设置为 20% 时,与没有紧急情况的情况相比,第 2 组和第 1 组的通行效率分别达到 86.47% 和 81.96%。当将 CAV 渗透率设置为 30% 时,这两个值分别为 87.51% 和 83.19%,当 CAV 渗透率为 40% 时,这两个值分别为 86.98% 和 85.46%。两组的车流量随着 CAV 渗透率的增加而增加并逐渐接近的原因可能是过多的 CAV 超出了专用车道的容量而发生了交通拥堵。

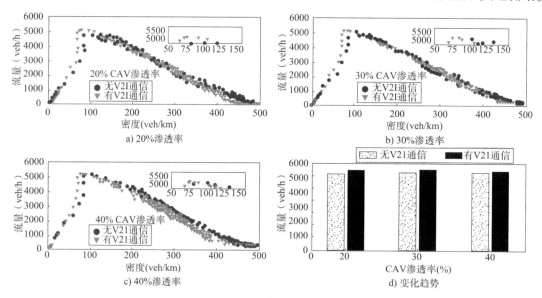

图 5-21 不同 CAV 换道时机意图下的流量—密度图

总之,CAV 应充分发挥其通信能力,以提高紧急情况下的总流量。

5.4 基于封闭高速公路的智能车路协同测试基地构建

5.4.1 车路协同测试基地发展概况

目前,车路协同与自动驾驶的算法测试大约 90% 通过仿真平台完成,9% 通过封闭测试场完成,1% 通过开放道路完成。随着仿真技术水平的提高和应用的普及,行业旨在达到通过仿真平台完成99.9%的测试量,封闭场地完成0.09%的测试量,最后0.01%在实际道路上完成,这样可以使车路协同与自动驾驶技术研发达到更高效、经济的状态。

与汽车自动驾驶由众多汽车厂家投资研发不同,车路协同技术因为基础设施投资巨大,直接在开放道路上搭建测试平台的可能性几乎为零。因此,受控封闭的车路协同测试场地成为开展相关技术研究与产业实践的重要环节。目前,国外在车路协同试验场建设方面已经走在了世界前列,其中,美国密歇根州的Mcity试验场是全球首个专为智能网联汽车设计的试验场,测试内容涵盖自动驾驶、车路协同、车联网技术和电动安全系统等,随后瑞典、英国、韩国、日本等国家也相继建造了自己的测试场。近年来,我国智能汽车和车路协同测试场的建设和发展较为迅速,中央及地方相关主管部门陆续出台政策、规划,在项目支持、测试示范区建设与应用等方面营造良好的环境。截至2021年底,全国已建设16个国家级智能网联汽车测试示范区、50多个地市级智能网联汽车测试示范区,开放3500km以上测试道路,发放700余张测试牌照,道路测试总里程超过700万km。

5.4.2 高速公路智能车路协同测试基地构建

5.4.2.1 基地概况

基于封闭高速公路的车路协同测试基地(全称"滨莱高速车路协同测试基地")是由原滨莱高速改扩建项目中原址保留的26km真实高速公路(含三隧一桥,场景丰富,国内唯一)进行数字化、网络化、智能化改造而来,目标为打造国内"测试里程最长、测试场景最丰富、测试环境最真实"的自动驾驶与车路协同测试基地,逐步建成国际一流的智能网联汽车和智慧交通综合创新试验示范区,支撑智慧交通、车路协同相关产业发展和国家交通强国战略。测试基地地处山东丘陵地带,地形复杂,造成26km测试路段涵盖了几乎所有典型的高速公路元素,包括山谷、隧道、桥梁、涵洞等。加之,山东地处暖温带季风区,气候条件覆盖了高低温、雨雪雾等可能涉及的各种典型天气因素,因此,测试基地具备开展ICVIS-H封闭测试的多项天然优势,可以为自动驾驶和车路协同测试提供丰富的边界场景。

5.4.2.2 建设目标

(1)总体目标。在封闭高速公路中构建直道、弯道、坡道、桥梁、隧道、收费站、匝道汇入/汇出等典型道路交通场景,完善场地内交通测试条件,如搭建模拟行人、模拟车辆等场景和雨、雪、雾等气象环境,满足智慧道路、自动驾驶、车路协同等不同厂商客户的研究需求,促进其相关新技术研究、技术验证和测试工作。

(2)分项目标。建设道路基础设施,满足封闭高速公路智能车路协同测试的各种场景测试要求;建设大数据中心,实现自动驾驶、车路协同的大数据存储、信息交换和共享;建设车路协同测试服务平台,用于实时感知、监视、传输数据,管理测试场的交通环境和测试进程;建设模拟驾驶测试平台,实现高水平的驾驶模拟测试。

(3)体系架构。测试基地车路协同系统体系架构主要包括感知、网络、计算和服务四个层次。感知层主要通过传感器、车载智能终端设备、射频标签、识读器、摄像头、全球定位系统等,实现对人、车、路、环境等移动对象和静态对象的全面感知;网络层是以Wi-Fi、DSRC等短程通信为主的末梢节点通信与以4G/5G或有线通信链路为主的承载网络通信相结合,通过车路短程通信和自组织网络、路侧与感知中心的承载网络实时采集和传输各种交通信息，构建交通要素信息的精准获取与发布体系；计算层将大数据技术与云计算技术相结合实现有效的交通信息挖掘与提取，同时提供海量交通数据的存储功能，综合提升交通信息服务质量；服务层构建基于泛在网络和云计算的交通信息服务平台，通过移动智能终端、车载终端、资讯广播、可变信号板等信息发布方式，为交通参与者提供实时动态的交通信息服务和丰富全面的辅助决策支持，实现交通信息服务的智能化与个性化。

根据各个关键模块在体系构架中的定位及相互关系，测试基地车路协同系统基础体系架构如图 5-22 所示。

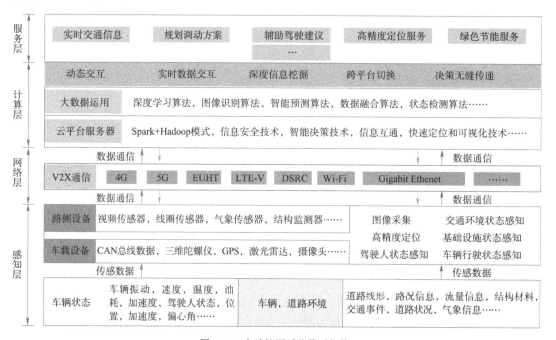

图 5-22　车路协同系统体系架构

（4）建设方案。围绕上述体系架构，测试基地车路协同系统在具体建设过程中，分别搭建了路侧感知系统、车路交互系统、路侧边缘计算系统、北斗卫星增强定位系统、数据图像增强传输系统、高精度地图系统和数字孪生综合管控平台，这些系统共同为智能网联汽车和车路协同相关测试提供服务。

其中，路侧感知系统可通过多种路侧传感器提供自动驾驶所需的关键信息，其设备主要包括视频传感器、激光雷达、毫米波雷达等，以实现高速公路车辆的路基高精度定位和交通事件实时检测；车路交互系统负责将路侧感知系统所获取的信息进行汇聚，并适时地传递给自动驾驶测试车辆，其主要包括 LTE-V、4G、5G、EUHT 等无线通信设施和设备，以 LTE-V 为主的面向 V2X 的无线通信设备用于实现车路交互，实现如基于协同感知的汽车高级辅助驾驶、车辆安全警示等应用，以 4G、5G 和 EUHT 为主的面向无线宽带接入的无线通信设施和设备，主要实现面向云计算的车联网和车路协同应用，包括宏观交通信息发布、汽车远程驾驶等。路侧传感系统所获取的信息经车路交互系统进行汇聚之后，将传递给路侧边缘计算系统。这些数据进过智能分析之后，再由车路交互系统分发给道路上的测试车辆。北斗卫星增强定位系统可提供一个高精度、高可靠、无缝覆盖的全球导航卫星系统(Global Navigation Satellite System,GNSS),可为自动驾驶测试车辆提供高精度定位和授时服务,可构建起测试基地沿线的高精度、三维、动态、多功能的空间信息基准体系,以满足测试基地测试运行的精准化管理与服务。数据图像传输系统将道路沿线的外场设备数据和图像传输至中心机房,经中心机房分析、判断、决策后,再将相关数据或图像信息上传上级管理中心,下发外场设备。高精度地图系统(High Definition Map,HD Map)将为测试基地中的运行车辆提供亚米级的地图信息,这些信息数据兼有静态要素(如道路交通基础设施、车道网和道路网等)和动态要素(如道路拥堵情况、交通事故等)。通过这些数据,测试基地可以为测试车辆提供精准指引,最大限度满足不同厂家的测试需求,保障测试安全。数字孪生综合管控平台将借用数字孪生技术,实现对高速公路交通系统运行规律的精准管控,包括对高速公路交通运行状况可见;对常发以及偶发性问题可辨;对日常业务流程可管;对交通拥堵及异常态势可控;对综合性疑难问题可治;对管理者和出行者可服,即提供有品质的服务等。

5.4.2.3 测试基地车路协同系统的子系统

(1)路侧感知系统。

①视频融合传感器。视频融合传感器提取道路视频信息,与其他传感器数据融合,准确感知实时交通系统流特征和交通系统数据,也能够为监控人员提供易于分辨的实时交通和测试信息,实现测试中的测试服务和其他安全管理服务。视频融合传感器如图 5-23 所示。

视频传感器部署原则如下:

a. 单向车道视频传感器呈双向"之"字型部署,部署间隔需不大于 500m,如有弯道或挖方等造成单摄像头观察距离降低时,应增加布设密度;

b. 视频融合传感器安装在门架或 12m 立杆上,保证试验道路内所有区域的实时监控。布设时可充分利用现有门架和立杆,以节约建设成本。

根据以上原则,测试基地在双向车道上共计部署视频融合传感器约 43 套。

②毫米波雷达。毫米波雷达具有抗环境干扰能力强(不受恶劣天气、光线和烟雾的影响)、扫描距离远、物体分辨率高、定位精度高、全天候 24 小时工作等优点,已成为交通事件检测和交通数据采集的主流传感器。毫米波雷达如图 5-24 所示。

图 5-23 视频融合传感器

图 5-24 毫米波雷达

77GHz 全向跟踪检测毫米波雷达可以实现半径约 1km 范围内车辆位置的高精度感知，配合视频融合传感器能够准确判定车型信息及其他车辆特征，发送给道路上运行的相关车辆和交通管理者，实现各类交通安全应用和管理应用。

全方位跟踪检测雷达部署原则如下：

a. 两个雷达之间的间隔为 700~800m，以实现无缝覆盖，雷达之间要有重叠检测区域；

b. 毫米波雷达安装高度为 4~6m，安装在测试基地公路两侧的立杆之上，尽量保持雷达视觉区域内无物体遮挡，以保持设备能够最大的利用率；

c. 由于毫米波雷达在雨雪天气下容易受到影响，因此，设备布设的实际间距略小于设备设计间距，以保证在恶劣天气下感知距离降低时，不同设备感知范围的无缝衔接。

根据上述原则，测试基地中安装全向跟踪检测毫米波雷达共计 25 套。

③激光雷达。激光雷达感知数据量大，数据频率高，准确度高，能够较好地反映道路车辆和其他交通参与者的位置信息。其工作原理是通过计算激光发出和接收的时间差来获取传感器与感知目标的距离，然后结合先期标定和点云数据处理，获取相关物体的大地坐标。激光雷达及其工作原理如图 5-25 所示。

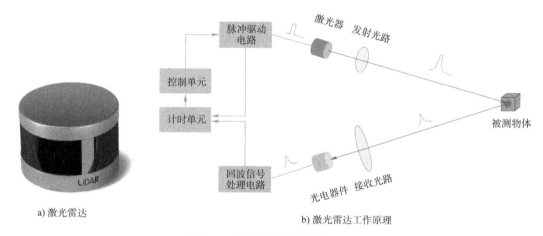

图 5-25 激光雷达及其工作原理

激光雷达的部署原则如下：

a. 激光雷达应按照相互交叠布设的方式进行安装，部署间隔应小于 200m，以最大限度地减少感知盲区；

b. 激光雷达应安装在龙门架或中央隔离带立杆处的无遮挡部分约 4m 处，尽量部署在道路中间区域上方；

c. 激光雷达不应被遮挡，否则，无法在遮挡区域感知；

d. 根据 128 线激光雷达的测量距离 200m，垂直角度分辨率 0.25°，安装高度 4m；水平安装时：目标物为 1.2m 高度的汽车，在 100m 处打到汽车上的线束有 3 条线束、120m 处打到汽车上的线束有 2 条线束、150m 处打到汽车上的线束有 1~2 条线束、200m 处打到汽车上的线束有 1 条线束；

e. 灯杆下的盲区距离为：13.08m；

f. 倾斜角度安装：128 线全部朝下打，灯杆下的盲区距离为 6.4m；

g. 计划部署5km的激光雷达覆盖区。

根据以上原则,每200m部署一套激光雷达设备,因此,激光雷达覆盖区域需10套设备。

④智慧无线信标。智慧无线信标是具有感知和提醒功能的智能化道路节点,它集成了微波探测、热释电检测、地磁检测等,通过Lora实时无线互联,技术利用多传感器融合技术与算法,实现低成本、高精度的数据采集与测试基地路面交通信息实时感知。

智慧无线信标部署原则如下:

a. 在双向四车道上,每隔10m部署一个智慧无线信标;

b. 每隔2km安装一套Lora网关设备。

根据上述部署原则,已在新建的1.8km苗山北连接线,部署约720个无线信标,1个Lora通信基站,1套云平台后台软件及本地化安装。

(2)车路交互系统。车路交互系统主要负责收集测试车辆的状态信息,并传输给边缘计算系统。车辆状态信息和路侧感知系统所获取信息在路侧边缘计算系统中进行分析、融合,得到优化结果。最终该结果由车路交互系统分发给道路上的测试车辆。

①LTE-V通信系统。LTE-V是我国主推的V2X无线通信协议。其之所以可以支持当前和未来的V2X应用,是因为其灵活多样的通信模式。一方面,LTE-V借鉴IEEE802.11p的丰富经验,采用5.9GHz的ITS频段为其短距离直接通信服务,从而可以达到较高的数据传输速率。另一方面,LTE-V独创地采用现有蜂窝网通信技术(LTE),利用低频带宽来提供广域、高可靠性的服务。LTE-V路侧基站如图5-26所示。

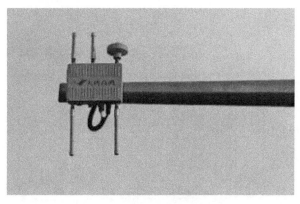

图5-26　LTE-V路侧通信基站

LTE-V路侧基站有效覆盖半径约500m,需要实现道路中的无缝覆盖。在管理端配置设备管理服务,供相关设备维护和车联网信息服务应用的信息发布。同时,设备需要实时接收车载设备广播的基本安全消息,用于重构测试车辆测试轨迹信息。

LTE-V路侧基站部署原则如下:

a. 测试基地按照约500m间距全线部署LTE-V路侧基站;

b. 路基段与摄像机同址附着式安装,隧道内与边缘计算服务器同址安装。

根据以上原则,LTE-V路侧基站共计安装22套。

②EUHT系统。EUHT(Enhanced Ultra High Throughput)是我国自主研发,并结合未来移动通信系统高可靠、低时延、高移动性等需求设计的超高速无线通信系统,其峰值吞吐量最

高可以达到 3.48Gbit/s 支持车辆最高移动速度可达 300km/h。EUHT 增强型超宽带网络系统支持高速移动情况下超大带宽,超低时延的网络连接。

EUHT 布设原则如下:

a. 封闭高速公路测试基地按照约 500m 间距全线部署 EUHT 路侧基站;

b. 路基段与摄像机同址附着式安装,隧道内与边缘计算服务器同址安装,主要用于实现测试车辆车载视频的实时回传。

根据以上原则,EUHT 设备计划安装 56 套。

③面向 ETC 自由流收费的 DSRC 通信系统。DSRC 是美国 WAVE 车联网框架首推的通信标准。在我国也有相应产品和相关应用。然而,由于 DSRC 的知识产权问题,我国主推 LTE-V 通信标准。因此,DSRC 通信系统的使用必将有所局限。目前,比较成熟的应用是 ETC 自由流收费。

因此,计划在原收费站处设置基于 DSRC 的 ETC 自由流收费系统,以建立省界电子收费站测试平台,测试相关电子收费站设备工作流程、网络信息安全以及其他相关技术和管理模式。省界电子收费站按照相关标准要求,建立高速两侧收费和卡口龙门架、摄像机、ETC 天线和车辆感知设备。同时,在管理服务端建立相关应用服务,完成整个 ETC 收费应用测试。ETC 卡口设备系统如图 5-27 所示。

图 5-27 ETC 卡口设备系统

测试基地包含原苗山北、博山及和庄三处收费站。方案计划在每个收费站原收费口布置两套面向 ETC 自由流收费的 DSRC 通信系统,以满足 ETC 自由流收费相关测试需求,共需部署 23 套 DSRC 路侧基站。

(3)路侧边缘计算系统。路侧边缘计算节点单元需要对路侧传感系统所采集到的信息进行分析与处理,利用边缘计算处理设备及存储设备,实现对各类信息的分析,最后将最终结果通过车路交互系统分发到路上在测车辆。该系统支持实时任务调度及优先任务调度,将所有任务划分优先级,并按优先级调度处理。计划采用基于 OSGI 高扩展性软件框架与 CUDA 高性能 CPU 硬件框架的分布式自治边缘计算技术,实现边缘增量学习与本地实时决策控制，并支持端-云协同控制；采用深度学习技术，利用车载终端行为信息，对个体车辆行为实现车路协同智能控制，进行视频的事件、轨迹跟踪等智能分析。

计划按照约500m间距全线部署边缘计算服务器，路基段与摄像机同址附着式安装，隧道内与车路通信基站同址安装。计划安装50套边缘计算设备。

（4）北斗卫星增强定位系统。计划建立一个高精度、高可靠、无缝覆盖的GNSS综合服务网，把GNSS这一高新技术综合应用在测试基地建设中，构建起测试基地26km沿线的高精度、三维、动态、多功能的现代化空间信息基准体系，以满足测试基地的精准化管理与服务，并为测试车辆的自动驾驶提供高精度定位和授时服务支撑。

为进一步提升测试基地定位服务性能，方案采用北斗连续运行基准站系统（Continuous Operational Reference Station，CORS），该系统是重大地理空间基础设施。CORS系统是在一定区域（县级以上行政区）布设若干个GNSS连续运行基站，对区域GNSS定位误差进行整体建模，通过无线数据通信网络向用户播发定位增强信息，将用户终端的定位精度从3~10m提高到2~3cm，且定位精度分布均匀、实时性好、可靠性高；同时，CORS是区域高精度、动态、三维坐标参考框架网建立和维护的一种新手段，为区域内的用户提供统一的定位基准。

北斗CORS功能目前主要在于两方面；第一是通过拨号服务器以无线数据通信方式向用户提供实时精密定位服务；第二是通过Internet网络向用户提供精密事后处理的数据服务。

北斗CORS由基准站子系统、数据中心子系统、数据通信子系统、用户应用子系统组成，各子系统的定义与功能如下：

①基准站子系统。由单/多个基准站设施（含GNSS接收机、天线、UPS、防电涌设备、机柜、交换机、数模转换器光纤转换器等）组成，属CORS网络的数据源，GNSS卫星信号的捕获、跟踪、采集、本地存储与实时数据传输。

②数据通信子系统。将各基准站的GNSS原始观测数据实时送回数据中心，包括参考站和控制中心之间，以及控制中心和用户之间的通信两部分。

③数据中心子系统。控制中心连接并管理各基准站、对基准站原始数据的质量进行分析、同时同步GNSS原始观测数据实现网络建模、实时数据分流等；数据处理中心管理各种采样间隔和时段的不同数据存储、存储包含北斗的GNSS原始观测数据、存储网络模型文件、进行数据的质量检查和转换、定期进行整网的解算保障基准框架的稳定、建立数据共享平台。

④用户应用子系统。用户管理中心基于网页的用户管理系统，可进行账户和计费管理；VRS RTK/RTD差分改正数服务；基准站原始观测数据下载服务；用户定制服务；把系统差分信息传输至用户。

北斗卫星增强定位系统部署原则如下：

a. 通信子系统需要分配固定的IP地址；

b. 基准站子系统的安装包括基准站硬件设备的配置参数的调整；

c. 基准站设备的安装，包括天线电缆的铺设、GNSS天线的安装和天线高的量取，GNSS接收的、UPS电源的安装；

d. 基准站设备需要电泳防护设备的安装和所有设备的接地处理；

e. 设备安装过程中需要注意强电和弱电分开走线,所有电缆沿着机架固定。

北斗卫星增强定位系统部署方案为:系统 RTK 基准站可覆盖 30km 有效范围,因此,方案计划在滨莱桥隧管理所设置基准站子系统 1 套、通信子系统 1 套和控制中心子系统 1 套,其工作范围可覆盖测试基地所有区域。

(5)数据图像传输系统。数据传输包括路侧布设的毫米波雷达、边缘计算服务器、LTE-V、DSRC、EUHT、三维激光雷达、可变信息标志、气象检测器、外场摄像机控制信号及供电设备状态等数据的传输。

图像传输包括高清网络球型摄像机和卡口抓拍摄像机的图像传输。

①外场设备与数据中心机房的数据图像传输。外场监控设备的数据和图像通过由外场工业以太网交换机和放置在数据中心的工业以太网交换机组成的监控视频以太环网,传输至路段视频数据专网三层交换机。每个监控视频以太环网传输不超过 40 路图像和多路数据,每个环路占用 4 芯监控光缆。外场监控设备光终端盒通过 8 芯单模光缆,就近从分歧人孔敷设至监控光缆接头盒,并与监控干线光缆熔接。

②数据中心机房与上级监控中心间的数据图像传输。据中心机房至上级管理分中心通过万兆网相连,采用点播方式上传数据图像。数据中心机房至山东高速运行应急管理中心预留 8 路视频图像和数据的通道资源。按照采用高清标准上传,每路图像需配置 8M 带宽。

(6)高精度地图系统。测试基地中的高精度地图呈现的数据分为三类:第一类是道路信息,主要记录道路信息及引导拓扑信息,包括测试基地车道的位置、类别、宽度、坡度和曲率等信息;第二类是与车道相关的附属设施及构造物等信息,包括交通标志、交通信号灯、过街特大桥、隧道、交通监视点(电子眼、测速雷达)、路侧设施、障碍物等道路细节和基础设施信息等;第三类是定位图层,用于车路协同系统及自动驾驶车辆现场匹配。

①道路信息。道路模型定义的核心内容是道路相关的数据表达,用于满足道路级别的路径规划,以及高级辅助驾驶系统(ADAS)和车路协同系统应用场景下对加速、制动、方向的预先控制规划。车道模型记录了车道的行驶参考线、车道的边线(标线)及停止线、车道与道路拓扑的关系等,可以满足车道级别的路径规划需求,同时,通过车道标线信息提供车道间横向联通关系(可否跨越等)。

②与车道相关的附属设施及构造物等信息。道路周边设施是记录道路和车道行车空间范围边界区域内的要素的,其几何表达分点、线、面三种类型,如两侧的护栏、路牙等通过线来表达,墙、标牌、文字、箭头、符号等则通过面来表达,电话亭则通过点来表达。周边设施数据通常用于辅助环境感知,以及抽取定位图层用于辅助定位。

③定位图层。测试基地中的定位图层包括两类,一类是道路采集时的原始点云信息,压缩抽稀后为点云数据;第二类是从矢量化后的道路周边设施数据中抽取的部分特征要素。

(7)数字孪生综合管控平台。测试基地数字孪生综合管控平台,是响应国家"推动交通基础设施规划、设计、建造、养护、运行管理等全要素、全周期数字化"的要求,基于数字孪生技术打造的全要素、全周期、数字化综合管控平台,其包含的主要功能如下。

①测试基地综合态势管理。集成地理信息系统、视频监控系统及基地各业务系统数据,对通行状态、车流量信息、交通事件、日常管理等要素进行综合监测,对测试基地的路网中断率、路网拥挤度、路网环境指数、路网节点通阻度、通道运行指数、路网综合指数等指标进行

多维度可视分析,帮助管理者实时掌握测试基地整体运行态势。

②车流量监测管理。实现管辖路段车流量的实时监测,并可基于专业的模型算法,对车流量、平均车速等多项核心数据进行多维度可视化分析,实现管辖路段车流量的科学监测评估,为交通指挥提供科学的决策支持。

③道路、桥梁、涵洞等基础设施管理。基于数字孪生系统,对道路/桥梁/涵洞等基础设施的名称、起终点、里程以及状态进行直观呈现,提供多种可视分析手段,对基础设施的使用情况、历史养护情况等数据进行分析和研判,助力管理者提高高速路网运维效能。

④资产设备管理。基于数字孪生系统,可对测试基地收费站/服务区/门架等设施进行管理,可对设施上的监控系统、通信系统、收费系统、低压供配电系统、照明系统、隧道机电工程系统等机电设备的位置、分布、状态进行实时可视化监测;可通过三维建模,对设备的外观、复杂机械结构进行三维仿真显示;支持集成视频监控、设备运行监测、环境监测以及其他传感器上传的监测数据,对设备具体位置、类型、运行环境、运行状态进行实时监控,支持设备运行异常(故障、短路冲击、过载、过温等)实时告警、设备详细信息查询,辅助管理者直观掌握设备运行状态,及时发现设备安全隐患。

⑤重点区域管理。基于数字孪生系统,对维修路段、事故频发地段、应急车道等重点区域实时态势进行综合监测,并可对重点区域的位置、状态、关键指标等信息进行联动分析并标注显示,辅助管理者精确掌控重点区域状态,提升监测力度。

⑥道路周边环境管理。基于数字孪生系统,道路/桥梁/涵洞等交通基础设施周边的山坡、电线、厂房、村落、田地等道路环境进行三维建模,辅助管理者直观掌握道路周边环境状态,及时发现并杜绝安全隐患。

5.4.3 测试基地亮点

5.4.3.1 国内最长的高速公路自动驾驶汽车封闭测试基地

目前,我国的自动驾驶汽车在法律上被严禁在开放高速公路上进行测试,但相关技术的发展迫切需要在高速公路场景下进行开放道路测试和验证等工作,特别是货车队列编组运行相关研发性测试,国内缺少长距离可封闭的真实高速公路场景。对比国内目前大量试验场,滨莱高速车路协同测试基地作为国内最长封闭高速公路,可提供真实、安全、可控的测试环境,为我国逐步开放高速公路自动驾驶提供真实高速测试验证数据,支撑高速公路自动驾驶标准和监管制度的制定和验证。

5.4.3.2 国内场景最丰富的 ICVIS-H 测试基地

目前,国内车路协同测试基地同质化较为严重,均是在特定区域内构建的模拟测试场景,且建设标准不统一,缺少普适性和规范性。滨莱高速车路协同测试基地依托真实高速公路场景并补充建设部分模拟城市场景,特色鲜明,场景丰富,可以为车路协同系统及自动驾驶测试提供丰富的边界场景测试环境。此外,测试基地除了为车企提供车路协同、自动驾驶相关测试服务之外,还可以作为探索研究 ICVIS-H 综合解决方案的试验田和平台,针对性地开展车路协同应用开发和验证;通过灵活部署和场景构建,测试验证智能路侧设备的部署方案,研究和制定相关标准规范,真正推动我国 ICVIS-H 产业发展。

5.4.4 封闭高速公路实地测试

封闭高速公路测试基地建成后,国内很多企业和高校申请进行车路协同场景测试,测试现场图片如图 5-28 所示。

图 5-28 封闭高速公路测试基地实地测试图

5.5 基于数字孪生的智能车路协同系统虚实结合测试系统开发

车路协同系统是包含智能汽车、路侧系统的综合智能系统。作为比智能汽车更加复杂的系统,参考智能汽车测试方法,智能车路协同系统同样采用基于场景的测试方法。在实际测试中,智能车路协同系统测试采用虚拟测试、封闭场地测试和真实道路测试等形式。虚拟测试场景构建成本低,对智能车路协同系统这种复杂多变的测试对象,虚拟测试适应性较好,但测试依赖仿真模型,存在模型不准确、不符合实际等问题。真实道路测试可以直接检验智能车路协同系统在真实交通场景中的运行情况,但真实智能车路协同系统构建成本与运行成本较高,除路侧设备外,还需要为通行车辆配置大量车载设备,在真实交通运行过程中难以实现。与虚拟测试和真实道路测试相比,封闭场地测试既可以提供近似真实的测试场景,又可以保证测试的安全性,同时,还能够有效降低测试的经济成本和时间成本。

然而,场地测试受空间和成本限制,存在道路环境有限、测试场景单一、测试场景数量不足、测试元素固定等问题,只能搭建简单交通场景,无法还原真实环境中复杂的交通场景。在真实测试实践中,测试系统需要反复调试,无法进行系统的快速、结构化修改,测试效率偏低。

为克服不同测试方法的弊端,需要建立虚拟与现实相结合的测试系统。系统使用封闭测试场地内真实道路作为测试道路,测试车辆在真实测试道路中运行。利用虚拟平台建立测试场景,以真实路侧感知、通信设备和虚拟环境中感知和通信等设备共同组成路侧系统。

在真实环境中,通过封闭测试场地内路侧通信系统将虚拟测试场景传输至真实测试车辆中,与真实测试车辆在真实道路运行时的感知结果相叠加,实现虚拟场景与真实场景的融合。在虚拟环境中,虚实结合测试系统以真实场地的道路环境为基础,通过建立道路模型、路侧背景信息模型等,形成虚拟孪生测试场地。在虚拟孪生测试场地中依据外观模型和动力学模型,建立虚拟交通参与者和虚拟测试车辆,在虚拟环境中为测试车构建完整测试场景。在真实环境中,测试系统将虚拟测试场景与真实场地的映射叠加,形成虚拟环境中测试车与真实测试车、虚拟环境中测试参考车与真实测试车感知对象的孪生映射,以真实驾驶行为代替传统虚拟场景中的交通参与者模型,避免交通参与者模型不精确和运动方式单一导致的失真问题。

同时,对于路侧系统,虚实结合测试系统可以同时使用真实路侧系统和虚拟路侧系统,以克服路侧系统不完备的困难。以路侧感知为例,由于虚拟环境是真实环境的数字孪生,测试系统可以在虚拟环境中建立虚拟路侧感知系统,充分发挥虚拟环境具备上帝视角的优势,实现真实环境中路侧感知不具备的感知范围和感知精度。对于路侧通信系统,真实路侧通信系统往往存在通信范围有限,带宽不足等问题,利用虚实结合测试系统,可以在虚拟环境中建立虚拟路侧通信系统,将实际车路协同数据通过封闭测试场景内 5G 等车云通信系统传输,解决真实测试环境中路侧通信系统的局限。

5.5.1 虚实结合测试系统功能架构

虚实结合测试系统由真实环境和虚拟环境两部分组成。其中,真实环境包含真实测试场地与测试模拟区,虚拟环境与真实环境间通过 5G 通信实现信息交互。虚实结合测试系统结构如图 5-29 所示。

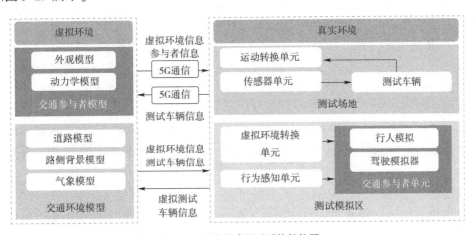

图 5-29　虚实结合测试系统结构图

在虚拟环境中,基于封闭测试场地高精度地图建立测试道路模型,保持真实道路与道路模型结构相同,地理坐标对齐。针对封闭测试场地通常缺少路侧背景建筑的问题,测试系统利用仿真软件建立路侧背景模型,模拟真实环境中路侧背景设施对智能汽车传感器的影响。同时,通过在虚拟环境建立路侧背景模型,可在虚拟环境中根据测试场景不同建立相应的路侧背景。例如,模拟高速公路环境中,可建立护栏模型、树木模型等;在模拟城市环境中,可建立房屋、路灯等设施模型。真实环境中,雨、雪、雾等恶劣气象环境可能对智能汽车传感器感知精度、感知距离等性能产生不良影响,通过在封闭测试环境中建立模拟雨雾雪设施能够为智能汽车测试提供模拟雨雾雪测试环境,但同时会带来建设成本高、测试成本和测试复杂度提高等问题。通过在虚拟环境中建立气象模型,向传感器中引入恶劣气象环境导致的感知干扰,可部分模拟恶劣气象对传感器的不良影响,有效降低测试成本和测试复杂度。真实测试场地与虚拟测试环境如图 5-30 所示。

图 5-30 真实测试场地与虚拟测试环境

在真实环境中,测试模拟区内建立真实交通参与者系统,其目的在于通过驾驶模拟器等设备部分实现真实驾驶人对测试参考车行为的模拟,提高测试的灵活性和真实性。真实交通参与者系统由虚拟环境转换单元、交通参与者单元、行为感知单元组成。虚拟环境转换单元接收来自虚拟环境的输入,将数字化的虚拟环境转换为真实交通参与者能够感知的信息,例如,通过 VR 技术实现测试模拟区内真实行人对虚拟测试环境的视觉和听觉感知,或将虚拟环境投影在驾驶模拟器屏幕中,实现驾驶人对虚拟测试环境的感知。交通参与者单元由真实行人或驾驶模拟器组成,接收虚拟环境转换模块的输出,以真实的行人或驾驶人的响应代替传统虚拟环境中的模型,以执行复杂灵活的运动动作,构建接近真实的复杂测试场景。行为感知单元用于检测真实行人的运动动作,接收驾驶模拟器的输出信号,将感知结果转换为控制参数,驱动虚拟环境中虚拟交通参与者模型运动,实现虚拟模型与真实参与者同步运动。

测试场地内建立测试车系统,由传感器单元、真实测试车辆和真实运动转换单元组成。传感器模块将虚拟场景转换为虚拟传感器信号,利用 5G 通信网络实现虚拟场景服务器与测试车辆系统间高速实时双向数据传输,通过虚拟传感器信号增强或完全代替测试车辆的真实传感器信号,完成虚拟场景注入。在测试场地内行驶的真实测试车辆能够反映真实道路参数和真实车辆动力学特征,解决传统虚拟环境中车辆模型失真的问题。真实运动转换单元接收车辆的定位、惯性导航及总线数据,驱动虚拟环境中测试车模型,将真实车辆的位置、姿态、方向、速度和加速度等信息映射至虚拟环境中。

5.5.2 虚实交互系统设计与构建

5.5.2.1 虚实交互系统设计

基于封闭测试场地的虚实交互系统由真实交互单元、虚拟交互单元和虚实交互链路组成,如图 5-31 所示。

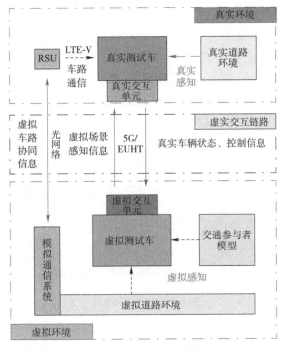

图 5-31 虚实交互系统架构

在基于封闭测试场地的虚实结合测试中,测试车行驶于封闭测试场地内真实测试道路中,利用自身传感器实时感知周围真实道路环境,获取真实道路信息、本车定位信息和路侧背景信息等真实场景感知结果,与通过虚实交互系统获取的虚拟感知信息共同作为测试场景感知结果。同时,真实测试车实时状态信息将通过虚实交互系统传递至虚拟测试车。真实交互单元搭载于真实测试车中,由车载通信 OBU 和加载于测试车控制系统的软硬件模块组成,完成虚拟感知信息获取和真实测试车实时状态发送。同时,真实交互单元搭载于测试场地内路侧通信单元 RSU,由嵌入 RSU 的软硬件模块构成,驱动 RSU 实现预设场景下的车路信息交互。

虚拟测试环境以真实测试场地高精度地图为基础,利用仿真软件中道路模型、交通参与者模型和模拟通信模块构建测试场景。在虚拟测试环境中,虚拟测试车配置虚拟传感器对测试场景中道路环境和交通参与者进行虚拟感知。虚拟感知结果通过虚实交互系统发送至真实测试车辆,作为真实测试车场景感知的一部分,实现虚拟场景与真实场景融合。同时,虚拟测试车作为真实测试车的数字孪生体,通过接收真实车实时状态信息,更新虚拟环境中的实时状态。虚拟交互单元由运行于虚拟测试环境的软件模块组成,配合虚拟测试车辆和模拟通信系统,向真实测试环境发送虚拟感知数据和虚拟车路系统信息,接收真实测试环境发送的实时状态信息。

虚实交互链路由车路、车云通信链路组成。车路通信链路完成真实测试车与测试场地路侧 RSU 之间虚拟车路协同信息传递,RSU 与虚拟环境服务器再通过有线或无线网络传输信息。车云通信链路在真实测试车与虚拟环境服务器之间传递虚拟场景感知信息与真实车辆状态、控制信息,实现真实测试车在测试场地内的虚实融合感知和虚拟环境中的实时数字孪生。

5.5.2.2 虚实交互系统构建

真实测试环境以交通运输部自动驾驶封闭测试场地(西安)为测试道路,具备2.4km模拟高速公路环道,模拟城市环境交叉口、环岛和模拟乡村道路等多种测试道路及龙门架、路侧立杆、模拟隧道等路侧测试设施。为构建虚实交互系统,测试场地配置LTE-V车路通信RSU、EUHT车云通信基站和光纤环网等多种通信网络。待测自动驾驶汽车搭载由LTE-V和EUHT车载OBU组成的真实交互单元如图5-32所示。

图5-32 真实测试环境

如图5-33所示,虚拟测试环境利用真实测试环境高精度地图在PreScan仿真软件中建立测试道路,选用PreScan模型建立虚拟测试车、虚拟交通参与者和模拟通信模块,并在Simulink环境中建立虚拟交互单元。

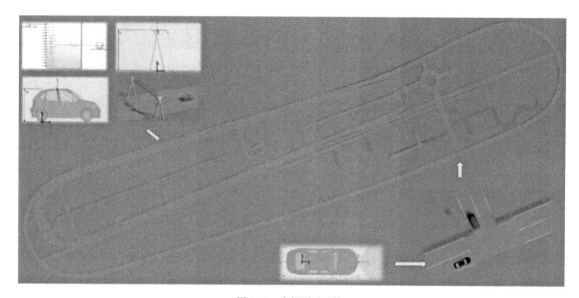

图5-33 虚拟测试环境

虚实交互链路由LTE-V车路通信和EUHT车云通信组成。LTE-V作为当前广泛应用的车路通信技术,具有有效距离远、通信时延低的优点,空旷环境中有效通信范围不小于300m,支持120km/h移动场景中的数据通信,在建筑物遮挡条件下仍具有不小于100m有效通信范围[11~14]。EUHT能够支持最高300km/h高速运动中的高吞吐量、低时延通信,平均上下行吞吐量可达190Mbit/s,典型传输时延不高于20ms[15,16]。

在实际自动驾驶虚实结合测试系统构建中,考虑 PreScan/Simulink 仿真运行速度,系统刷新频率设定为 20Hz。测试过程中,由于仿真系统运行导致仿真步长波动不超过 5ms。因此,要求虚实交互系统车云单向传输时延不超过考虑最大仿真步长波动时系统刷新间隔的一半,即 20ms。由于有线链路传输时延通常小于 1ms,交互传输时延主要由无线通信时延和系统处理时延导致。此外,由于车路协同系统数据交互频率为 50Hz,要求车路通信延迟不超过信息发送间隔的一半,即 10ms。虚实交互通信终端设备如图 5-34 所示。

a) EUHT OBU　　　b) EUHT基站　　　c) LTE-V OBU　　　d) LTE-V RSU

图 5-34　虚实交互通信终端

在虚实信息交互中,考虑以下五种交互信息。

(1) 真实测试车状态数据。真实测试车载传感器获取的真实测试车状态信息,由 EUHT 网络上传至虚拟环境,用于驱动虚拟环境实时数字孪生。

(2) 虚拟感知结果数据。虚拟车载传感器获取的虚拟测试场景感知结果信息,例如目标车辆速度、距离等,由 EUHT 网络传输至真实测试车,用于虚拟与真实场景融合感知。

(3) 虚拟感知数据。虚拟车载传感器获得的虚拟测试场景感知原始数据,例如点云传感器获取的点云数据等,在部分测试中由 EUHT 网络传输至真实测试车,用于测试场景融合感知。

(4) 真实感知数据。真实车载传感器获取的真实测试场景感知原始数据,例如摄像机采集的视频数据,在部分测试中由 EUHT 网络上传至测试中心,用于测试过程分析等应用。

(5) 虚拟车路协同信息。虚拟车路协同信息分为路车(R2O)传输信息和车路(O2R)传输信息。O2R 信息由仿真软件生成,通过有线网络传输至路侧 RSU,再通过 LTE-V 链路传输至测试车。O2R 信息包含车路协同场景中的测试车信息,通过 LTE-V 链路传输至 RSU,进一步上传至仿真软件。

为传输上述交互信息,设计了应用层数据通信协议,包含四类应用层数据帧,通过传输层 UDP 协议发送。帧格式如图 5-35 所示,单位为 Byte。数据帧头由帧开始位、帧序列号、帧类型、帧状态、帧长度、帧头预留和时间戳字段组成。帧开始位固定为 FFFFH,帧序列号从 0 开始循环递增,表明帧发送的顺序,可用于丢包率测试。帧类型字段中 A0 表示真实测试车状态数据帧,B0 表示虚拟感知结果数据帧,C0 表示真实感知数据帧,C1 表示虚拟感知数据帧,D0 表示虚拟车路协同信息帧(R2O),D1 表示虚拟测试车路协同信息帧(O2R)。帧状态为 0001H 表明交互系统为测试状态,00002H 表明系统为运行状态。时间戳为从 1970 年 1 月 1 日开始累积的毫秒数,可用于数据包时延测试。数据帧结尾由预留位(置为 0)、奇偶校验位和帧结束位(FFH)组成。虚实交互数据帧格式如图 5-35 所示。

真实测试车状态数据帧用于向虚拟环境传输测试车状态信息,包含车辆 ID、车辆 GPS

位置、速度、行驶方向(以正北为零度,顺时针方向递增)、转角、节气门开度和制动及车型等字段,全长64Byte。

0		3			7			15		
帧开始位	帧序列号		帧类型	帧状态	帧长度		帧头预留	时间戳		
时间戳		车辆ID		车辆GPS数据(纬度)			车辆GPS数据(经度)		车辆GPS数据(海拔)	
行驶速度	行驶方向		车辆仰角	车辆横滚角	车轮转角		转向盘转角	节气门开度	制动力	
测试车型		车辆信息预留					帧尾预留		校验位	结束位

a) 真实测试车状态数据帧

0		3			7			15		
帧开始位	帧序列号		帧类型	帧状态	帧长度		帧头预留	时间戳		
时间戳		参与者ID		参与者数量	参与者类型	颜色	数据来源	感知距离		
感知速度	目标方位角		目标仰角	参与者位置(经度)			参与者位置(纬度)		参与者位置(海拔)	
参与者速度	参与者航向角		参与者俯仰角	参与者横滚角	参与者车轮转角		参与者长度	参与者宽度	参与者高度	
参与者X坐标	参与者Y坐标		参与者Z坐标	参与者消息预留				帧尾预留	结束位	校验位

b) 虚拟感知结果帧

0	3		7		15	
帧开始位	帧序列号	帧类型	帧状态	帧长度	帧头预留	
时间戳		数据来源	数据			
数据						
数据				帧尾预留	校验位	结束位

c) 真实/虚拟感知数据帧

0		3			7			15		
帧开始位	帧序列号		帧类型	帧状态	帧长度		帧头预留	时间戳		
时间戳		目标类型	数据来源	目标速度	目标航向角		RSU位置(经度)		RSU位置(纬度)	
RSU位置(纬度)	RSU位置(海拔)		目标位置(纬度)		目标位置(经度)			目标位置(海拔)	目标X坐标	
目标Y坐标	目标Z坐标		协同信息预留				帧尾预留		校验位	结束位

d) 虚拟车路协同信息帧

图 5-35 虚实交互数据帧格式

虚拟感知结果帧用于传输虚拟场景感知结果,包含交通参与者数量、类型、颜色、传感器感知目标速度、距离、方位角等数据、同时,也传递虚拟交通参与者 GPS 坐标、测试场地坐标系在实时坐标及外形参数等真值,供不同测试需求使用。

原始感知数据通过真实/虚拟感知数据帧进行传输。数据来源字段(2Byte)表明数据来源,高 8 位用于标示真实传感器,低 8 位用于标示虚拟传感器。数据字段用于传输原始感知数据,考虑 UDP 包最大承载和数据帧头、帧尾,数据字段最大长度为 65478Byte。为降低网络层 IP 协议分片导致的丢包风险,实际应用时数据字段长度不超过 1443Byte。

虚拟车路协同信息帧用于传输车路协同信息,R2O 帧主要传输协同感知目标速度、目标航向和目标实时地理坐标的等信息;O2R 反馈信息时使用同样字段传输本车速度、航向及本车实时地理坐标信息。

5.5.3 虚实结合测试数据交互系统测试验证

通过对车路、车云通信系统的性能测试,验证 LTE-V 及 EUHT 网络能否满足虚实交互系统对通信网络的性能要求。其中,静态测试将探索测试场地内虚实交互系统的可应用范围,动态测试将验证在测试车不同运动速度下交互系统能否正常运行。

针对五类交互信息传输需求,选用数据包投递率和传输时延作为车路通信测试评价指标[13];选用吞吐量、数据包投递率和通信时延作为车云通信测试评价标准。

数据包投递率 PDR 是接收端应用层收到数据包数量 N_r 与发送端应用层发送数据包数量 N_s 的比值。为保证虚实结合测试可靠运行,参考车联网应用需求规定[13],要求系统数据包投递率不低于 90%。

$$PDR = \frac{N_r}{N_s} \tag{5-1}$$

传输时延是发送端应用层发送数据包到接收端应用层收到数据包所需的时间。在车路和车云通信中,交互双方均同时发送和接收数据包。因此,选用往返时延同时测试发送和接收时延。在发送端生成数据包,在帧头加时间戳,发往接收端。接收端收到该数据包后立即将该数据包重新发往发送端。发送端接收到往返数据包后利用接收时刻与包内时间戳计算往返传输时延。

$$T_{RTT} = T_2 - T_1 \tag{5-2}$$

式中:T_{RTT}——往返时延;

T_2——接收时刻;

T_1——包内时间戳。

由于车路和车云通信为上下行独立信道,可以认为单向传输时延为往返传输时延的一半。要求车路通信单向传输时延不大于 10ms,车云通信传输时延不大于 20ms。

$$T_D = \frac{T_{RTT}}{2} \tag{5-3}$$

式中:T_D——单向传输时延。

吞吐量表示没有丢包的前提下,从发送端到接收端所能达到的最大数据传输量,用于验证车云通信网能否满足真实/虚拟感知数据帧的传输需求。

5.5.3.1 静态条件 LTE-V 车路通信测试

在模拟高速公路环境中,RSU 安装于模拟高速直线车道路侧立杆上,测试车搭载 OBU 停放在立杆下方,设定当前 OBU 与 RSU 距离为 0m。测试车以 50Hz 频率执行 2000 次虚拟车路协同信息帧往返传输,测试数据包投递率和传输时延。在相同地点完成 3 次测试后,将 OBU 与 RSU 距离分别增加至 25m、50m、75m、100m、125m、150m、175m、200m、225m,分别进行往返传输测试。

5.5.3.2 静态条件车云通信测试

在模拟高速公路环境中,测试车搭载 OBU 停放在模拟高速直线道路中央 3 个等距选取的位置中,测试车首先以 20Hz 频率执行 1000 次真实测试车状态数据帧往返传输测试,模拟在无遮蔽条件下测试车和虚拟服务器同时传输真实测试车状态数据帧和虚拟感知结果帧,用于测试数据包投递率和传输时延。完成测试后,进行车云通信双向吞吐量测试,模拟通信链路模拟传输真实/虚拟感知数据帧场景。在相同地点完成 3 次测试后,将测试车停放在龙门架下执行测试,模拟在有大型金属物体遮挡条件下的车云通信。

5.5.3.3 动态条件 LTE-V 车路通信测试

在模拟高速公路环境中,RSU 安装于模拟高速直线车道路侧立杆上,测试车辆以 10km/h 速度从距离 RSU250m 处沿直线道路匀速行驶,通过 RSU 所在位置后再行驶 250m。测试车以 50Hz 频率执行虚拟车路协同信息帧往返传输测试。相同速度完成 3 次测试后,改变车辆速度为 20km/h、40km/h,分别进行测试。

5.5.3.4 动态条件车云通信测试

在模拟高速公路环境中,测试车搭载 OBU 沿模拟高速直线道路以速度 10km/h 行驶 1000m,并以 20Hz 频率执行真实测试车状态数据帧往返传输测试,模拟在无遮蔽条件下测试车和虚拟服务器同时传输真实测试车状态数据帧和虚拟感知结果帧,用于测试数据包投递率和传输时延。完成测试后,在相同速度下测试车云通信链路双向传输平均吞吐量。以相同速度完成 3 次测试后,改变车辆速度为 20km/h、40km/h、60km/h,分别进行测试。

5.5.3.5 静态条件交互测试结果

模拟高速公路场景中,车路通信数据包投递率随 RSU 与 OBU 距离增加而减小。当两者距离不大于 125m 时,数据包投递率下降较慢,且保持在 93% 以上。当距离大于 175m 时,数据包投递率从 80% 迅速下降到 0.7%。车路通信传输时延随 RSU 与 OBU 距离增加而增大。当两者距离不大于 175m 时,传输时延变化较为平缓,保持在 10ms 以下。当距离大于 175m 时,传输时延随距离增加而明显增大,最终接近 90ms。

因此,模拟高速公路场景中,在 125m 范围内车路通信链路能够保证虚实交互系统虚拟车路协同信息帧双向交互可靠性和时延要求。LTE-V 静态测试结果如图 5-36 所示。

车云通信数据包投递率、传输时延和吞吐量测试结果见表 5-2。在各类场景中,EUHT 车云通信均能保证链路可靠性,传输时延能够满足交互系统需求。有遮挡场景中,网络吞吐量相比无遮挡场景有所下降,尤其是龙门架遮挡对吞吐量有较大影响。在 PreScan 点云传感器默认单帧点云、20Hz 帧率和 16bit 精度条件下,传输一路点云数据的链路带宽需求为

16.4Mbit/s。在 PreScan 虚拟摄像头默认分辨率、20Hz 帧率和 16bit 精度条件下,传输一路视频数据的链路需求为 24.5Mbit/s,传输真实 32 线激光雷达数据带宽需求约为 20.8Mbit/s,传输经压缩有的 1080P 视频数据带宽需求约为 14.9Mbit/s。因此,在非龙门架遮蔽条件下,EUHT 车云通信网络可满足双向两路激光雷达或两路视频数据同时传输。

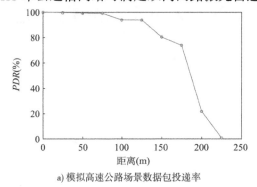
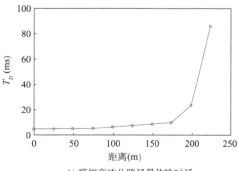

a) 模拟高速公路场景数据包投递率　　　　　　b) 模拟高速公路场景传输时延

图 5-36　LTE-V 静态测试结果

EUHT 静态测试结果　　　　　　表 5-2

场景	吞吐量(Mbit/s)	数据包投递率(%)	时延(ms)
模拟高速公路(无遮挡)	25.2	100	11.7
模拟高速公路(龙门架下)	16.60	100	12.1

5.5.3.6　动态条件交互测试结果

动态条件下车路通信测试结果见表 5-3。LTE-V 链路数据包投递率 PDR 和时延受车辆运动速度影响较小,在不同场景和不同车速下均能满足虚实交互系统与车路通信可靠性和时延需求。

LTE-V 动态测试结果　　　　　　表 5-3

场景	车速(km/h)	数据包投递率(%)	时延(ms)
模拟高速公路	10	97.36	7.03
	20	94.65	5.95
	40	95.55	6.63

动态条件下车云通信测试结果见表 5-4。与静态测试结果相比,在车辆运动条件下,数据包投递率有所下降,但仍能维持在 94% 以上,时延不超过 12.5ms,能够满足虚实交互系统对车云通信链路可靠性和时延的要求。在模拟高速公路场景中,EUHT 车云通信网络可满足双向两路激光雷达或两路视频数据同时传输。

EUHT 动态测试结果　　　　　　表 5-4

场景	车速(km/h)	吞吐量(Mbit/s)	数据包投递率(%)	时延(ms)
模拟高速公路	10	25.3	98.1	11.52
	20	24.9	95.8	11.86
	40	24.1	98.5	12.03
	60	24.5	94.2	12.49

5.5.4　智能车路协同系统虚实结合实际测试

在实际测试中,利用虚实结合平台对匝道合流区变道切入场景中智能车路协同系统进行测试。典型的高速公路匝道合流区两车变道切入场景如图 5-37 所示。以变道切入方向为 x 的反方向,以车辆直行方向为 y 方向。变道车(黄车)驶出匝道,由加速车道加速后向左侧变道切入主车道。测试车(蓝车)在变道车侧后方保持主车道行驶,在变道车切入主车道时两车发生路径冲突。整个切入场景可划分为 4 个阶段:驶出匝道阶段、变道切入前段、变道切入时刻和变道切入后段。

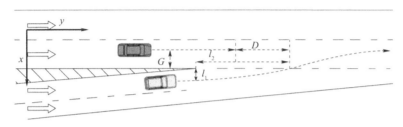

图 5-37　高速公路匝道合流区变道切入场景模型图

在驶出匝道阶段,变道车沿匝道路径驶出匝道,进入加速车道,如图 5-38 所示。

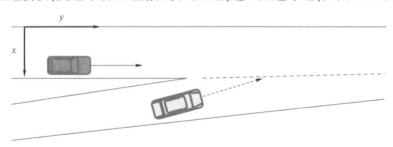

图 5-38　驶出匝道时刻模型示意图

在变道切入前段,变道车在加速车道中行驶,不断靠近主车道,准备进入主车道中。智能车路系统应利用路侧感知系统跟踪变道车轨迹,如图 5-39 所示。

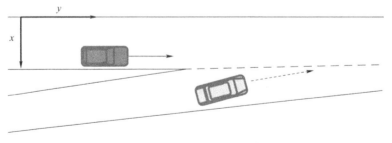

图 5-39　变道切入前段模型示意图

在驶出匝道阶段和变道切入前段,测试车始终保持靠近加速车道一侧主车道行驶。在变道切入时刻,变道车变道进入主车道中,此时车路协同系统应识别两车路径冲突,向测试车发出减速制动信息,测试车接到信息后,应立即减速制动,避免两车发生碰撞,如图 5-40 所示。

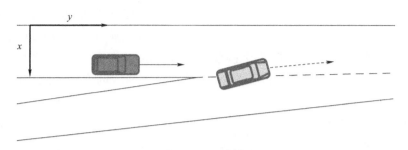

图 5-40　变道切入时刻模型示意图

在变道切入后段,变道车在主车道中行驶,测试车调整车速,跟随变道车行驶,如图 5-41 所示。

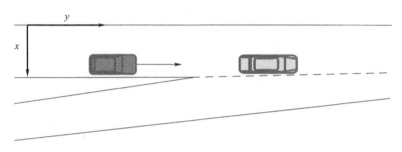

图 5-41　变道切入后段模型示意图

真实车辆作为测试车,行驶在封闭测试场地合流区域主道上,图 5-42 所示为封闭测试场地匝道合流区的卫星地图,在 PreScan 仿真平台中建立封闭测试场地数字孪生环境,虚拟车辆作为变道车,在仿真环境中驶出匝道,经过加速车道切入主车道中,如图 5-43 所示。同时,在虚拟测试环境中建立测试车数字孪生体,通过接收真实测试车状态数据,更新自身状态。虚拟路侧设备搭载传感器,感知虚拟参考车位置、速度等信息,并将感知结果传递至真实测试车,实现真实测试车对虚拟场景的感知。为了确保实车测试的安全,测试过程中真实测试车速度不超过 20km/h,对参考车和场景的其他相应参数也进行适应性调整。

图 5-42　试验场匝道合流区卫星地图

测试过程中真实测试车的速度和加速度变化如图 5-44 所示。图中,速度对应左侧的纵坐标;加速度对应右侧纵坐标;横坐标为测试时间。真实测试车由 0m/s 逐步加速,在 23.08s

时加速到18km/h(5m/s)。在31.48s时,真实测试车接到虚拟路侧设备发出的虚拟车辆变道切入警告信息,触发自动驾驶的制动避撞,立即开始减速,减速过程中速度匀速下降,曲率较大,最后在36.28s时速度变为0,整个制动过持续4.8s,实际测试中由于路况、周围环境等因素的影响,加速度实时变化进行动态调整,因此加速度曲线的变化是波动的,符合真实车控制系统的特性。

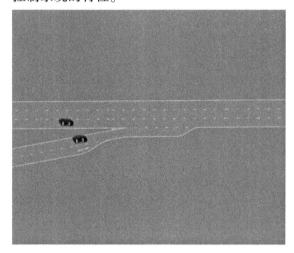
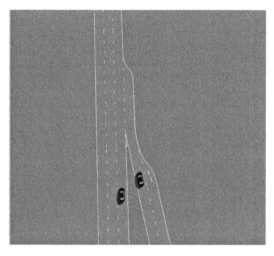

图5-43 匝道测试场景图

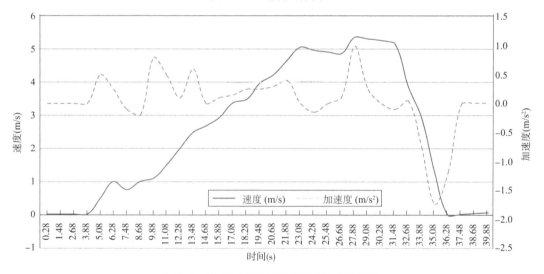

图5-44 真实车辆的速度和加速度变化趋势图

本章参考文献

[1] 张宇,陈宇峰,向郑涛,等. 基于Mininet-WiFi和SUMO联合仿真的交通事故预警研究[J] 湖北汽车工业学院学报,2022,36(1):24-27.

[2] KRAJZEWICZ D, HERTKORN G, RSSEL C, et al. SUMO (Simulation of Urban MObility)-An Open-Source Traffic Simulation[C] // Proceedings of the 4th Middle East Symposium on

Simulation and Modelling(MESM20002).:183-187.

[3] VARGA A. The OMNET + + discrete event simulation system[J]. Modeling and Simulation,2001,9:319-325.

[4] LIU P, DU Y WANG L, et al. Ready to Bully Automated Vehicles on Public roads?[J/OL]. Accident Analysis & Prevention, 2020, 137: 105457. https://doi.org/10.1016/j.aap.2020.105457.

[5] CHRISTOPHER L. MELSON, MICHAEL W. LEVIN, BRITTON E. HAMMIT, et al. Dynamic Traffic Assignment of Cooperative Adaptive Cruise Control[J]. Transportation Research Part C Emerging Technologies, 2018, 90: 114-133.

[6] RAD S R, FARAH H, TAALE H, et al. Design and Operation of Dedicated Lanes for Connected and Automated Vehicles on Motorways: A Conceptual Framework and Research Agenda[J/OL]. Transportation Research Part C: Emerging Technologies, 2020, 117: 102664. https://doi.org/10.1016/j.tre.2020.102664.

[7] 熊坚,曾纪国,丁立,等.面向道路交通的汽车驾驶模拟器的研究及应用[J].中国公路学报,2002,15(2):117.

[8] CAFFO A O, TINELLA L, LOPEZ A, et al. The Drives for Driving Simulation: A Scientometric Analysis and a Selective Review of Reviews on Simulated Driving Research[J]. Frontiers in Psychology, 2020, 11: 917.

[9] 丁浩杰,徐福培,徐斌,等.主动式三维汽车驾驶训练模拟器的设计与实现[J].系统仿真学报,2000,12(3):287-290.

[10] AMOOZADEH M, DENG H, CHUAH C, et al. Platoon Management with Cooperative Adaptive Cruise Control Enabled by VANET[J]. Vehicular Communications, 2015, 2(2): 110-123.

[11] 张心睿,赵祥模,王润民,等.基于封闭测试场的DSRC与LTE-V通信性能测试研究[J].汽车技术,2020(09):14-20.

[12] 李哲.基于V2X的无线通信网络性能测量与评价[D].重庆:重庆邮电大学,2018.

[13] 张心睿,王润民,石娟,等.典型V2X通信技术标准化进展及对比分析研究[C].2020中国汽车工程学会年会论文集(1),2020,155-160.

[14] 林磊,许瑞琛,房骥.LTE-V2X高速场景性能测试方法研究[J].数字通信世界,2018(02):8-9+12.

[15] WANG X, JIANG H, TANG T, et al. The QoS Indicators Analysis of Integrated Euht Wireless Communication System Based on Urban Rail Transit in High-Speed Scenario[J]. Wireless Communications and Mobile Computing, 2018,2018:1-9.

[16] 赵祥模,王润民,刘丁贝,等.一种基于EUHT技术的车路通信测试平台及测试方法[P].陕西省:CN109194544B,2021-08-17.

第6章 基于驾驶模拟器的高速公路智能车路协同系统主观测评

为了预测车路协同技术的使用情况,识别和衡量驾驶人对车路协同的态度和体验感受很重要。因此,在其开发阶段和正式投入使用之前,进行面向驾驶人适应性的车路协同功能及场景的主观测评是很有必要的,否则,这些技术可能不被驾驶人接受、不安全或不合乎道德。主观测评需要驾驶人体验这项技术以了解驾驶人的主观感受和实际驾驶效果,通过采集驾驶人驾驶行为数据并用合适的性能指标对车路协同技术的功能进行可行性分析,从而确定驾驶人在使用车路协同技术中的受益度。

6.1 高速公路智能车路协同应用感知重要性及接受意愿研究

6.1.1 相关研究

由于场地测试的成本高、测试环境少、测试时间短、测试车辆少且不可控因素多,不适用于现阶段的车路协同测试。然而,驾驶模拟器可以提供较低成本、测试场景丰富且实用、安全和受控的环境,允许研究人员在受控环境中测试复杂的车辆技术,是研究驾驶人行为的常用工具。所以,现有的很多研究采用驾驶模拟器对车路协同场景的功能有效性进行测试,基于驾驶人的驾驶体验数据量化车路协同的安全效益。因此,面向驾驶人适应性的车路协同性能研究大多基于驾驶模拟技术,而驾驶模拟器已被广泛应用于基于驾驶人的驾驶体验数据(速度、加速度、油耗等)来量化车路协同的安全效益。人们已经基于驾驶模拟技术搭建了很多车路协同场景,并对其有效性进行了综合评价,这给研究人员提供了大量的参考和研究基础。如基于驾驶模拟技术对雾预警系统和碰撞预警系统的有效性进行评估,以及对雾天驾驶适应性、可变信息板控速效果进行评估等研究,同济大学的王品等[1]基于驾驶模拟器对拟建道路进行主客观安全评价研究,为基于人因的车路协同系统适应性研究提供了参考。

Chang 等人[2]研究了雾预警系统在大雾条件下对提高驾驶性能和交通安全的有效性,探讨了雾预警系统在车辆接近雾区时对驾驶行为和交通安全的影响。该研究招募了 35 名驾驶人,分别体验了三种不同能见度水平(透明区、过渡区和雾区)区域的雾预警功能,并选择速度标准差、TET(time exposed time-to-collision)和TIT(time integrated time-to-collision)来评估驾驶纵向安全性,使用多元方差分析研究驾驶人个体特征对驾驶行为的影响。结果表明,雾预警系统可能有利于在进入雾区之前降低速度,显著提高了驾驶安全性。

赵晓华等人[3]面向冬奥主干通道兴延高速,针对多种道路条件和交通状态,基于驾驶模拟器设计了13种交通情景。该研究以驾驶人适应性为导向,从主客观两个维度实现车路协同系统综合评价,评价指标包含了主观感受、高效性、安全性、生态性、舒适性和有效性这6个方面。综合评估结果显示,车路协同技术对驾驶人有积极作用。

Li等人[4]基于驾驶模拟器研究了互联车辆环境对隧道入口区驾驶行为和安全的影响。该研究选取了40名参与者,分别体验了驾驶模拟器中的传统驾驶环境模式和车联网环境模式,并从速度控制、稳定性和紧迫性这三个方面,分析了车联网环境对警戒区和隧道入口区驾驶人行为和安全的影响。总体而言,在车联网环境下,驾驶人可以提前识别隧道,及时调整行车速度,确保在隧道入口处的安全,提高了驾驶人的速度控制和驾驶稳定性。

赵晓华等人[5]基于驾驶模拟器搭建了车联网环境下的可变限速预警场景(CV-VSL),旨在通过探索驾驶人对预警的反应(例如推荐的行驶速度)来量化该应用的有效性。该研究针对不同的能见度(即没有雾、小雾和大雾),研究了预警应用对驾驶人的影响,并使用三个指标(透明区末端的速度、过渡区的最大减速率、雾区的平均减速率)探索了驾驶人速度调整与能见度水平之间的关系。结果表明,CV-VSL应用程序可有效地使驾驶人在所有三种类型的区域中降低行驶速度。

除此之外,还有很多学者基于驾驶模拟器搭建了车联网环境下的施工区预警[6](Zhao等人)、雾区预警[7](Zhao等人)、可变限速预警[8](Yang等人)、弯道速度预警[9](Wang等人)等。大多数研究都使用采集的驾驶操纵数据对预警的有效性进行了客观分析,但少有研究面向驾驶人的适应性对预警性能进行综合分析(包括主观和客观)。

6.1.2 测评方案设计

6.1.2.1 车路协同预警应用选取

基于第三代合作伙伴计划(3GPP)、欧洲电信标准协会(ETSI)[10]和NHTSA[11]所定义的车路协同应用,设计了包含11个车路协同预警应用的应用库,包括紧急制动预警、限速预警、弯道速度预警、前方碰撞预警、变道预警、车辆汇入预警、道路抛落物预警、施工区预警、拥堵预警、车道减少预警、长下坡预警,如图6-1所示。

为了让每个参与者了解这11个车路协同预警应用的功能特点,问卷中为每个应用提供了简短的文字、图片及视频(约20s)介绍。本研究基于Prescan(汽车驾驶仿真软件)构建了虚拟的车路协同预警应用,并使用MFC(一个C++类库)设计了人机交互界面,旨在通过语音和界面文字提示告知驾驶人周围环境信息,从而帮助驾驶人避开危险[12]。人机交互界面中显示了预警命令、预警标志和实时车速,其中,当需要提醒驾驶人注意前方路况(长下坡、施工区、道路抛落物)时,预警标志区域会显示与其的实时距离。语音命令包括基于事件类型的距离预警命令和限速预警命令。

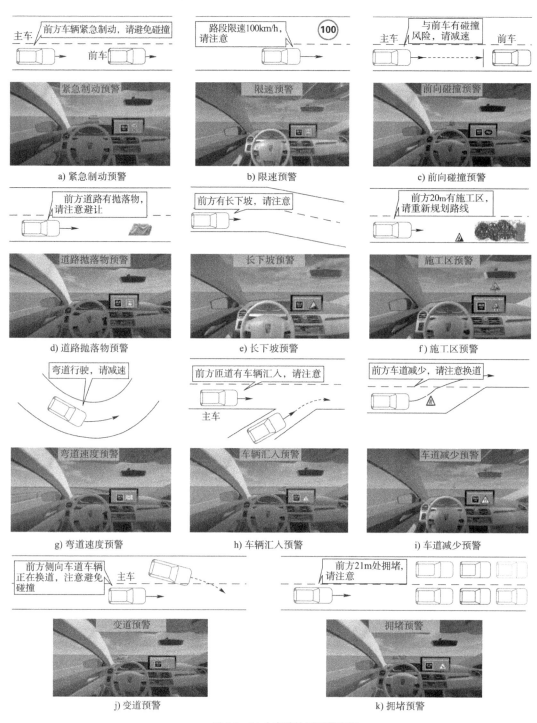

图 6-1 11 个车路协同预警应用

6.1.2.2 问卷设计

问卷包括三部分。第一部分首先简要描述了车路协同系统的概念。第二部分调查了参与者对 11 个车路协同预警应用的感知重要性和支付意愿。在参与者选择对每个应用的看法之前,均需要观看应用的文字、图片和视频介绍,以便于参与者了解每个应用所能实现的功能,提高问卷答案的有效性。在每个应用介绍之后,调查了四个问题,包括参与者是否听说过或使用过这个预警应用、参与者对其重要性的看法、支付意愿以及他们愿意支付的金额。关于参与者是否听说过或使用过该应用的问题,有以下四个选项(改编自 Brell 等人[13]的研究):"从未听说过""听说过但从未使用过""通过手机 App 使用过""通过车载系统使用过"。每个预警应用的感知重要性测量题项为:"请选择您认为此预警应用的重要性程度",采用李克特五点量表进行评估(1 = 不重要,2 = 有点重要,3 = 比较重要,4 = 重要,5 = 非常重要)[14]。此外,参与者为 11 种车路协同预警应用支付额外费用的意愿是采用或有估值法进行衡量。参与者被问到一个问题:"假设你要买一辆新车,你愿意购买此应用吗?"此问题有 2 个选项,"愿意"和"不愿意"。如果答案是"愿意",参与者需要继续回答另一个问题:"你愿意多付多少钱来购买此应用?"(这两个问题改编自 Liu[14]和 Kyriakidis[16]的研究)。此问题共有 6 个选项,从"<1000 元"到">20000 元"。本研究将这两个关于支付意愿的问题的答案结合起来进行统计分析,即将"不愿意"支付选项替换为"0 元",就像图 6-2 中显示的 7 个选项一样。

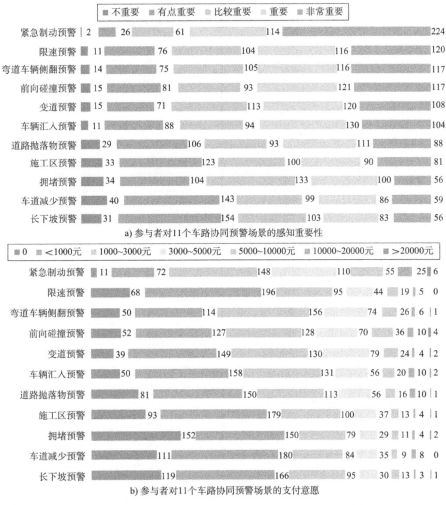

图 6-2 参与者对 11 个车路协同预警应用的感知重要性和支付意愿

第三部分收集参与者的人口学信息。调查参与者的性别、年龄、教育程度、驾龄、是否是职业驾驶员(如出租车驾驶员、公交车驾驶员、卡车驾驶员、网约车驾驶员)、驾驶频率、年均驾驶里程,近三年发生事故次数以及月收入。年龄和驾龄是自填式问题。

本问卷面向有驾照的参与者,每个预警应用的出现顺序是随机的。参与者完成问卷后将获得10元的奖励。

6.1.2.3 参与者信息

参与者的信息见表6-1。

本在线调查于2021年8月在中国的主流在线调查平台上进行。本调查只针对驾驶人,共有433名参与者完成了问卷调查。其中,6名参与者(1.4%)的数据被剔除,因为有4名参与者在感知重要性和支付意愿的回应上出现了逻辑错误,还有2名参与者没有驾照。因此,有427份有效问卷可供进一步分析,参与者的人口统计信息见表6-1。

参与者的人口学信息($N=427$)　　　　表6-1

变量	选项	数量(人)	占比(%)
性别	男	217	50.8
	女	210	49.2
年龄(岁)	≤29	165	38.6
	30~39	233	54.6
	≥40	29	6.8
教育程度	初中及以下	1	0.2
	高中	5	1.2
	大专	34	8.0
	大学	355	83.1
	研究生及以上	32	7.5
驾龄(年)	1~3	118	27.6
	4~9	251	58.8
	≥10	58	13.6
是否为职业驾驶员	是	30	7.0
	否	397	93.0
驾驶频率	至少1次/周	22	5.1
	1~3次/周	104	24.4
	4~7次/周	144	33.7
	一天超过1次	157	36.8
年均驾驶里程(km/年)	<5000	64	15.0
	5000~10000	169	39.6
	10000~30000	163	38.2
	>30000	31	7.2

续上表

变量	选项	数量(人)	占比(%)
近三年发生事故次数	0	191	44.7
	1~2	196	45.9
	3~4	36	8.4
	5~6	4	1.0
	≥7	0	0.0
月收入(元)	<3000	9	2.1
	3000~5000	35	8.2
	5000~7000	61	14.3
	7000~10000	137	32.1
	10000~20000	156	36.5
	>20000	29	6.8

参与者的性别比例均衡,其中女性占49.2%,男性占50.8%。年龄在30~39岁之间的参与者最多(54.6%),其次是29岁以下的参与者(38.6%)。约有90.6%的参与者受过高等教育,其中83.1%拥有本科学历,7.5%拥有研究生及以上学历。72.4%的参与者有3年以上的驾驶经验。70.5%的参与者每周至少开车4次。93.0%的参与者不是职业驾驶员。年均行驶里程在5000~10000km和10000~30000km的参与者分别占39.6%和38.2%。45.9%的参与者在过去三年中经历过1~2次事故,44.7%从未经历过事故。超过一半的参与者月收入在7000~20000元(7000~10000元:32.1%;10000~20000元:36.5%)。在调查的样本中,40岁以上的参与者较少(6.8%),受过高等教育的参与者较多(90.6%)。这可能是由于能从调查平台上收到问卷的参与者的人口特征不均衡。这一样本缺陷将在讨论和结论中再次强调。

6.1.3 结果分析

6.1.3.1 感知重要性和支付意愿分布

图6-2展示了参与者对这11个车路协同预警应用的感知重要性和支付意愿。大多数参与者对这些车路协同预警应用的重要性给予了一定程度的认可。在这些应用中,32.6%(139)~79.2%(338)的参与者认为其中一个应用"非常重要"或"重要",超过半数的参与者对其中6个车路协同预警应用选择了这个选项。0.5%(2)~9.4%(40)的参与者对其中一个车路协同预警应用给出了"不重要"的回答。此外,我们将1~5的数值分配给感知重要性题目的五个选项,用于计算这11个车路协同预警应用的感知重要性的平均值。从表6-2中可以看出,"紧急制动预警"应用的感知重要性得分最高,"长下坡预警"应用的得分最低。

对于这11个车路协同预警应用的支付意愿,2.6%(11)~35.6%(152)的参与者不愿意为这11个车路协同预警应用中的任何一个支付额外的费用。至少有63.9%的参与者愿意为任何一个车路协同预警应用支付低于2万元的费用。1.4%(6)的参与者愿意为"紧急制动预警"应用支付 2 万元以上的费用,这高于其他预警应用。但是,没有人愿意为"拥堵预警"和"车道减少预警"应用支付大于 2 万的费用。

6.1.3.2 平均支付意愿的估计

由于本章为调查支付意愿所设计的问题不是开放式的,所以不能直接得到平均值。为了便于估计平均支付意愿,"不愿意支付"被表示为 0 元。因此,构成了 7 个备选方案,包括以下几类:0;<1000 元;1000~3000 元;3000~5000 元;5000~10000 元;10000~20000 元;>20000 元。根据 Elvik[17]的研究中提到的刘等人研究[15]的平均支付意愿的估算方法,本章应用每个类别区间的中点,并假设开放式上区间的平均支付意愿为 25000 元,来估算所有车路协同预警应用的平均支付意愿。因此,七个类别的平均支付意愿分别为 0 元、500 元、2000 元、4000 元、7500 元、15000 元和 25000 元。表 6-2 列出了基于全样本的 11 个车路协同预警应用的平均支付意愿的估计值。在这些应用中,"紧急制动预警"应用的平均支付意愿最高,为 4004 元。而"拥堵预警"应用的平均支付意愿最低,为 1268 元。这可能是因为不愿意为其支付额外费用的人数是 11 个车路协同预警应用中最多的。此外,从表 6-2 可以看出,感知重要性可能是支付意愿的一个积极预测因素。参与者对这个预警应用的感知重要性的评价越高,他们愿意支付的金额就越高。然而,令人惊讶的是,"限速预警"应用程序的平均感知重要性排名第二,但其平均支付意愿排名第七。这可能是因为人们认为一些手机 App 和车载系统可以实现限速预警功能,所以,一些认为它很重要的人不愿意为它支付更多的费用。总的来说,与安全相关的应用比道路信息通知类应用获得了更高的感知重要性和支付意愿。

11 种车路协同预警应用的平均感知重要性和支付意愿 表 6-2

序号	应用	平均感知重要性	排序(降序)	平均支付意愿(元)	排序(降序)
1	紧急制动预警	4.25	1	4004	1
2	限速预警	3.60	2	1596	7
3	弯道速度预警	3.59	3	2283	3
4	前向碰撞预警	3.57	4	2622	2
5	变道预警	3.55	5	2203	4
6	车辆汇入预警	3.53	6	2143	5
7	道路抛落物预警	3.29	7	1920	6
8	施工区预警	3.15	8	1452	8
9	拥堵预警	3.09	9	1268	11
10	车道减少预警	2.96	10	1371	9
11	长下坡预警	2.95	11	1313	10

6.1.3.3 回归分析

在这项研究中,调查支付意愿的两个问题被组合起来形成具有两种理论上不同状态的因变量:零状态(不愿支付)和正状态(愿意支付的金额)。这两个状态的数据的生成过程是不同的。如果只用一种模型对这类数据进行回归分析,模型参数估计的结果会与实际情况有很大的偏差。为解决此类问题,Mullahy[18]提出了跨栏回归模型。跨栏回归模型将零数据和正数据完全分开,将它们视为两个过程。第一个过程确定是否发生零事件,第二个过程基于第一个过程发生,并确定事件的数量或事件需要提供的正数据[19]。因此,本章采用跨栏模型进行回归分析,以检验支付意愿与感知重要性和人口因素之间的关联。

跨栏模型的第一层使用逻辑回归模型来评估支付意愿的决定因素。跨栏模型的第二层使用零截断计数模型来捕获影响支付金额的因素,条件是支付超过 0 元人民币。由于支付金额数据是离散的整数值,它们具有计数性质。因此,两种流行的回归模型,即负二项回归模型和泊松回归模型[19,20]可以作为跨栏回归模型的第二层。

因此,运行负二项-logit 障碍(Negative Binomial-Logit Hurdle, NBLH)回归和泊松-logit 障碍回归模型来检查感知重要性和人口因素对支付意愿的影响。作为对照,Tobit 模型也用于此回归分析。尽管 Tobit 没有区分影响支付意愿的因素和影响支付金额的因素,本章仍然进行了 Tobit 回归分析以查看结果是否稳健。每个车路协同预警应用的平均支付意愿估计值被用于回归分析。然而,泊松-logit 跨栏模型产生了异常结果:对于每个车路协同预警应用,所有解释变量都非常显著($p < 0.01$),标准误差也非常小。此外,与 NBLH 回归分析相比,在 Tobit 回归分析中发现的具有统计学意义的解释变量更少。因此,表 6-3 仅报告了 NBLH 回归的结果。

NBLH 模型的第一层用于了解影响参与者愿意/不愿意为车路协同预警应用付费的因素。这一层的结果表明,除了"紧急制动预警"应用($p = 0.975$)之外,感知重要性对其他预警应用的支付意愿都有影响($p < 0.001$),并且认为这些预警应用的重要性越高的参与者更愿意为它们付费。听说过或使用过"变道预警"应用的参与者(β[标准化系数] $= 0.94$, $p = 0.011$)和月收入较高的参与者($\beta = -0.48$, $p = 0.048$)更愿意为其付费。驾龄较长的参与者更愿意为"前向碰撞预警"($\beta = 0.81$, $p = 0.035$)和"施工区预警"($\beta = -0.94$, $p = 0.002$)应用付费。那些有更多事故经历的人更不愿意为"施工区预警"($\beta = -0.63$, $p = 0.014$)应用付费。驾驶频率较高的参与者更愿意为"变道预警"($\beta = 0.69$, $p = 0.004$)应用付费。然而,性别、年龄、教育程度、是否是职业驾驶员以及年均驾驶里程在 NBLH 模型的第一层中没有统计学意义。

NBLH 模型的第二层用于探索影响支付金额的因素。该层的结果表明,对于每个应用程序,感知重要性是支付金额的正预测因子($p < 0.001$)。听说过或使用过"拥堵预警"($\beta = -0.21$, $p = 0.010$)和"道路抛落物预警"($\beta = 0.21$, $p = 0.002$)应用的参与者分别报告了较低和较高的支付金额。年龄是"变道预警"($\beta = 0.15$, $p = 0.049$)、"拥堵预警"($\beta = 0.20$, $p = 0.040$)和"长下坡预警"($\beta = 0.23$, $p = 0.006$)应用的支付金额的正预测因子。月收入是"限速预警"($\beta = 0.13$, $p = 0.009$)应用的支付金额的正预测因子。教育程度是"限速预警"($\beta = -0.62$, $p < 0.001$)、"车道减少预警"($\beta = -0.81$, $p < 0.001$)和"长下坡预警"($\beta = -0.32$, $p = 0.034$)应用的负预测因子。驾龄是"拥堵预警"($\beta = -0.28$, $p = 0.004$)和"长下坡预警"($\beta = -0.20$, $p = 0.009$)应用的支付金额的负预测因子。作为职业驾驶员的参与者对"限速预警"($\beta = 0.38$, $p = 0.044$)应用报告了更高的支付金额。年均驾驶里程是"施工区预警"($\beta = 0.18$, $p = 0.011$)、"车辆汇入预警"($\beta = 0.16$, $p = 0.038$)、"拥堵预警"($\beta = 0.20$, $p = 0.024$)和"道路抛落物预警"($\beta = 0.19$, $p = 0.009$)应用的支付金额的正预测因子。近三年发生事故次数是"紧急制动预警"($\beta = 0.14$, $p = 0.024$)和"限速预警"($\beta = 0.17$, $p = 0.031$)应用的支付金额的正预测因素。对于所有车路协同预警应用,性别和驾驶频率都不能解释参与者的支付金额的变化。

表 6-3 使用负二项-logit 跨栏回归模型分析感知重要性和人口学因素与支付意愿的关系

因子	紧急制动预警		限速预警		弯道速度预警		前向碰撞预警		变道预警		车道减少预警		施工区预警		车辆汇入预警		拥堵预警		道路掉落物预警		长下坡预警	
	logit	负二项	logit	负二项	logit	负二项	logit	负二项	logit	负二项	logit	负二项	logit	负二项	logit	负二项	logit	负二项	logit	负二项	logit	负二项
感知有用性	17.94	0.24***	1.50***	0.24***	2.69***	0.30***	2.29***	0.44***	1.99***	0.34***	2.18***	0.37***	2.20***	0.46***	1.67***	0.45***	2.48***	0.48***	2.30***	0.49***	1.87***	0.51***
听说和使用经历[a]	0.37	0.05	0.24	-0.08	0.61	-0.08	0.43	-0.01	0.54*	0.07	0.34	0.08	0.22	-0.10	-0.40	-0.09	-0.11	-0.21**	0.25	0.21**	0.09	-0.07
月收入[b]	1.17	0.03	0.01	0.13**	-0.06	0.03	-0.12	0.03	-0.48**	0.04	0.09	0.08	0.05	0.08	-0.00	0.04	-0.04	0.07	0.16	-0.00	0.16	0.09
性别[c]	1.63	-0.07	0.45	0.03	0.43	0.04	-0.05	0.03	0.17	0.04	-0.06	0.08	0.24	0.03	0.37	0.03	-0.43	0.04	0.32	-0.07	0.11	-0.04
年龄[d]	0.11	-0.12	-0.08	0.12	-0.19	0.03	0.04	0.02	-0.01	0.15*	0.38	-0.04	0.21	-0.12	0.27	0.03	0.06	0.20*	0.17	0.02	0.07	0.23**
教育程度[e]	-1.13	-0.21	0.36	-0.62***	-0.53	-0.11	0.34	-0.20	-0.53	0.07	0.02	-0.81***	-0.32	-0.16	0.71	-0.21	0.52	-0.36	0.11	-0.14	-0.79	-0.32**
驾龄[f]	-0.41	0.05	-0.04	-0.15	-0.21	0.13	0.81*	-0.04	-0.73	-0.08	-0.50	-0.06	-0.94**	-0.08	-0.07	-0.10	-0.06	-0.28**	-0.45	-0.07	-0.08	-0.20**
是否是职业驾驶员[g]	1.02	0.19	0.75	0.38**	0.46	0.07	0.74	0.35	0.25	-0.03	0.73	0.09	0.07	0.24	0.01	-0.22	1.43	0.33	0.53	-0.05	0.72	0.03
驾驶频率[h]	-0.11	0.05	0.29	0.05	0.25	0.05	0.01	0.05	0.69*	0.08	0.27	0.02	0.27	-0.01	0.12	-0.00	0.24	0.03	0.15	-0.03	0.10	-0.05
年平均驾驶里程[i]	0.13	0.10	-0.34	-0.04	0.26	-0.01	-0.13	0.09	-3.06	0.07	-0.19	0.07	-0.24	0.18*	0.19	0.16*	-0.27	0.20*	-0.29	0.19**	-0.11	0.12
近三年发生事故次数[j]	-1.31	0.14*	0.40	0.17*	0.02	-0.01	-0.10	-0.09	0.01	0.04	0.08	0.07	0.63*	0.13	-0.04	0.13	0.32	-0.02	0.16	0.07	0.40	0.07
常数	-37.59***	6.97***	-4.20***	6.58***	-5.70***	6.43***	-4.95***	5.98***	-2.52**	5.78***	-5.01***	6.51***	-4.31***	5.73***	3.70***	5.95***	-6.78***	5.82***	-5.04***	5.70***	-3.97***	5.69***
Log L	-3849.61		-3160.87		-3368.11		-3393.19		-3418.43		-2792.89		-2899.39		-3362.20		-2448.35		-3074.50		-2713.37	
AIC	7748.43		6371.74		6786.21		6836.38		6886.86		5635.78		5950.19		6774.39		4946.70		6199.00		5476.74	

注:a 听说或使用经历:没有听说过 = 0,听说过但没有使用 = 1,使用过 = 2;b 月收入:3000 元 = 0,3000～5000 元 = 1,5000～7000 元 = 2,7000～10000 元 = 3,10000～20000 元 = 4,>20000 元 = 5;c 性别:男 = 0,女 = 1;d 年龄:≤29 岁 = 0,30～39 岁 = 1,≥40 岁 = 2;e 教育程度:大学及以上 = 1,其他 = 0;f 驾龄:1～3 年 = 0,4～9 年 = 1,≥10 年 = 2;g 是否为职业驾驶员:不是 = 0,是 = 1;h 驾驶频率:至少一周 1 次 = 0,1～3 次/周 = 1,4～7 次/周 = 2,超过一天 1 次 = 3;i 年平均驾驶里程:<5000km/年 = 0,5000～10000km/年 = 1,10000～30000km/年 = 2,>30000km/年 = 3;j 近三年事故发生次数:0 次 = 0,1～2 次 = 1,3～4 次 = 2,5～6 次 = 3,≥7 次 = 4;Log L:对数似然值,AIC:Akaike 信息准则;三种不同的显著性标记为: * :$p<0.05$, * * :$p<0.01$, * * * :$p<0.001$。

6.1.4 讨论

6.1.4.1 驾驶人对11种车路协同预警应用的感知重要性

如前所述[22],45%~89%的参与者认为车路协同应用相当或非常有用。这与Francano等人[23]的研究结果相似,后者称56.9%~92%的参与者认为道路安全协同应用是有用或非常有用的。此外,还有一些其他研究有一致的结论[24~27],研究表明大多数人对智能交通协同技术持积极态度。尽管在本研究中,认为车路协同预警应用重要或非常重要的参与者比例略低于之前关于应用有用性的研究,但发现参与者普遍认可这些车路协同预警应用的重要性,这与之前的研究结果一致。

此外,以前的研究表明,与预防碰撞有关的应用是最有用的[23],并获得了比道路信息通知功能更高的重要性得分[28]。与之前的研究结果一致,在本研究中,具有避免碰撞功能的安全应用(如紧急制动预警)获得了更高的感知重要性。

6.1.4.2 驾驶人对11种车路协同预警应用的支付意愿

在对参与者的支付意愿的调查中,有一些矛盾的结果。Li等人[29]提到,11%~22%的参与者不愿意拥有车联网技术和应用。Francano等人[23]表示,21%的参与者不愿意在买车时为道路安全协同应用付费。与之前的观察一致,在本研究中,2.6%~35.6%的参与者不愿意为车路协同预警应用付费。相比之下,Pauwelussen等人[22]表明,大约60%的参与者不愿意为CVIS应用付费。

此外,以前的研究[22,27]表明,避免碰撞和安全类应用比路况提示应用获得的支付意愿更高。与这些先前的研究结果一致,在本研究中,"紧急制动预警"应用获得了最高的平均支付意愿。

6.1.4.3 支付意愿的相关因素

心理因素可能会影响个人的支付意愿[15,29]。然而,很少有人研究感知重要性对支付意愿的贡献。先前的研究[22,23]表明,获得较高有用性的车路协同应用和道路安全协同应用通常也会获得较高的支付意愿。与之前的研究结果一致,在本研究中,较高的感知重要性与较高的支付意愿有关。

以前的研究[28,30]表示,对新兴车辆技术有了解的人对这些技术的支付意愿较高。与这些观察一致,听说过或使用过"道路抛落物预警"应用的人对其表示出更高的支付意愿,而听说过或使用过"变道预警"应用的人更愿意为其付费。相反,本研究观察到,对"拥堵预警"应用的熟悉程度越高,参与者的支付意愿越低。这可能是因为参与者认为这个应用的功能已经可以通过移动设备(如手机App)或车载设备实现。

月收入较高的人预计将为该技术支付更多的费用。以前的研究[28,30]证实,收入对车联网功能的支付意愿有正向影响。与这些研究结果一致,在本研究中,月收入越高,对"限速预警"应用的支付金额越高。相反,Wu等人的研究[31]显示,车联网技术的采用意向与月收入之间存在负相关。与这一观察一致,月收入较高的参与者更不愿意为"变道预警"应用付款。然而,对于大多数车路协同预警应用,月收入在支付意愿和支付金额方面没有统计学意义。这一观察似乎与之前的一项研究[28]一致,该研究表明月收入与车联网技术的支付意愿没有关系。

年龄较大的参与者愿意为"长下坡预警"和"拥堵预警"应用支付更多的费用。这一结果与之前的研究[32,33]相吻合,后者提到老年参与者更有可能购买车联网功能。Fernandes等人解释说,老年人可能认为车辆的自动化和先进功能可以帮助他们保持舒适地平稳驾驶。

正如之前的报道[28],本科以下学历的人更愿意为车联网技术付费。与这一发现一致,较低的学历增加了参与者对"限速预警""车道减少预警"和"长下坡预警"应用的支付意愿。请注意,这一发现似乎与之前的研究不一致[29,33],这些研究证实受教育程度对车联网技术的支付意愿有正向影响。

较少的驾驶经验可能会导致对"拥堵预警"和"长下坡预警"应用的支付意愿较高。此外,驾龄较短的参与者往往愿意为"施工区预警"应用付费。这些结果与 Bansal 和 Kockelman 的研究[34]相吻合,该研究表明,经验较少的驾驶人倾向于为新的车辆技术支付更高的金额。相反,本研究发现,那些驾龄较短的人更不愿意为"前方碰撞预警"应用付费。

较长的年均驾驶里程与"施工区预警""车辆汇入预警""拥堵预警"和"道路抛落物预警"应用的较高的支付金额有关。此外,本研究发现职业驾驶员愿意为"限速预警"应用支付更多费用。驾驶频率较高的人更愿意为"变道预警"应用付费。因为职业驾驶员一般有更高的驾驶频率和更长的年均驾驶里程。因此,这些发现与其他的一些研究相吻合,它们提到驾驶时间长的人[33]、驾驶里程长的人[35]和精通驾驶技术的人[30]倾向于为网联及自动驾驶汽车技术支付更多费用。

与其他人口统计学因素相比,较少有研究探索事故经历对支付意愿的影响。Bansal[30]等人表示,经历过更多交通事故的参与者对新技术的支付意愿更高。本研究的结果证实了事故经历对支付意愿的正向影响。过去三年有更多事故经历的人愿意为"紧急制动预警"和"限速预警"应用支付更多费用,并且更愿意为"施工区预警"应用支付费用。

最近的研究表明[28,33,36],性别并不能预测技术的支付意愿。与这些研究结果一致,本研究观察到性别对这 11 个车路协同预警应用的支付意愿没有影响。

6.1.4.4　实际意义

本研究对车路协同预警应用的成功部署和市场推广有实践意义和启迪。首先,关于驾驶人对车路协同预警应用的重要性和支付意愿的调查结果可以为研发机构、汽车制造商、交通部门和政策制定者提供关于这些应用的部署顺序和定价的参考。他们可以根据驾驶人能够接受的价格来设定每个车路协同预警应用的价格。第二,研究结果提供了对支付意愿有重大影响的人口因素。它可以为筛选出车路协同预警应用的潜在买家提供有价值的见解。最后,本研究中的调查和分析方法可以为车路协同预警应用在其他国家的发展和部署提供有价值的信息,也可以为其他处于早期发展阶段的新兴技术的驾驶人认知和态度调查提供参考。

6.1.4.5　局限性和进一步研究

本研究也存在一些缺陷。首先,由于在线调查平台的样本特征分布不均,且不能完全代表总人口并覆盖中国的所有地区。其次,本研究只用文字、图片和视频来解释每个车路协同预警应用的功能,而没有让参与者体验这些应用。因此,参与者对每个车路协同预警应用的感知重要性和支付意愿可能不会被非常准确地表达出来[37]。

由于个人经验可能有助于解决任何降低系统接受度的感知障碍[38,39]。因此,在未来的研究中,可以在驾驶模拟器上搭建车路协同预警应用,为参与者提供更真实的人机交互功能体验,从而获得更准确的驾驶人对这项技术的看法和支付意愿。

6.2 高速公路智能车路协同认知正确性研究

随着汽车工业水平和信息通信技术的飞速发展,以及道路智能化设备的不断升级,车路协同系统通过汽车和道路的智能化以及它们与其他交通参与者之间的网联化,为大众带来更智能、更便捷的驾乘体验,也为缓解交通拥堵、减少尾气排放、提高道路通行效率提供了解决方案。近年来,我国陆续颁布数字交通、交通强国等政策,车路协同也毋庸置疑地成为智能汽车与智能交通行业的热门话题。车路协同系统的发展和建设可减少交通事故、交通拥堵等造成的经济损失,并通过提升综合交通效率带动经济增长。车路协同系统以路侧系统和车载系统为基础进行构建,通过无线通信设备实现车路的信息交互和共享。车路协同主要涉及三个端口:智能车载系统(OBU)、智能路侧系统(RSU)和车路协同云平台,三者构成协同感知与协同决策的闭环,可实现危险情况预警、感知融合、车辆轨迹预测、车辆状态分析、驾驶人状态监测、交通大数据分析、交通信息推送、交通灯远程监控和交通调度等功能。车路协同系统架构如图6-3所示。

超视距感知应用和精准协同换道应用是车路协同系统中的典型的应用。超视距感知应用可用于了解前方道路的路面状况(积水、结冰、坑洼等)、天气状况及道路中是否有不明物体,从而提前做出驾驶决策(减速,注意前方道路状况,改变出行路线),保证行车安全。精准协同换道应用可用于为紧急车辆让道,避让前方施工区、突发交通事故区,以及车道减少区域的并道这些车路协同场景中。通过精准协同换道,使得车辆以及车队可以高效地完成换道。车路协同应用架构组成如图6-4所示。

国内外许多研究机构、企业及高校都在围绕车路协同系统的设计、研发、部署、标准制定等展开研究。这些研究成果也通过多种信息传播渠道(新闻、广告、自媒体等)向公众普及了关于车路协同系统的知识及最新研究和相关政策进展。但是,有多少人接收到了这些信息并正确了解到关于车路协同系统的相关知识是不得而知的。这些可能会影响他们对车路协同系统的认知和看法,从而影响对其接受度及使用和购买意愿。所以,有必要了解当前公众对 ICVIS-H 的认知以及是否对其存在误解,以便于通过优化宣传手段、扩大宣传范围、增添宣传内容等方式来校正人们对 ICVIS-H 的认知。

目前,关于公众对 ICVIS-H 的态度、看法和行为意愿的研究较少。大多是关于对 ICVIS-H 的心理学认知以及使用和购买意愿的研究,还没有学者专门调查公众对于车路协同系统相关的技术知识和政策的了解程度及正确与否。有些人可能通过新闻、广告等渠道对 ICVIS-H 有一定的了解,但是他们所了解的知识可能与事实情况不符。因此,本章旨在研究外行人对车路协同系统的相关陈述的看法(这些看法可能是与现实情况不符的,但是是他们心中的看法),并发现公众看法的共性以及有相似看法的参与者的心理学特征和人口学特征。这可以为调整车路协同系统的宣传内容和方向提供见解,使得公众可以在持有正确的车路协同系统知识的基础上生成对其的准确看法,也为提高公众对车路协同系统接受度奠定基础。

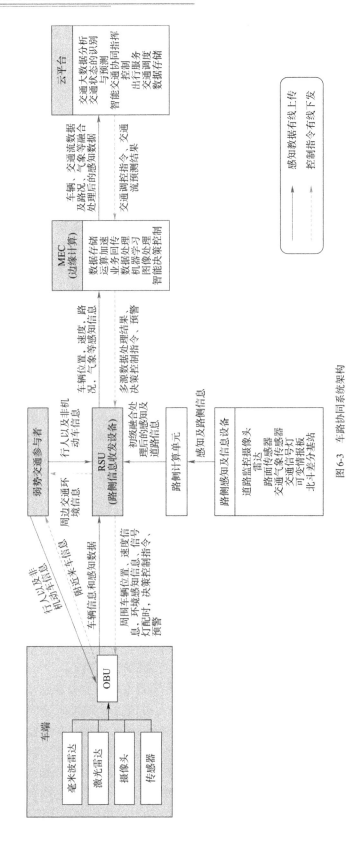

图 6-3 车路协同系统架构

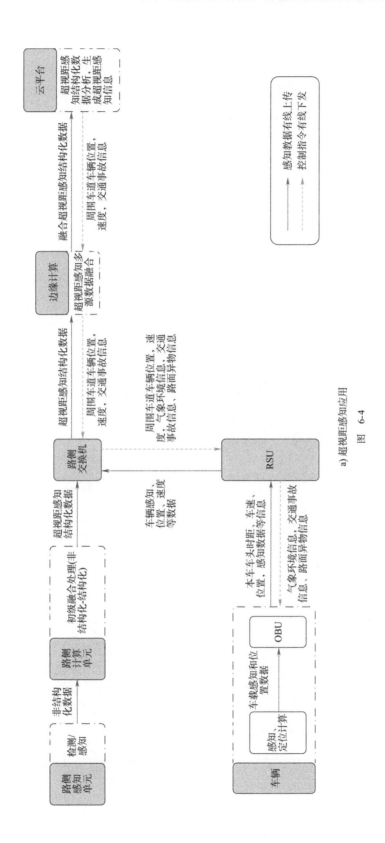

图 6-4 a) 超视距感知应用

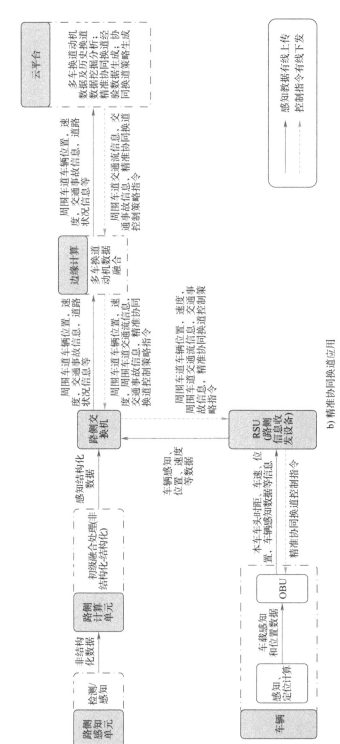

图6-4 车路协同应用架构组成(以超视距感知应用和精准协同换道应用为例)

b) 精准协同换道应用

虽然相较于美国、日本、欧洲这些发达国家和地区，中国对于车路协同系统的研发起步较晚，但是就2021年最新制定的发展计划（《中华人民共和国国民经济和社会发展第十四个五年规划和2035年远景目标纲要》[40]《国家综合立体交通网规划纲要》[41]）来看，车路协同系统的关键发展地位已被着重强调。

虽然ICVIS-H一直是行业内的热门话题，但是先前的研究大多关注于公众的接受度、态度、意见及行为意愿，没有研究去审查公众对ICVIS-H的相关技术及政策知识的认知状态及是否对其存在误解。而且之前的相关研究大多数都依赖于参与者对未来ICVIS-H的想象，即使在调查前会被提供ICVIS-H的概念和功能的文字介绍或视频展示。这些研究的重要性取决于参与者是否对ICVIS-H有正确的理解，如果公众对ICVIS-H的误解普遍存在，则做出的回应也是不太准确的。

对ICVIS-H的不正确理解会影响对其的接受度和行为意愿，进而对其大规模部署产生障碍。先前的关于先进交通及车辆技术的公众认知的研究中，有些在作者看来是误解的belief虽然没有决定性的科学证据来验证，但是也同样可以反映当下公众的认知状态。如果没有大规模的调查，就无法了解公众对ICVIS-H的认知状态，也就无法鉴定公众是否对ICVIS-H的发展现状存在误解。

需要提的是，本研究没有用证据来驳斥或证明所涉及的关于ICVIS-H的陈述，只是研究人们对其的同意或不同意的程度，以深入了解他们对ICVIS-H的看法和观念，主要旨在解决以下5个研究问题。

（1）公众如何看待本研究所列出的关于ICVIS-H的陈述？探索这个问题可以了解到公众对这些陈述的看法，从而了解到公众对车路协同相关知识和发展现状所持有的认知是怎样的。这将有助于揭示了解关于这些陈述的公众看法的异质性和共同点。

（2）公众对ICVIS-H的了解正确吗？由于本研究涉及的6个陈述中的前三个是与实际情况相符的，而后三个与ICVIS-H的政策相关的陈述是与实际现状不相符的。探索这个问题将揭示参与者对ICVIS-H的了解程度以及对ICVIS-H持有正确和错误的认知的参与者的比例。

（3）基于参与者对这些陈述的看法，可以把他们分为几类以及这些类别是什么？旨在根据人们对陈述的看法来对获得持有不同观点的组别。

（4）不同类别的参与者的心理学特征是怎样的？了解对ICVIS-H的陈述持有不同看法的参与者与其对ICVIS-H的心理学态度的相关性，探索不同类别的参与者所持有哪些心理学因素有统计学意义。

（5）不同类别参与者的人口特征是怎么样的？了解对ICVIS-H的陈述持有不同看法的参与者的哪些人口学信息有统计学意义，从而获得不同类别中显著影响参与者归属的人口学因素。

6.2.1 方法设计

6.2.1.1 问卷设计

这份问卷由四个部分组成。

在第一部分，为了减少不熟悉这项技术的参与者的回答偏差，向参考者展示了关于ICVIS-H的简要文字描述和图形场景（图6-5），以说明ICVIS-H的基本概念和主要应用（合作变道、超视距感知、绿灯最佳速度提示)。

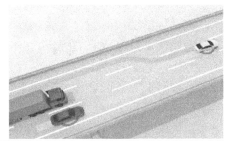

a) 协同换道场景：当并行的两辆车均有向同一车道换道的意愿时，可以通过车与车之间的互联功能来协商谁先行

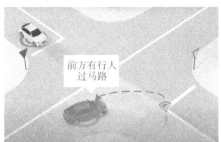

b) 超视距感知-盲区行人提示：当前方转弯处是无信号交叉口时，车辆根据智能路侧感知设备下发的信息，提前及时获知转弯处有行人在过马路，从而做到及时减速和避让

c) 超视距感知-道路抛落物预警：当前方道路突然出现不明抛落物时，智能路侧感知设备将此信息下发给周围车辆，提醒车辆及时避让

d) 绿波车速引导场景：智能车路协同系统会给车辆提供建议速度，使得车辆能够一路绿灯的舒适地通过路口

图6-5　智能车路协同应用介绍

在第二部分介绍了ICVIS-H的6种陈述,以获得参与者对它们的看法。这6种陈述的描述见表6-4,包括6个选项("完全不同意""不同意""中立""同意""完全同意""不知道")。在设计选项的时候,考虑到有些参与者确实没有某些知识来支撑其对这些陈述做出反应,因此提供了"不知道"的回答选项,这与"中立"不同。若不提供此选项,将迫使受访者在他们可能没有意见或产生伪态度的情况下表达意见[42],可能不能正确反映出受访者对ICVIS-H的看法。"不知道"选项可以将确实不清楚这个陈述的参与者的看法从"中立"中分离出来。这6种陈述以随机顺序出现。

6种陈述的描述 表6-4

陈述	描述
陈述1	在车路协同系统中,车辆可以与其他车辆、道路智能设备及行人进行信息交互
陈述2	必须要在车上安装车载通信单元才可以使用车路协同功能
陈述3	车路协同系统中有些技术所实现的功能可以通过车载驾驶辅助设备和手机App实现
陈述4	车路协同系统中的所有功能都可以选择性购买
陈述5	车路协同系统有健全的商业模式
陈述6	现有正在运营的可实现全部级别车路协同功能的开放道路

在第三部分,参与者回答了他们对ICVIS-H的感知有用性(PU)、信任、态度(AT)、感知风险(PR)、行为意向(BI)。这些因素用五点李克特式量表评估(1 = 完全不同意,2 = 不同意,3 = 中立,4 = 同意,5 = 完全同意),见表6-5。

问卷结构及题目 表6-5

问卷结构及题目	平均值(SD)	因子载荷
感知有用性(PU,平均值 = 4.20,SD = 0.67,a = 0.73,CR = 0.73,AVE = 0.41)		
PU1:使用车路协同系统可以提高驾驶安全性	4.16(0.66)	0.66
PU2:使用车路协同系统可以提高我的驾驶出行效率	4.16(0.69)	0.60
PU3:使用车路协同系统可以增加我的驾驶信心	4.20(0.69)	0.67
PU4:总的来说,车路协同系统是有用的	4.29(0.66)	0.62
信任(T,平均值 = 3.98,SD = 0.70,a = 0.80,CR = 0.80,AVE = 0.51)		
T1:我信任设计和研发车路协同系统的科学家和工程师	3.95(0.71)	0.631
T2:我认为车路协同系统是可信任的	3.97(0.69)	0.748
T3:我认为车路协同系统是可靠的	3.96(0.70)	0.731
T4:总的来说,我信任车路协同系统	4.04(0.68)	0.723
态度(AT;Mean = 4.05,SD = 0.67;a = 0.79,CR = 0.80,AVE = 0.50)		
AT1:如果让我使用车路协同系统,我会感到放心	4.01(0.71)	0.772
AT2:如果让我使用车路协同系统,我会感到满意	4.00(0.70)	0.716
AT3:不论我是行人还是驾驶人,车路协同系统对我来说都是有利的	4.13(0.70)	0.665

续上表

问卷结构及题目	平均值(SD)	因子载荷
感知风险(PR,平均值=3.51,SD=1.11,a=0.89,CR=0.89,AVE=0.54)		
PR1:我担心车路协同系统提供的预警信息不及时	3.50(1.11)	0.77
PR2:我担心车路协同系统出现设备和功能故障	3.64(1.06)	0.80
PR3:我担心车路协同系统出现网络延迟	3.73(1.06)	0.78
PR4:我担心车路协同系统会被黑客入侵	3.35(1.15)	0.71
PR5:我担心使用车路协同系统会使车主信息与车辆行驶数据(速度,行驶路线等)泄露	3.42(1.13)	0.73
PR6:我担心车路协同系统提供的信息过于繁多,干扰我的注意力	3.30(1.10)	0.69
PR7:我担心车路协同系统太贵	3.63(1.14)	0.63
行为意愿(BI,平均值=3.94,SD=0.75,a=0.84,CR=0.84,AVE=0.52)		
BI1:我打算在未来使用车路协同系统	4.00(0.66)	0.69
BI2:我打算在未来在车上安装相关设备和下载App来使用车路协同系统	4.04(0.74)	0.67
BI3:我打算在未来购买车路协同系统	3.99(0.75)	0.71
BI4:我会推荐家人和朋友使用车路协同系统	3.87(0.81)	0.76
BI5:我会推荐家人和朋友购买车路协同系统	3.80(0.80)	0.76

注:标准差(Standard Deviation,SD);因子载荷(Factor Loading,FL)。

第四部分收集参与者的人口统计学信息,包括性别、年龄、教育程度、职业、月收入、参与者是否持有驾驶执照,以及他们的驾龄、每年平均驾驶公里数、是否为职业驾驶员、汽车所有权、过去3年的驾驶事故经历、参与者是否听说过或使用过车路协同驾驶系统[13]。其中,年龄和驾龄为开放式问题。

6.2.1.2 参与者

本研究使用在线问卷调查平台(Sojump;http://www.sojump.com)来收集数据,共到了1117名参与者的答卷,覆盖了中国所有地区,删除其中30份有逻辑错误和填写错误的问卷,最终获得了1087名参与者的数据。

图6-6显示了样本的属性。所收集的样本中,男性人数略高于一半(51.1%)。男女比例皆保持均衡。参与者都是18岁或以上。86.8%的参与者是年轻人(20~39岁),其中11.1%的人是中年人(40~59岁)。只有6.9%的参与者是职业驾驶员。大多数参与者(84.6%)拥有本科或以上学历。在职业方面,大约一半是专业技术人员(54.0%),其余的包括6.8%的公务员、16.1%的服务人员、15.4%的学生和7.7%的自由职业工作者。15.4%的参与者月收入在5000元以下,约一半(54.5%)月收入在5000~10000元,30.1%的月收入在10000元以上。92.9%的参与者有驾驶执照,其中31.3%有1~3年的驾驶经验,68.1%有3年以上的驾驶经验。42.5%的参与者每年平均行驶5000~10000km,32.2%的参与者每年平均行驶10000~30000km。超过一半的参与者(58.3%)在过去3年中没有经历过事故,大约三分之一的参与者经历过1~2次驾驶事故。89.9%的参与者听说过或使用过车路协同驾

驶系统,其中,14.3%的参与者使用过该系统。拥有一辆车的参与者人数最多(63.4%),其次是拥有两辆车的参与者(31.4%)。

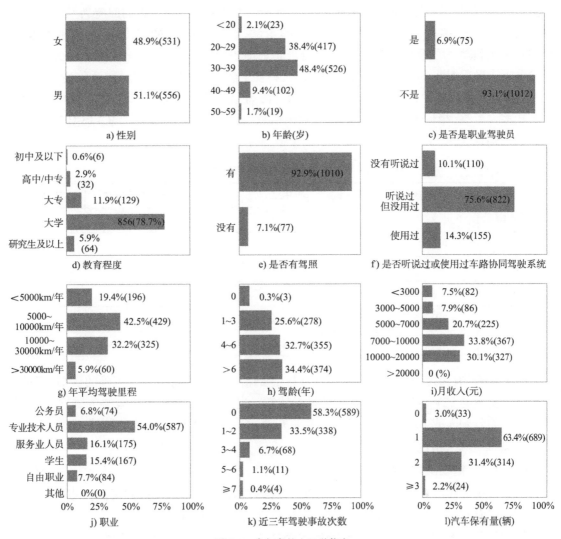

图6-6 参与者的人口学信息

收集的样本中年轻人(20~39岁)过多,且大多数学历较高。这可能是在使用的在线调查平台的参与者库中,拥有其他人口统计特征的人较少,从而导致了可以收到问卷的参与者大多来自20~39岁这个年龄阶段。这个样本的局限性将在讨论中详细说明。

6.2.2 结果展示

6.2.2.1 描述性统计

在这6个描述中,前三个陈述是关于车路协同系统在技术实现上的简单描述,是与实际情况相符的。陈述4~陈述6是对车路协同系统的相关政策的描述(市售模式和开放的运营道路)。这些是与实际现状不相符的。表6-6显示了公众对这6个陈述的每个回答选项的频率。可以看出,在所有陈述中,(完全)同意陈述 3 的参与者比例最高(85.1%),(完全)同意陈述 5 的参与者的人数最少(39.0%);(完全)不同意陈述 5 的参与者人数最多(25.2%),(完全)不同意陈述 3 的参与者人数最少(2.8%);对陈述 6 的回应为"不知道"的参与者人数是最多的(5.6%),对陈述 3 的看法为"不知道"的参与者人数是最少的(0.7%);对陈述 5 的看法为"中立"的参与者是最多的(31.6%),对陈述 1 的看法为"中立"的参与者人数是最少的(11.0%)。总体来看,相较于前 4 个陈述,(完全)同意陈述 5 和陈述 6 的参与者人数都较少,对陈述 5 和陈述 6 的看法为"(完全)不同意"及"中立"的参与者人数都较多。可见,相较于 ICVIS-H 的相关政策信息,参与者们更了解关于 ICVIS-H 的简单技术和使用知识。

参与者对 ICVIS-H 陈述的回应的频率分布(%) 表 6-6

陈述	完全不同意	不同意	中立	同意	完全同意	不知道
陈述 1	1.2	3.7	11.0	52.8	30.0	1.3
陈述 2	0.5	6.5	16.7	50.6	22.7	3.0
陈述 3	0.1	2.7	11.4	56.9	28.2	0.7
陈述 4	0.3	8.2	19.4	51.4	17.2	3.5
陈述 5	2.0	23.2	31.6	28.2	10.8	4.3
陈述 6	2.1	19.9	24.6	36.1	11.8	5.6

综上来看,有超过 70% 的参与者对 ICVIS-H 的前三个陈述持有较为正确的认知,而对后三个陈述持有与 ICVIS-H 实际现状不相符的认知。也就是说,相对于政策类的陈述,参与者更了解作为驾驶人或 ICVIS-H 使用者应该要知道的 ICVIS-H 技术相关的陈述,且对这些描述持有更为与现实相符的认知。

6.2.2.2 潜在类别分析

为了了解有多少参与者对 ICVIS-H 的陈述持有相似看法,并且这些看法可以分为哪几类,本研究使用了潜在类别分析法来对持有相似看法的参与者进行分类。

潜在类别分析是一种基于概率模型的聚类方法,是探讨存在统计学关联的分类外显变量背后的类别潜在变量的技术。潜在类别分析的目的在于利用最少的潜在类别数目解释外显分类变量之间的关联,并使各潜在类别内部的外显变量之间满足局部独立的要求。为了对 ICVIS-H 的看法有相似观点的参与者群体的出现,本研究进行了潜在类别分析,根据参与者对关于 ICVIS-H 的 6 个陈述的看法将参与者分为不同的类别。为了最佳地显示四个类别之间的差异,我们将"完全不同意"和"不同意"选项合并到一起,称为"(完全)不同意"。将"完全同意"和"同意"选项合并到一起,称为"(完全)同意"。为了评估不同分类方案的质量以确定分类组数,我们计算了每个方案的熵[43]和贝叶斯信息准则(BIC)。虽然熵不是一个独立的标准来确定类的数量,但它确保了所指示的分类方案不具有相当大的模糊性,使得类别之间有较好的分离性。熵的取值介于 0 和 1 之间,其公式如下:

$$E(j) = 1 - \frac{\sum_{i=1}^{n}\sum_{z=1}^{j} p_{ij}\ln(p_{ij})}{n\ln\left(\frac{1}{j}\right)} \tag{6-1}$$

式中：p_{ij}——案例 i 属于类别 j 的后验概率。

$E(j)$ 值越低表示分类模糊程度越高,没有较好地区分开每一类。通常认为 $E \geq 0.5$ 表明具有足够的一致性。对于贝叶斯信息准则,此值越高,表明分类方案的质量越高。因此,一般选择拥有较高的熵值和较低的 BIC 值的分类方案。图 6-7 显示了类别数量从 1 到 7 的 BIC 值和熵值(E(1)无意义,所以图中没有显示 E(1))。当类别数量为 3 时,BIC 值最小(11182.84)。但是当类别数量为 4 时,熵值最高(E(4) = 0.701),BIC 值接近于最低值(11201.82)。于是,本研究比较了将参与者分成 3 组和 4 组的结果。由于分成 3 组时,没有将选择中立的参与者群体分离出来。而分成 4 组时,将选择"中立"的参与者从 3 组中分离出来(图 6-8),可以更好地将持有相似看法参与者纳入不同的类别。

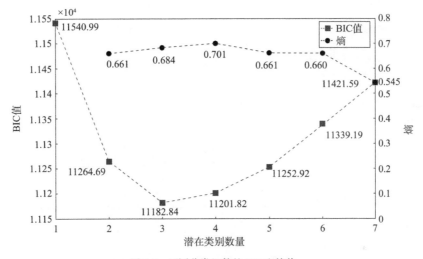

图 6-7　不同分类组数的 BIC 和熵值

由于类别被分为因此,本研究基于参与者对关于车路协同的 6 个陈述的看法将参与者分为 4 组,每个类别的参与者比例为 44.6%(类别 1)、44.4%(类别 2)、4.7%(类别 3)和 6.3%(类别 4)。这四个类别的解释如下：

(1)类别 1 参与者相对来说更有可能对陈述 5 和陈述 6 选择"(完全)不同意"和"中立"选项,但是对于陈述 1、陈述 2、陈述 3 和陈述 4,参与者更有可能选择"(完全)同意"。因为陈述 1、陈述 2 和陈述 3 是关于 ICVIS-H 的在技术方面的简要的描述,陈述 4、陈述 5 和陈述 6 是对 ICVIS-H 的相关政策的描述。所以可以看出,类别 1 的参与者除了对陈述 4 的看法是与 ICVIS-H 的实际发展状况不相符的,对其他的陈述的看法都是与现实相符的。因此,将类别 1 命名为"较好的 ICVIS-H 知识持有者"。

(2)类别 2 有最大比例的参与者(完全)同意这 6 种陈述。这与类别 1 最大的区别在于对陈述 5 和陈述 6 的看法不同,对于其他的陈述的看法较为相似。这也表明了这些人对陈述 4、陈述 5 和陈述 6 的认知是与真实情况不相符的。因此,将类别 2 参与者命名为"对 ICVIS-H 政策有误解的人"。

(3)类别 3 参与者相对来说更有可能选择"中立"选项。对于 6 种陈述来说,超过一半的参与者都选择了"中立"选项,并且也有少数参与者选择了"(完全)不同意"或"(完全)同意"选项。可见,这些参与者对这些关于 ICVIS-H 的陈述的看法较为模糊,存在着不确定性。因此,将类别 3 人命名为"ICVIS-H 误解持有者和中立者"。

(4)类别 4 中几乎包含了对所有陈述的看法为"不知道"的参与者。虽然类别 4 中的超过半数的参与者对陈述 1～3 的看法为"(完全)同意",但是对于陈述 4～陈述 6,大多数参与者对其的看法为"不知道"。因此,这个类别被命名为"不了解 ICVIS-H 政策的人"。

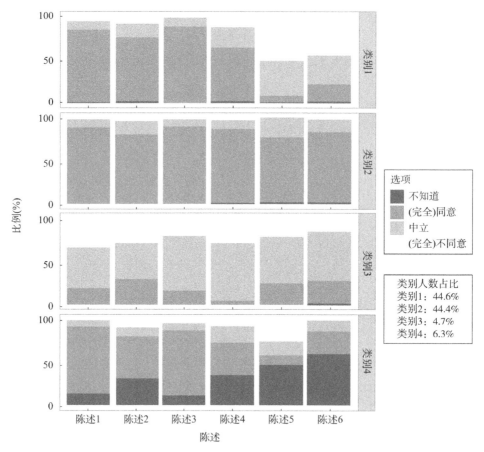

图 6-8 潜在类别分析

综上来看,对关于 ICVIS-H 的 6 种陈述有更为正确地了解的参与者大部分在第一类中,且没有超过一半,而且大多数参与者对陈述 4 的看法是与实际情况不相符的。

6.2.2.3 不同类别的心理学特征

为了了解不同类别人群的心理学特征,我们首先检验了量标题的信度和效度。在检验题目的信度时,本研究删除了因子载荷小于 0.50 的题目,从而使得剩下的题目可以达到较好的内部一致性。表 6-6 列出了筛选后的题目的平均值、标准差、因子载荷、Cronbach's α、组合信度(Composite Reliability,CR)和平均方差提取值(Average Variance Extracted,AVE)的结果。所有的 Cronbach's α 和 CR 值都超过了 0.70,表明这些心理学相关的题目的信度较高。此外,这些题目的 AVE 值(从 0.41 到 0.54 不等)高于或接近临界值(0.50),其中,AVE 值低于 0.5 的心理因素只有一个(感知有用性)。并且 Kaiser-Meyer-Olkin 值为 0.948,表明题项的效度达到了标准。因此,本研究设计的心理因素测量模型的信度和效度均是可以接受的。

之后,本研究使用多分类 Logistic 回归模型进行分析,从而探索拥有不同心理学特征的人群对车路协同系统的看法和了解程度。由于因变量(类别)是定类数据且类别之间不具有对比意义,自变量是定量数据,因此本研究采用无序多分类 Logistic 回归模型进行分析。

在使用无序多分类 logistic 回归模型进行分析时,需要检验自变量之间是否存在着多重共线性。在以往的研究中,多使用容忍度或方差膨胀因子(Variance inflation factor,VIF)来检验这一点。本研究使用 VIF 作为验证指标,VIF 值越大,说明自变量间的多重共线性程度越强。当 VIF≥5 或 VIF≥10 时,可认为自变量间存在严重共线性。在本研究中,所有自变量的 VIF 指标均小于 5(表 6-7),可认为自变量间存在的微弱的共线性问题可忽略。

VIF 值　　　　　　　　　　　　　　　表 6-7

因子	感知有用性	信任	态度	感知风险	行为意愿
VIF	1.868	2.342	2.477	1.128	2.325

多分类 logistic 回归分析结果见图 6-9,图中红色和绿色的圆点代表回归系数值,红色的圆点对应的自变量对因变量来说有统计学意义。黑色的短虚线代表回归系数的 95% 置信区间(confidence interval,CI)。如果某个自变量对应的置信区间包含 0,就说明此变量没有统计学意义,不是影响因变量的一个因素。

从图 6-9 中可以看出,与类别 2 相比,感知有用性越高的人越会出现在类别 1 和类别 4 中,越不太可能出现在类别 3 中。与类别 2 相比,越信任车路协同的人越不太可能出现在类别 1 中。与类别 2 相比,感知风险越高的人,越会出现在类别 1 中,并且越不太可能出现在类别 3 中;与类别 2 相比,行为意愿越高的人越不太可能出现在类别 1、类别 2 和类别 3 中。

6.2.2.4 不同类别的人口学特征

最后,本研究使用多分类 logistic 回归模型来探索这四个潜在类别的人口统计特征。本研究使用 R 实现多分类 logistic 回归分析时,将无序多分类变量作为因子变量纳入模型,因此便不需要将其额外设置成哑变量再进行回归分析了。类别 1 的人数最多,被设置是参考项。结果如图 6-10 所示,图中的圆点代表变量的系数值,黄色的点代表有统计学意义的变量,它们影响着参与者会属于哪个类别;黑色的短虚线代表系数的 95% 置信区间(confidence interval,CI)。

与类别 1 相比,年龄越大的人越有可能出现在类别 2 中(B=0.03,95% CI[0.01,0.06],优势比(odds ratio,OR)=1.03,z=2.48,p=0.013)。与类别 1 相比,不是职业驾驶员的参与者更没可能在类别 2(B=-0.91,95% CI[-1.56,-0.25],OR=0.40,z=-2.73,p=0.006)和类别 3 中(B=-2.05,95% CI[-3.11,-0.96],OR=0.13,z=-0.39,p<0.001)。与类别 1 相比,教育程度越高的参与者越没可能出现在类别 3 中(B=-1.18,95% CI[-1.92,-0.44],OR=0.31,z=-3.12,p=0.002)。与类别 1 相比,学生和自由职业的参与者更有可能出现在类别 3 中(B=0.74,95% CI[0.002,1.48],OR=2.09,z=-0.86,p=0.049)。与类别 1 相比,汽车保有量越多的人,越没可能出现在类别 3 中(B=-1.28,95% CI[-2.49,-0.07],OR=0.28,z=-0.46,p=0.038)。与类别 1 相比,听说过或使用过车路协同驾驶系统的人越没可能出现在类别 4 中(B=-0.82,95% CI[-1.41,-0.22],OR=0.44,z=-2.68,p=0.007),但越有可能出现在类别 2 中(B=1.19,95% CI[0.86,1.51],OR=3.27,z=7.15,p<0.001)。

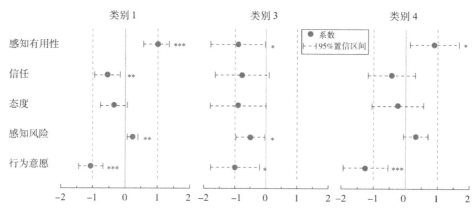

图 6-9 多分类 logistic 回归分析结果

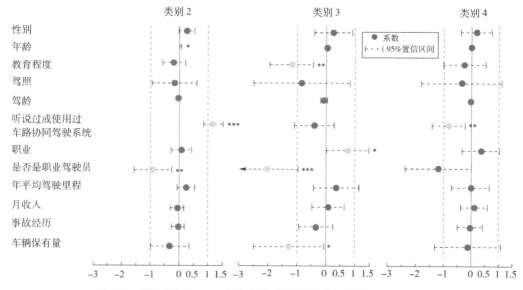

图 6-10 使用多分类 logistic 回归分析不同类别中的参与者的人口学特征

为了便于回归分析,将预测因子的选项重新编码为如下形式:性别,男=0,女=1;年龄为连续变量(实际填写值);教育程度,本科及以上=1,其他=0;是否有驾照,有=0,没有=1;

驾龄为连续变量(实际填写值);听说过或使用过车路协同驾驶系统,没有听说过=0,听说过却从来没有使用过=1,使用过=2;职业,公务员或专业技术人员或服务业人员=0,其他=1;是否是职业驾驶员,是=0,否=1;年平均驾驶里程,无驾照=0,<10000km/年=1,>10000km/年=2;月收入,<5000元=0,5000~10000元=1,10000~20000元=2;近三年事故经历,无驾照=0,有驾照但无事故=1,1~2次=2,3次及以上=3;车辆保有量,0辆=0,1或2辆=1,≥3辆=2。*:$p<0.05$,**:$p<0.01$,***:$p<0.001$。

6.2.3 讨论和结论

6.2.3.1 结论

本研究调查了1087名中国参与者对ICVIS-H技术和政策知识的看法,以探讨他们对ICVIS-H的认知水平以及是否存在误解,此外,还调查了参与者对ICVIS-H的感知有用性、态度、感知风险、信任和行为意向以及他们的人口统计信息。为了更清楚地了解参与者对ICVIS-H认知的状况和差异,本研究利用潜在类别分析法,根据参与者对ICVIS-H知识的认知,将其分为四个等级。在此基础上,用多正态逻辑回归模型来分析不同阶层的心理和人口统计学特征,主要有以下发现。

(1)与ICVIS-H的政策知识相比,参与者对ICVIS-H的技术知识有更好的理解。超过73.3%的参与者对ICVIS-H有正确的技术知识。39%~68.6%的人对ICVIS-H的政策有误解。

(2)根据参与者对ICVIS-H知识的看法,将他们分为四个等级。这四个等级被标记为"较好的ICVIS-H知识持有者""对ICVIS-H政策有误解的人""ICVIS-H误解持有者和中立者""不了解ICVIS-H政策的人"。

(3)拥有较多汽车的人和听说过或使用过ICVIS-H的人更有可能只正确识别ICVIS-H的技术知识。受教育程度较低的人、学生和自营职业者对ICVIS-H知识的认识倾向于中性和错误的认识。

(4)拥有正确的ICVIS-H知识的人对ICVIS-H的有用性有较高的感知,但对ICVIS-H的信任度较低,对ICVIS-H的风险感知较高。对ICVIS-H政策有误解的人对ICVIS-H的行为意向普遍较高。不了解ICVIS-H政策的人比对其有误解的人有更高的感知有用性。对ICVIS-H知识持中立看法和误解的人,对ICVIS-H的感知有用性和感知风险普遍较低。

这些发现,可以帮助政策制定者、汽车制造商和研究机构更好地了解公众对ICVIS-H的认知、期望和态度,这样就能及时发现公众对ICVIS-H的误解,并消除这些误解以提高公众的接受度。

6.2.3.2 研究局限性及未来研究

虽然本研究中使用的调查数据的样本量与该领域的许多其他研究相当,但是样本的总体人口特征是倾斜的。40岁以上的参与者以及学历较低的参与者较少。这项研究的局限性值得一提。首先,虽然本研究中使用的调查数据的样本量与该领域的许多其他研究相当,但是样本的总体人口特征是倾斜的。40岁以上的参与者以及学历较低的参与者较少。这是由于问卷调查平台的参与者库的人口特征覆盖不足造成的。其次,虽然在问卷的第一部分简要介绍了 ICVIS-H 并列举了 4 个重要的车路协同应用。但是很少有参与者在驾驶模拟器、测试场地或者开放道路上体验过车路协同应用。因此,参与者们可能对 ICVIS-H 的功能实现没有清晰的认知且不能完全了解所有 ICVIS-H 应用。基于此,也很难获得非常准确的参与者对调查问题的回应。

根据前文指出的本研究的缺陷,可以发现未来的研究方向。在未来的研究中,可以邀请参与者体验驾驶模拟器上搭建的 ICVIS-H 应用,使参与者可以更深入地了解 ICVIS-H 应用的功能和使用方法。此外,未来的研究可以考虑调查参与者对更多的关于 ICVIS-H 的技术、发展现状和政策的陈述的看法,以便于更深入且多方面地了解公众对 ICVIS-H 的了解程度及是否存在误解,从而实现多角度的探索公众持有的 ICVIS-H 知识储备如何影响公众对 ICVIS-H 的看法、态度及行为意愿。

本章参考文献

[1] 王品,张兰芳.基于驾驶模拟器的公路路段主客观安全评价方法研究[J].华东公路,2015(4):102-106.

[2] CHANG X,LI H,QIN L,et al. Evaluation of Cooperative Systems on Driver Behavior in Heavy Fog Condition Based on a Driving Simulator[J]. Accident Analysis & Prevention,2019,128:197-205.

[3] 赵晓华,陈雨菲,李海舰,等.面向人因的车路协同系统综合测试及影响评估[J].中国公路学报,2019,32(6):248.

[4] Li Z,XING G,ZHAO X,et al. Impact of the Connected Vehicle Environment on Tunnel Entrance zone[J/OL]. Accident Analysis & Prevention,2021,157:106145. https://doi.org/10.1016/j.aap.2021.106145.

[5] ZHAO X,XU W,MA J,et al. Effects of Connected Vehicle-based Variable Speed Limit under Different Foggy Conditions Based on Simulated Driving[J]. Accident Analysis & Prevention,2019,128:206-216.

[6] ZHAO X,CHEN H,LI H,et al. Development and Application of Connected Vehicle Technology Test Platform Based on Driving Simulator:Case Study[J/OL]. Accident Analysis & Prevention,2021,161:106330. https://doi.org/10.1016/j.aap.2021.106330.

[7] ZHAO X,CHEN Y,LI H,et al. A Study of the Compliance Level of Connected Vehicle Warning Information in a Fog Warning System Based on a Driving Simulation[J]. Transportation Research Part F:Traffic Psychology and Behaviour,2021,76:215-237.

[8] YANG G,AHMED M M,GAWEESH S. Impact of Variable Speed Limit in a Connected Vehicle Environment on Truck Driver Behavior under Adverse Weather Conditions:Driving Simulator Study[J]. Transportation Research Record,2019,2673(7):132-142.

[9] WANG S,WANG Y,ZHENG Q,ea al. Guidance-oriented Advanced Curve Speed Warning System in a Connected Vehicle Environment[J]. Accident Analysis & Prevention,2020,148,105801.

[10] ETSI TR 102 638. Intelligent Transport Systems (ITS); Vehicular Communications; Basic Set of Applications; Definitions[S/OL]. European Telecommunications Standards Institute, 2009. https://www.etsi.org/deliver/etsi_tr/102600_102699/102638/01.01.01_60/tr_102638v010101p.pdf.

[11] National Transportation Safety Board. 2022. V2X: Preserving the Future of Connected Vehicle Technology[EB/OL]. [2023-12-08]. https://www.ntsb.gov/Advocacy/safety-topics/Pages/v2x.aspx.

[12] MERAT N, SEPPELT B, LOUW T, et al. The "Out-of-the-Loop" Concept in Automated Driving: Proposed Definition, Measures and Implications[J]. Cognnition, Technology & Work, 2019, 21(1), 87-98.

[13] BRELL T, PHILIPSEN R, ZIEFLE M. sCARy! Risk Perceptions in Autonomous Driving: The Influence of Experience on Perceived Benefits and Barriers[J]. Risk Anal. 2019, 39, 342-357.

[14] SCHOETTLE B, SIVAK M. A survey of public opinion about connected vehicles in the US, the UK, and Australia[C]//2014 International Confere on Connected Vehicles and Expo (ICCVE). IEEE, 2014: 687-692.

[15] LIU P, GUO Q, REN F, et al. Willingness to Pay for Self-driving Vehicles: Influences of Demographic and Psychological Factors[J]. Transportation Research Part C: Emerging Technologies, 2019, 100: 306-317.

[16] KYRIAKIDIS M, HAPPEE R, de Winter J C F. Public Opinion on Automated Driving: Results of an International Questionnaire Among 5000 Respondents[J]. Transportation Research Part F: Traffic Psychology and Behaviour, 2015, 32: 127-140.

[17] ELVIK R. The demand for automated vehicles: A synthesis of willingness-to-pay surveys[J/OL]. Economics of Transportation, 2020, 23: 100179. https://doi.org/10.1016/j.ecotra.2020.100179.

[18] MULLAHY J. Specification and Testing of Some Modified Count Data Models[J]. Journal of Econometrics, 1986, 33(3): 341-365.

[19] UGAN J, ABDEL-ATY M, CAI Q. Estimating Effectiveness of Speed Reduction Measures for Pedestrian Crossing Treatments Using an Empirically Supported Speed Choice Modeling Framework[J]. Transportation Research Part F: Traffic Psychology and Behaviour, 2022, 89: 276-288.

[20] AFGHARI A P, PAPADIMITRIOU E, LI X, et al. How Much Should a Pedestrian Be Fined for Intentionally Blocking a Fully Automated Vehicle? A Random Parameters Beta Hurdle Model with Heterogeneity in the Variance of the Beta Distribution[J/OL]. Analytic Methods in Accident Research, 2021, 32: 100186. https://doi.org/10.1016/j.amar.2021.100186.

[21] KATRAKAZAS C, THEOFILATOS A, ISLAM M A, et al. Prediction of Rear-end Conflict Frequency Using Multiple location Traffic Parameters[J/OL]. Accident Analysis & Prevention, 2021, 152: 106007. https://doi.org/10.1016/j.aap.2021.106007.

[22] PAUWELUSSEN J, MARIKA H, LYDA K. Utility, Usability and User Acceptance Requirements (No. D. DEPN. 4. 1) [R]. Cooperative Vehicle-Infrastructure Systems, 2010.

[23] FRANCANO M, LEVIZZANI C, DAMIANI S, et al. Business Models, Legal Aspects, and Deployment-Service and Business Model Definition (No. D 6. 6. 1) [R]. SAFESPOT, 2010.

[24] ASSELIN-MILLER N, BIEDKA M, GIBSON G, et al. Study on the Deployment of CITS in Europe: Final Report (No. ED60721) [R]. Ricardo Energy & Environment, 2016.

[25] BÖHM M, FUCHS S, PFLIEGL R, et al. Driver Behavior and User Acceptance of Cooperative Systems Based on Infrastructure-to-vehicle Communication [J]. Transportation Research Record, 2009, 2129(1): 136-144.

[26] FARAH H, KOUTSOPOULOS H N, SAIFUZZAMAN M, et al. Evaluation of the Effect of Cooperative Infrastructure-to-vehicle Systems on Driver Behavior [J]. Transportation Research Part C: Emerging Technologies, 2012, 21(1): 42-56.

[27] LU M, TURETKEN O, ADALI O E, et al. Cooperative Intelligent Transport Systems (CITS) Deployment in Europe: Challenges and Key Findings [C] // 25th ITS World Congress, Copenhagen, Denmark. 2018: 17-21.

[28] SHIN H S, CALLOW M, DADVAR S, et al. User Acceptance and Willingness to Pay for Connected Vehicle Technologies: Adaptive Choice-based Conjoint Analysis [J]. Transportation Research Record, 2015, 2531(1): 54-62.

[29] LI W, WU G, YAO D, et al. Stated acceptance and behavioral responses of drivers towards innovative connected vehicle Applications [J/OL]. Accident Analysis & Prevention, 2021, 155: 106095. https://doi.org/10.1016/j.aap.2021.106095.

[30] BANSAL P, KOCKELMAN K M, SINGH A. Assessing Public Opinions of and Interest in New Vehicle Technologies: An Austin Perspective [J]. Transportation Research Part C: Emerging Technologies, 2016, 67: 1-14.

[31] WU J, LIAO H, WANG J W. Analysis of Consumer Attitudes Towards Autonomous, Connected, and Electric Vehicles: A Survey in China [J/OL]. Research in Transportation Economics, 2020, 80: 100828. https://doi.org/10.1016/j.retrec.2020.100828.

[32] FERNANDES S C F, ESTEVES J L, SIMOES R. Characteristics and Human Factors of Older Drivers: Improvement Opportunities in Automotive Interior Design [J]. International Journal of Vehicle Design, 2017, 74(3): 167-203.

[33] NICKKAR A, SHIN H S, LEE Y J. Willingness to Pay for Connected Vehicles: An Alternative-specific Mixed Logit Regression Approach [J]. International Journal for Traffic and Transport Engineering, 2020, 10(2): 215-228.

[34] BANSAL P, KOCKELMAN K M. Are We Ready to Embrace Connected and Self-driving Vehicles? A Case Study of Texans [J]. Transportation, 2018, 45: 641-675.

[35] DAZIANO R A, SARRIAS M, LEARD B. Are Consumers Willing to Pay to Let Cars Drive for Them? Analyzing Response to Autonomous Vehicles [J]. Transportation Research Part C: Emerging Technologies, 2017, 78: 150-164.

[36] ZHANG Y,WU C,QIAO C,et al. The Effects of Warning Characteristics on Driver Behavior in Connected Vehicles Systems with Missed Warnings[J]. Accident Analysis & Prevention, 2019,124:138-145.

[37] MOTAMEDI S,WANG P,ZHANG T,et al. Acceptance of Full Driving Automation:Personally Owned and Shared-use Concepts[J]. Human factors,2020,62(2):288-309.

[38] LIU P,JIANG Z,LI T,et al. User Experience and Usability When the Automated Driving System Fails:Findings from a Field Experiment[J/OL]. Accident Analysis & Prevention, 2021,161:106383. https://doi.org/10.1016/j.aap.2021.106383.

[39] XING Y,LV C,CAO D,et al. Toward Human-vehicle Collaboration:Review and Perspectives on Human-Centered Collaborative Automated Driving[J/OL]. Transportation Research Part C:Emerging Technologies,2021,128:103199. https://doi.org/10.1016/j.trc.2021.103199.

[40] 中华人民共和国中央人民政府. 中华人民共和国国民经济和社会发展第十四个五年规划和2035年远景目标纲要[EB/OL]. (2021-03-13)[2023-12-08]. http://www.gov.cn/xinwen/2021-03/13/content_5592681.htm.

[41] 中华人民共和国中央人民政府. 国家综合立体交通网规划纲要[EB/OL]. (2021-02-24)[2023-12-08]. http://www.gov.cn/zhengce/2021-02/24/content_5588654.htm.

[42] EDWARD R T. The Quantitative Analysis of Social Problems[M]. Boston:Addison-Wesley, 1970.

[43] MCLACHLAN G J,LEE S X,RATHNAYAKE S I. Finite Mixture Models[J]. Annual Review of Statistics and Its Application,2019,6:355-378.

CHAPTER 7 第7章

基于实测数据的高速公路智能车路协同系统客观测评

针对高速公路智能车路协同系统的主观测评未能反映车路协同系统的效益,本章应用 ETC 实测数据和营运车实测数据对测评指标进行统计验证,为了获取包含全面交通流信息的数据,完成跨杆全程轨迹跟踪数据提取,并将其应用于跟驰模型的标定研究,以提高交通流仿真准确度。

7.1 基于 ETC 实测数据的高速公路智能车路协同系统客观测评

7.1.1 ETC 数据格式解析及特性分析

由于我国高速公路上交通检测设备的密度与发达国家相差较大,因此,很难建立一个能够有效、可靠地监测公路运行状况的交通信息采集系统。但是,我国的高速公路采用一种封闭式收费制度,在高速公路出入口设置了收费站。目前,我国的高速公路收费系统广泛使用自动和半自动收费技术,生成了大量的车辆进出高速公路的记录数据[1]。然而,对 ETC 数据的分析和实践应用还缺乏深入的研究,这也导致资源大量浪费的结果。因此,众多国内学者开始关注这些海量收费数据[2]。

本文以济南绕城高速 ETC 数据为例并分析其数据格式,表 7-1 为济南绕城高速 ETC 数据的数据格式。

济南绕城高速 ETC 数据格式　　表 7-1

名称	数据类型	描述
加密后的车牌号	字符型	该列是车辆的唯一标识,并对车牌号进行加密
门架 id	字符型	该列描述的是车辆经过的龙门架 id
经过时间	日期	该列描述的车辆经过龙门架的时间

续上表

名称	数据类型	描述
车型	整型	该列描述的是车辆的型号
排序序号	整型	该列将车辆在整个表格中出现的情况进行了排序

在 ETC 数据中,主要包括五个字段:加密后的车牌号、门架 id、经过时间、车型和排序序号。第一个为加密后的车牌号,出于对用户隐私的保护,因此对车牌号进行了加密,该项数据类型为字符型,用于标识车辆;第二个为门架 id,该项数据类型为字符型,唯一标识了每一个门架;第三个为经过时间,该项数据类型为日期型,该项数据记录了车辆经过门架的时间;第四个为车型,该项数据类型为整型,每个数字代表一种车型,标识了当前车辆的型号;第五个为排序序号,该项数据类型为整型,表示当前车辆经过门架的第几条数据,并对其进行了排序与标号。因此,这样的一条记录可以简单地表示为车辆-门架-时间对,然后对车辆信息又进行了详细的记录。

我国的 ETC 收费数据具有实时性、精准性、安全性、高效性和可扩展性等特性,为车路协同系统提供了重要的支持。ETC 系统能够实时地采集车辆通过收费站的信息,包括车辆类型、通过时间等信息,因此具有实时性;ETC 系统采用先进的自动识别技术,能够对车辆进行准确的识别,避免因人为操作导致的误差,因此具有精准性;ETC 系统采用加密技术和安全协议,确保车辆通行信息的安全性,防止信息被篡改或泄露;ETC 系统采用无人值守的自动化收费方式,能够提高收费效率,减少人工操作的时间和成本;ETC 系统的技术架构和数据格式具有良好的可扩展性,可以方便地扩展新的功能和服务。

基于 ETC 数据的特性,众多研究人员对 ETC 数据进行了数据挖掘,为优化交通做出了巨大贡献。钟等人[3]提出了一种基于回归树的方法,使用收费数据预估交通流量,并构建了数据分析系统,实现了依据收费数据的交通流量预测。沈等人分析了使用高速公路收费数据作为评估路网运行状态的数据来源的可行性,并着重分析了对收费数据的分析和预处理,深入挖掘了高速公路运行的潜在规律,研究结果表明,收费数据能够对高速公路进行运行状态的评估[4]。谢昆青小组[5,6]利用收费数据进行路网交通流反演和预测研究,并研究了高速公路旅行时间的预测方法,其研究成果能够实时反映全路网各路段的交通状况(车流密度、平均速度等),并且能进行旅行时间的预测,可以有效地辅助运营者实时监测和事件决策。闫等人[7]提出了一种基于收费数据的决策数据库构建方法,并分析了高速公路上 4 种不同情形下的车流影响范围和特征。Chang 等人[8]利用收费数据替换传统交通流模型的模拟参数,结合容量约束,建立了一种高速公路匝道交通控制模型。有助于运营商确定道路交通状况,并根据路段的实际运营情况制订相应的交通控制策略,以实现及时控制驾驶状态和交通流控制。

7.1.2 基于 ETC 数据的车路协同系统客观测评指标设计

ETC 数据不仅包含大量的收费信息,还可以用于统计车辆类型和支付方式等相关事项,其还包括大量的车辆信息,可以用于车路协同系统客观测评。ETC 记录车辆通过收费门架的识别号和时间,只能从 ETC 数据中获取车辆的起点-终点(OD)信息。根据提出的车路协同系统客观测评指标体系,可以使用 OD 信息计算以下指标参数:流量、空间平均速度、速度跟随比、旅行时间、旅行时间比、延误时间、延误时间比和延误率。表 7-2 列出了指标及其计算方式。

基于 ETC 数据的车路协同系统客观测评指标及其计算方式　　　表 7-2

维度	指标	公式
通行效率	流量	$Q = \dfrac{N}{c \cdot T}$
	空间平均速度	$\overline{v_s} = \dfrac{L}{\dfrac{1}{n}\sum\limits_{i=1}^{n} t_i}$
	速度跟随比	$P_{\text{limit}} = \dfrac{v - v_{\text{limit}}}{v_{\text{limit}}}$
	旅行时间	$\overline{T} = \dfrac{1}{n}\sum\limits_{i=1}^{n} t_{\text{out}} - t_{\text{in}}$
	旅行时间比	$TTI_{kj} = \dfrac{\overline{t_{kj}}}{t_j^f}$
	延误时间	$\overline{T_{delay}} = \dfrac{1}{n}\sum\limits_{i=1}^{n} t_i - \overline{T}, t_i > \overline{T}$

在进行指标统计计算时,应注意以下几点。

(1)在统计流量时,需要统计通过整个路段截面的车辆数,在确定单位时间后,将一个断面的各门架数据综合进行统计,通过统计通过门架车辆数获取该项指标参数。

(2)在统计空间平均速度时,由于 ETC 数据只提供 OD 数据,因此无法直接获得每个时刻车辆的速度,所以采用车辆通过路段所用时间进行统计,可以通过每辆车在该路段的平均速度来进行计算。首先,筛选出该路段上的所有车辆,然后计算这些车辆的平均速度,从而得到路段空间平均速度,计算公式为:

$$\overline{v} = \frac{1}{n}\sum_{i=1}^{n} v_i \tag{7-1}$$

式中:$\overline{v}$——路段空间平均速度;

n——观测的车辆数;

v_i——第 i 辆车的平均速度。

此外,在评估速度跟随比指标时,应以车辆的路段平均速度为参考。

(3)在统计旅行时间时,需要查看 ETC 系统记录的车辆进入和离开高速公路的时间戳,并计算它们之间的差值,以此可以得到车辆在旅行时间。此外,旅行时间比可通过旅行时间与自由流状态下的旅行时间进行计算,其中自由流旅行时间可根据路段长度和限速确定。

(4)在统计延误时间、延误时间比和延误率时,可以根据通过上述方法得到的旅行时间和平均旅行时间进行统计计算。

7.1.3　实际案例应用

在本次实验中,本书选取了真实的 ETC 数据对高速公路的运行效率进行了测评,整个流程如图 7-1 所示。

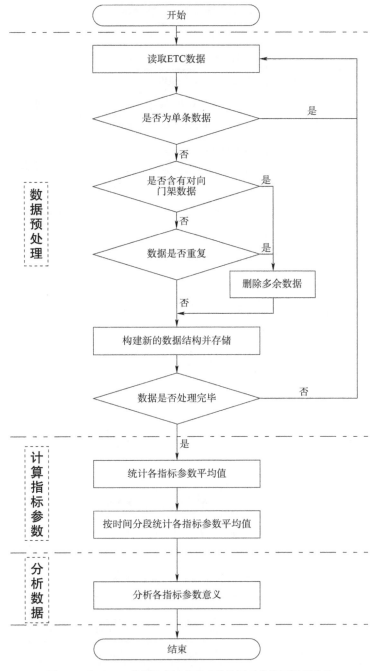

图 7-1 基于 ETC 数据的高速公路车路协同系统指标评价流程

7.1.3.1 案例概况

本次实验选取的是济南绕城高速的 ETC 收费数据。ETC 收费系统采用基于电子标签技术的固定式交通检测方法进行数据采集,采集路段为济南绕城高速的市中-殷家村双向交通路段 K42-K57 范围,共包括 6 个龙门架的信息,门架编号见表 7-3,实际路段的可视化表示如图 7-2 所示。

济南绕城高速龙门架分布　　　　　　　　　　　　　　　　　　　表7-3

进出口方向	收费形式	门架id	位置	上行/下行	所属高速
济绕济泰枢纽⇒济南南	枢纽点	G000237010000310030	K42+050	上行	济南绕城
济南南⇒市中	收费站	G000237010000310040	K51+450	上行	济南绕城
市中⇒殷家村枢纽	收费站	G000237010000310050	K56+250	上行	济南绕城
济南南⇒济绕济泰枢纽	收费站	G000237010000310100	K42+100	下行	济南绕城
市中⇒济南南	收费站	G000237010000310090	K51+500	下行	济南绕城
殷家村枢纽⇒市中	枢纽点	G000237010000310080	K56+300	下行	济南绕城

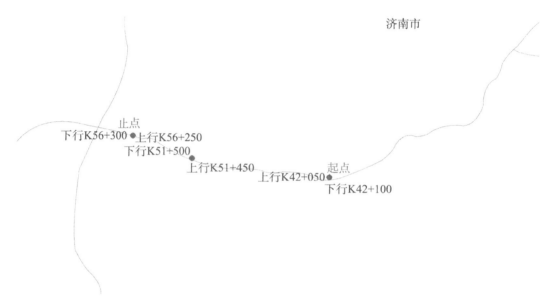

图7-2　济南绕城高速数据采集路段

其中,无交通事故数据采集时间为2020年11月8日至11月14日,有交通事故数据采集时间为2021年09月16日,事故发生时间为15:18。其中部分门架数据见表7-4。

济南绕城高速ETC部分数据　　　　　　　　　　　　　　　　　　表7-4

加密后的车牌号	门架id	经过时间	排序序号
573b08f7ecca1f573189d99217a23e26	G*0820080	2020/11/10 12:11	1
573b08f7ecca1f573189d99217a23e26	G*0920090	2020/11/10 12:14	2
a52dab3cad02f971ad6c4dfe68db9bfc	G*0820080	2020/11/9 1:47	1
a52dab3cad02f971ad6c4dfe68db9bfc	G*0920090	2020/11/9 1:50	2
a52dab3cad02f971ad6c4dfe68db9bfc	G*1020100	2020/11/9 1:58	3
a52dab3cad02f971ad6c4dfe68db9bfc	G*0310030	2020/11/10 5:13	4
a52dab3cad02f971ad6c4dfe68db9bfc	G*0410040	2020/11/10 5:19	5
a52dab3cad02f971ad6c4dfe68db9bfc	G*0510050	2020/11/10 5:23	6

7.1.3.2 数据预处理

收费数据记录了在给定时间段内所有通过门架的车辆的时间、门架id和车牌号。在收费数据中,可能存在重复和不完整记录等异常情况,需要对它们进行剔除与优化。此外,在预处理过程中,需要获得单个车辆的完整轨迹,以便于获取各项交通参数。

(1)异常数据处理。

由于稳定性问题导致的采集设备故障、驾驶人的非法驾驶行为、数据操作人员的误操作等原因,收费数据中可能存在一些异常记录。这些异常记录会对数据分析产生影响,从而影响数据分析人员对分析结果的准确判断。因此,对常见异常数据进行统计和了解对未来工作具有积极意义。常见的异常数据情况包括:仅有一个门架的记录;经过门架时,对向门架同时记录;经过同一门架的记录重复等。下面将详细阐述这些异常数据及对应的处理措施。表7-5为济南绕城高速ETC数据的部分异常记录。

济南绕城高速ETC数据异常情况　　　　表7-5

异常情况	加密后的车牌号	门架id	经过时间	车型	排序序号
只有一条记录	e0d398afd6c1b0f35ed3ab83028e264b	G*1020100	2020/11/10 20:43	1	1
	4dc33e4e927a3d6593ab277b1d280c10	G*0510050	2020/11/14 11:53	1	1
对向方向记录	a08146e5ff06b945a68b84d77be7eba6	G*0820080	2020/11/12 12:24	1	1
	a08146e5ff06b945a68b84d77be7eba6	G*0920090	2020/11/12 12:27	1	2
	a08146e5ff06b945a68b84d77be7eba6	G*0410040	2020/11/12 12:27	1	3
	a08146e5ff06b945a68b84d77be7eba6	G*1020100	2020/11/12 12:32	1	4
重复记录	5ef6dd14751a968f6ba262cc52fd81d1	G*0310030	2020/11/13 16:36	1	1
	5ef6dd14751a968f6ba262cc52fd81d1	G*0310030	2020/11/13 16:36	1	2
	5ef6dd14751a968f6ba262cc52fd81d1	G*0410040	2020/11/13 16:42	1	3
	5ef6dd14751a968f6ba262cc52fd81d1	G*0410040	2020/11/13 16:42	1	4

①只有通过一个门架的记录。表7-5第一部分展示了只有一个门架通过的记录。一般情况下,这种情况发生在车辆通过ETC收费站进入高速公路后,随后汇入另一个路段,导致仅有一条行驶记录。针对此种情况,为确保准确性和一致性,应删除相应记录。

②经过门架时对向门架记录。表7-5第二部分展示了车辆通过门架时,同时被对向门架检测到的记录。一般情况下,这种情况发生在车辆经过一个门架时,同时被对向门架检测到,从而产生额外记录。为保持数据准确性和一致性,应针对这种情况删除这些记录。

③经过同一门架的记录重复。表7-5第三部分展示了收费数据中存在的通过同一个门架的重复记录。一般情况下,当车辆通过门架时,这种情况是由同一门架记录了两次导致的。为解决这一问题,应该删除此类记录。

(2)车辆经过门架轨迹获取。

首先,简化门架id,仅保留最后数字,按照车辆id进行一级排序,按照时间进行二级排序,进而对单车轨迹进行提取。然后,循环读取每条轨迹数据,若当前车辆id与上一条车辆id相同且时间差小于半小时,说明这是一条合格轨迹并更新;若当前车辆id与上一条车辆

id 相同,但时间差大于半小时,说明当前车辆在当前路段通行多次,则应存储上一条轨迹并生成新的轨迹;若当前车辆 id 与上一条车辆 id 不同,则存储上一条轨迹,并清空当前轨迹变量,生成新的轨迹。伪代码如算法 7-1 所示,得到的数据结构见表 7-6。

算法 7-1　轨迹获取(Trajectory)

Input:Origindata 输入为原始数据,包含车牌号,门架号,记录时间,车辆类型,排序序号
Output:Newdata 输出为新构造的数据,包含驶入驶出路段时间,驶入驶出门架号,车辆驶过路段平均速度

 oldVehicleId = oldGantryId = oldSeconds ← 0
 routeGantryId = routeRecordTimeAtGantry ← [ ]
 Roadlength ← 4800
 For i = 0 → n **do**
  tmpVehicleId ← Origindata_i. Carid
  tmpSeconds ← Origindata_i. Time
  gantryId ← Origindata_i. gantryId
 if tmpVehicleId == oldVehicleId and tmpSeconds-oldSeconds < 30 * 60 **then**
  routeGantryId ← routeGantryId + gantryId
  routeRecordTimeAtGantry ← routeRecordTimeAtGantry + time
 else
  startTime ← routeRecordTimeAtGantry[0]
  endTime ← routeRecordTimeAtGantry[1]
  startGantryId ← routeGantryId[0]
  endGantryId ← routeGantryId[1]
  speed ← Roadlength /(endTime-startTime)
 Newdata. Append([startTime,endTime,startGantryId,endGantryId,speed])
 end if
  oldVehicleId ← tmpVehicleId\\
  oldGantryId ← gantryId\\
  oldSeconds ← time\\
 end for
 Return Newdata

表 7-6　济南绕城高速 ETC 轨迹数据

开始时间	结束时间	开始经过门架 id	结束经过门架 id	速度(m/s)
180	660	30	40	10
60	300	40	50	20
0	540	30	50	26.2936

续上表

开始时间	结束时间	开始经过门架 id	结束经过门架 id	速度(m/s)
120	300	80	90	26.6667
0	480	90	100	10
0	600	80	100	23.6667

7.1.3.3 测评指标计算与分析

在获得轨迹数据之后,本书将根据不同时段所收集的实验数据进行评估指标的计算。本节将应用以下 8 项评估指标对高速公路运行较能进行评估,包括流量、空间平均速度、速度跟随比、旅行时间、旅行时间比、延误时间、延误时间比和延误率。为便于分析全天 24h 的路况,本书将根据不同时段对这些指标进行计算,并绘制了各指标在全天 24h 内的分布情况。

本次实验设定的采样频率为每 15min 一次。为了计算各项指标在 24h 内的分布情况,首先需要确定车辆在道路区段的通过时间。计算过程中需将起始时间与终止时间相加,然后除以 2,以获取中间时间点,该时间点用于表示车辆在道路区段的通过时间。随后,将车辆通过时间按照 24h 进行划分,并计算各个时间段的指标参数平均值,从而得到 24h 指标分布结果,如图 7-3 所示。

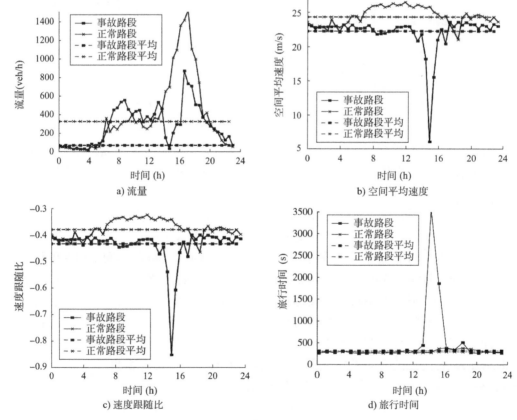

图 7-3

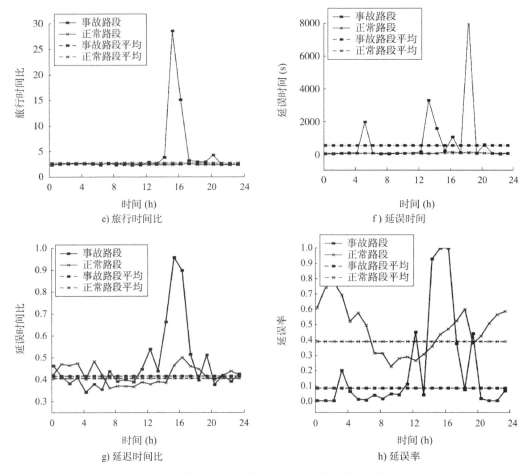

图 7-3 基于 ETC 收费数据的 24h 各项指标分布情况

从图 7-3a) 中可观察到, 在正常路段, 夜间流量较低, 而白天流量较高。尤其在 16:00 ~ 20:00 期间, 流量达到最高峰。这将导致空间平均速度降低和旅行时间增长。在事故发生时刻, 流量减小, 表明发生了交通阻塞。

从图 7-3b) 中可见, 在正常路段中, 空间平均速度的范围为 21 ~ 27.5m/s。在 8:00 ~ 16:00 期间, 空间平均速度较高, 大部分超过 25m/s, 高于全天的平均速度; 在 16:00 ~ 20:00, 空间平均速度明显降低, 低于全天平均速度; 在 20:00 ~ 8:00^{+1} 期间, 空间平均速度低于上午时段, 但高于下午时段, 仍低于全天平均速度, 在 22.5 ~ 25m/s 之间。出现以上现象的原因是, 在上午阶段, 车辆较少, 不易引发交通拥堵, 且视野较开阔, 因此, 空间平均速度较高; 在下午阶段, 车辆数量增多, 容易导致交通拥堵, 从而使该时段平均速度降低; 在夜间, 虽然车辆较少, 但由于视线不佳及轿车数量减少等因素, 速度也相对较低。在事故路段内, 除事故发生时刻外, 其他时刻的空间平均速度与正常情况下的空间平均速度相近。然而, 在事故发生时刻 (在 15:18 左右, 由于采样频率为 15min, 因此, 最低点出现在 15:00), 空间平均速度显著下降。这是因为交通事故造成了严重的交通阻塞, 空间平均速度急剧下降, 接近于 0。

从图 7-3c)可见,速度跟随比的变化趋势与空间平均速度相似。这是因为速度跟随比是由空间平均速度与自由流速度计算得出的,而自由流速度为一个固定值,因此,速度跟随比的变化趋势与空间平均速度相同。同时,观察到在正常情况下,速度跟随比的范围在 -0.45 ~ -0.35 之间。这表明在正常情况下,空间平均速度无法接近自由流速度,造成这一现象的原因可能有以下两点。

(1)车辆因素:与车辆类型有关,例如货车在高速公路上行驶时,速度较低。

(2)驾驶人因素:驾驶人是新手,或者驾驶人的驾驶风格偏向稳定型,这将导致驾驶速度较低。

在发生事故时,速度跟随比会与正常路段类似,呈直线下降,接近 -1。这意味着交通事故导致的路段拥堵造成了交通瘫痪,需要及时处理。

从图 7-3d)可知,在正常情况下,平均旅行时间的波动较小。然而,在下午时段,16:00 ~ 20:00 之间,平均旅行时间呈现出上升趋势,这与空间平均速度的变化相一致。在交通事故发生时,平均旅行时间显著增加,这空间平均速度的降低保持一致。

从图 7-3e)可见,旅行时间比的变化趋势与平均旅行时间保持一致。这是因为旅行时间比是由平均旅行时间与自由流状态下的路段旅行时间之比计算得出。由于自由流状态下的路段旅行时间为恒定值,因此,旅行时间比的变化趋势与平均旅行时间相同。在正常情况下,旅行时间比的范围为 2 ~ 3 之间,这表明在正常情况下,高速公路的潜在效能仍有待进一步发掘。

从图 7-3f)可以看出,在正常路段内以及事故路段的正常时段内,延误时间接近为 0s,而在发生事故后,延误时间急速增加,直接涨到了 8000s,这是因为,事故造成了交通堵塞,路段已经不允许车辆通过。

从图 7-3g)中可知,在正常路段和事故路段(事故发生时刻除外)的延误时间比相差不显著。这是因为延误时间比是延误时间与旅行时间之比,能更直观地反映车辆的延误状况。在事故发生时刻,延误时间比陡然上升,接近 1,表明延误时间占据了整个旅行时间的大部分。这从侧面反映了路段出现拥堵现象,通行效率降低。

从图 7-3h)可观察到,在正常路段内的延误率高于事故路段的延误率。这是因为延误率表示延误车辆所占的比例,而延误车辆是根据每个车辆的旅行时间与平均旅行时间来判断的。当发生事故时,平均旅行时间会增加,这意味着在相同情况下,原本属于正常路段内延误的车辆,在事故路段内会被视为未延误车辆。在正常路段内,延误率较高的时间段出现在 20:00 ~ 8:00^{+1} 和 16:00 ~ 20:00 之间,这与延误时间的分布趋势相吻合,进一步证实了夜间车辆速度较低的事实。

综上所述,在高速公路交通事故发生时,交通流的状态发生了巨大变化,严重降低了高速公路的运行效能,采用本节依据 ETC 数据特性设计的 ICVIS-H 客观测评指标,不仅能够体现出高速公路路段的每日交通流特性,更能够反映出交通事故发生时的交通流特性,并且得到的各项指标参数能够准确地反映出交通流的运行状态,这也证实了本书提出的 ICVIS-H 客观测评指标体系的可靠性以及实用性。通过以上 ICVIS-H 客观测评指标,不仅能够为 ICVIS-H 的发展提供可参考的方向,也能够实时监测高速公路的运行状态,及时发现高速公路交通流的异常,为尽早调控交通流提供了理论依据,为 ICVIS-H 的运作提供支撑。

7.2 基于营运车数据的高速公路智能车路协同系统客观测评

7.2.1 营运车数据格式解析及特性分析

我国北斗卫星系统的发射为全球导航系统的发展和应用创造了重大机遇。营运车辆数据主要通过 GPS 获取,包括精确的车辆轨迹点信息。GPS 具备全方位、全天候的工作能力,能够提供丰富的车辆轨迹点数据,并实时获取车辆速度信息,这对高速公路交通流状态的感知和预测具有至关重要的作用。

本书以济南绕城高速营运车数据为例,分析其数据格式,见表 7-7。

济南绕城高速营运车数据格式　　　　表 7-7

序号	名称	单位	数据类型	描述
1	车牌号	—	字符型	车辆的牌照
2	车牌颜色	—	整型	车辆的颜色
3	定位时间	—	日期	定位车辆的时间
4	速度	km/h	整型	车辆的速度
5	方向	(°)	整型	车辆行驶的方向以北为正方向,顺时针旋转的角度
6	高程	m	整型	车辆沿铅垂线方向到绝对基面的距离
7	经度	°E	浮点型	车辆所处位置的经度
8	纬度	°N	浮点型	车辆所处位置的纬度

该数据格式主要包括 8 个字段,分别为车牌号、车牌颜色、定位时间、速度、方向、高程、经度和纬度。第一个为车牌号,该项数据类型为字符型,用于标识车辆的唯一性;第二个为车牌颜色,该项数据类型为整型,其中每个数字代表一个颜色,表示当前车辆的颜色属性;第三个为定位时间,该项数据类型为日期型,该项数据记录了当前记录数据的时间;第四个为速度,单位为 km/h,该项数据类型为整型,表示当前车辆的在此刻记录时的速度;第五个为方向,单位为(°),该项数据类型为整型,表示当前车辆行驶方向,该项数据以北为正方向,顺时针旋转表示度数;第六个为高程,单位为 m,该项数据类型为整型,表示当前车辆到绝对基面的距离;第七个和第八个分别为经纬度,单位分别为°E 和°N,表示当前车辆的具体位置。因此,通过这样的一条记录可以获取车辆的瞬时速度及位置。

营运车数据具有高密度、高时效性、多样性和可追溯性等特性,在车路协同系统中扮演着重要的角色,为城市交通管理和公共安全提供了有力支持。营运车的行驶轨迹数据具有高密度性,能够反映城市交通状况的实时变化,可以提供精细化的交通信息;营运车行驶数据是实时获取的,具有高时效性,能够及时反映交通拥堵、路面施工等情况,提供及时的交通预警和导航建议;营运车数据类型多样,包括车辆类型、运行速度、记录时间、位置信息等,这些数据可用于交通管理、公共安全等方面;营运车行驶数据具有可追溯性,能够记录车辆的行驶轨迹、停靠时间等信息,可用于交通违法行为的查证和监管。

基于营运车数据的特性,众多研究人员对营运车数据进行了数据挖掘,并将其应用于交通数据的提取中。装备有无线定位设备的车辆被称为探测车(Probe Vehicle,PV),也可以称为浮动车,而营运车就是装有无线定位设备的车辆,可以作为探测车。GPS 被用于记录这些探测车辆在其行程中的特定位置(纬度/经度),并基于采样数据估计交通流量的具体测量值[9]。相较于固定检测器,探测车具有安装灵活、原理简单,以及能够获取更详细的车辆行驶状态信息的优势[10]。探测车生成的轨迹数据作为一种新颖的数据源,吸引了众多研究者对其研究。在大多数早期关于探测车数据的尝试中,研究者们主要关注了采用 GPS 的基于探测车的交通监测系统。早期的现场试验表明[11,12],GPS 信息能够较好地满足交通信息收集的需求,即使在较低的 GPS 探测车渗透率下,也能较准确地估计交通参数。这些现场实验为 GPS 探测车数据的应用奠定了坚实基础。朱兴林[13]等人基于公交浮动车数据,提出了城市交通拥堵的判别方法。彭定永[14]等人利用城市浮动车数据,分析了城市居民出行特点。张志平[15]等人利用高速公路浮动车数据,提出了高速公路拥堵检测的方法。

7.2.2 基于营运车数据的车路协同系统客观测评指标设计

由于营运车辆数据主要记录了车辆的轨迹信息,因此,可以根据这些数据估算整个路段的交通流信息。利用营运车辆数据,可以计算以下指标参数:时间平均速度、空间平均速度、速度跟随比、旅行时间、旅行时间比、延误时间、延误时间比、延误率、速度标准差以及最大速度。表7-8 列出了各项指标及其计算方式。

基于营运车数据的车路协同系统客观测评指标描述　　表7-8

维度	指标	公式
通行效率	时间平均速度	$v_t = \dfrac{1}{n}\sum\limits_{i=1}^{n} v_i$
	空间平均速度	$\overline{v_s} = \dfrac{L}{\dfrac{1}{n}\sum\limits_{i=1}^{n}\dfrac{1}{v_i}}$
	速度跟随比	$P_{\text{limit}} = \dfrac{v - v_{\text{limit}}}{v_{\text{limit}}}$
	旅行时间	$\overline{T} = \dfrac{1}{n}\sum\limits_{i=1}^{n} t_{\text{out}} - t_{\text{in}}$
	旅行时间比	$TTI_{kj} = \dfrac{\bar{t}_{kj}}{t_j^f}$
	延误时间	$\overline{T_{delay}} = \dfrac{1}{n}\sum\limits_{i=1}^{n} t_i - \overline{T}, t_i > \overline{T}$
	延误时间比	$DTP_{kj} = \dfrac{\bar{t}_{kj} - t_j^f}{\bar{t}_{kj}}$
	延误率	$\eta = \dfrac{m}{n} \times 100\%$
交通安全	速度标准差	$S = \sqrt{\dfrac{\sum\limits_{i=1}^{n}(v_i - \bar{v})^2}{n-1}}$
	最大速度	$V_{\text{MAX}} = \text{MAX}[V_1, V_2, \cdots, V_i, \cdots, V_n]$

在进行指标统计计算时,应注意以下几点。

(1)在统计时间平均速度时,由于营运车辆数据包含每辆车在不同时刻的信息,因此,可以通过将车辆的瞬时速度按时刻离散,进而统计各时刻的时间平均速度。

(2)在统计空间平均速度时,采用各车辆各时刻的瞬时速度进行计算。此外,为了与ETC数据相对应,速度跟随比统计中的速度也需要以空间平均速度作为参考。

(3)在统计旅行时间时,可以根据车辆的位置判断车辆是否进入或者驶出路段,记录车辆进入和驶出路段的时刻,进而得到车辆的旅行时间。此外,旅行时间比可通过旅行时间与自由流状态下的旅行时间进行计算,其中自由流旅行时间可根据路段长度和限速确定。

(4)在统计延误时间、延误时间比和延误率时,可以根据通过上述方法得到的旅行时间和平均旅行时间进行统计计算。

(5)速度标准差以及最大速度的统计计算,需要将车辆信息离散为各时段的信息后,进而采用以上公式进行统计与计算,这里不再赘述。

7.2.3 实际案例应用

本书选取了真实的营运车数据对高速公路的运行效率进行了测评,整个流程如图7-4所示,共分为数据预处理、计算指标参数和分析数据三个步骤。

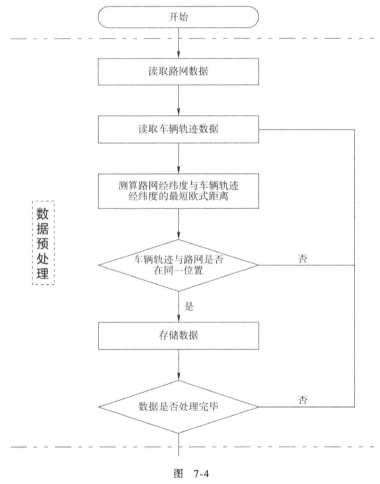

图 7-4

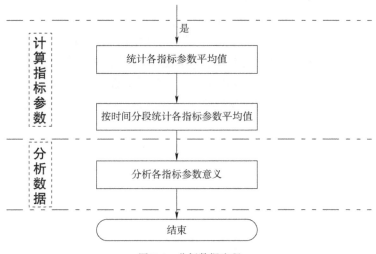

图 7-4 分析数据流程

7.2.3.1 案例概况

本研究选取了济南绕城高速的 GPS 轨迹数据。GPS 通过车辆上安装的接收机与卫星系统之间的信息传输来获取轨迹点。数据采集范围包括济南绕城高速附近所有车辆的轨迹。非事故数据采集时间为 2021 年 9 月 17 日,事故数据采集时间为 2021 年 9 月 16 日。该数据集涵盖了所有装有 GPS 接收机的营运车辆的轨迹数据,但不包括未安装 GPS 接收机的车辆数据。其中部分营运车数据见表 7-9。

济南绕城高速 GPS 部分数据 表 7-9

车牌号	车牌颜色	定位时间	速度(km/h)	方向(°)	高程(m)	经度(°E)	纬度(°N)
冀 EQ2022	2	2021-09-17 03:48:49	75	102	20	117.03073	36.54763
冀 EQ2022	2	2021-09-17 03:49:19	67	112	20	117.02447	36.54883
冀 EQ2022	2	2021-09-17 03:49:49	76	108	20	117.01834	36.55050
冀 EQ2022	2	2021-09-17 03:50:49	83	105	20	117.00294	36.55227
冀 EQ2022	2	2021-09-17 03:51:19	72	91	20	116.99584	36.55201
冀 EQ2022	2	2021-09-17 03:51:49	76	98	20	116.98890	36.55206

7.2.3.2 数据预处理

原始数据中包含了路段范围内所有的营运车辆,同时,也包含了一些不在济南绕城高速市中-殷家村双向交通路段 K42-K57 范围内的车辆轨迹。因此,在数据处理过程中,有必要筛选出位于该路段范围内的车辆轨迹。此过程可分为两个主要步骤:首先,在谷歌地图上确定路段的 GPS 坐标点,并据此构建路段模型;其次,采用最短距离算法,从原始数据中提取属于该路段的车辆 GPS 轨迹。

(1)获取路段 GPS 点。为了准确地找到目标路段,我们首先需要在 Open Street Map(一个自由、可编辑的地图项目,为全球各地创建和分享详细的地理信息)中定位相应的路段。如图 7-5 所示,济南绕城高速市中-殷家村交通路段 K42-K57 位于经度 116.8540°E ~ 116.9958°E,纬度 36.5473°N ~ 36.5834°N 范围内。我们采用 Overpass API 工具来获取 GPS 点,如图 7-6 所示。值得注意的是,在殷家村枢纽至市中路段中,路段名称标识存在差异:一部分路段标识为济南绕城高速,另一部分则标识为绕城高速公路。因此,我们分别进行两次查询以获取两组 GPS 点。将这两组 GPS 点合并后,我们获得了完整路段的 GPS 点,合并后的路段如图 7-5 所示。

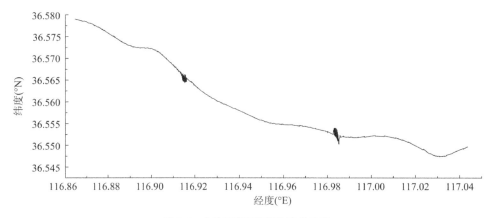

图 7-5 合并后完整路段轨迹点地图

(2)匹配车辆轨迹与路段 GPS 点。在获取道路 GPS 轨迹点之后,接下来的任务是筛选出在目标道路上(济南绕城高速市中-殷家村双向交通路段 K42 ~ K57 范围)行驶的营运车辆 GPS 轨迹点。在此过程中,主要使用的参数就是车辆位置,即经度、纬度。首先,我们需要筛选出位于经度 116.8540°E ~ 116.9958°E 和纬度 36.5473°N ~ 36.5834°N 范围内的所有车辆 GPS 轨迹点,并将每辆车的轨迹分别作为独立的数据结构进行存储。随后,将每辆车的轨迹点与目标路段的 GPS 点进行最短距离计算。

首先,采用笛卡尔积的方式计算营运车辆 GPS 轨迹点与道路 GPS 点之间的最短距离,具体操作步骤为:

(1)选取营运车辆的一个 GPS 轨迹点与道路所有 GPS 点;
(2)计算两点之间的欧式距离;
(3)保留其中最短距离;
(4)针对营运车辆的每个 GPS 轨迹点进行(1)、(2)、(3)步骤;
(5)对所有的最短距离求和得到最短距离;然后,设定一个最短距离阈值来筛选出行驶在目标路段上的车辆轨迹,经过多次实验验证可得,将最短距离阈值设置为 1×10^{-6} 时,能够有效地筛选出行驶在目标路段上的车辆轨迹。图 7-6 所示为目标路段与车牌号为"京 AMQ523"的 GPS 轨迹点;图 7-7 所示为目标路段与车牌号为"京 AN4042"的 GPS 轨迹。从图中可以观察到,车牌号为"京 AMQ523"的车辆在目标路段上行驶,其最短距离约为 8.80×10^{-7};而车牌号为"京 AN4042"的车辆并未在目标路段上行驶,其最短距离为 8.11×10^{-4}。

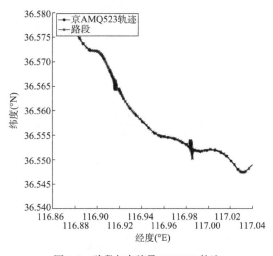

图7-6 路段与车牌号AMQ523轨迹

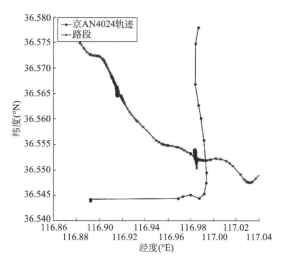

图7-7 路段与车牌号AN4042轨迹

7.2.3.3 测评指标计算与分析

在筛选出所有轨迹之后,需要计算评估指标以完成ICVIS-H的测评。本节将采用以下10个评估指标对高速公路运行性能进行评估,包括:时间平均速度、空间平均速度、速度跟随比、旅行时间、旅行时间比、延误时间、延误时间比、延误率、最大速度和速度标准差。为了全面分析全天24h内的路况变化,我们将根据不同时间段计算这些指标,并绘制它们在24h内的分布情况。这将有助于更深入地理解高速公路在各个时段的运行特点及其可能面临的挑战。此外,本次实验设定的采样频率为每15min一次,如图7-8所示。

从图7-8a)中可以观察到,在正常路段内,时间平均速度的范围在18m/s~23m/s之间。与ETC数据结果相似,在8:00~16:00点期间,时间平均速度较高,大部分在21m/s以上,高于一天内的时间平均速度。然而在16:00~8:00^{+1}之间,平均速度较低,大部分在21m/s以下。这一趋势与ETC数据得到的结果相符;在事故路段,除事故发生时刻外,其他时刻的时间平均速度与正常路段的时间平均速度相近。但在事故发生时刻,即15:18左右,时间平均速度明显下降。这是因为交通事故导致了严重的交通阻塞,使得时间平均速度急剧下降,接近于0。

从图7-8b)中可以观察到,在正常路段内,空间平均速度的范围在18m/s~23m/s之间,在事故路段,无事故发生时,空间平均速度与正常路段的相近。然而,在事故发生时,空间平均速度降低,这与时间平均速度的变化趋势相似。综合考虑图7-8a)和图7-8b),总体来看,基于营运车数据的速度相对于ETC数据,整体速度较低。这是因为营运车的速度相对于轿车等车辆而言较低,而基于营运车的数据只包含此类车辆,从而导致整体速度较低。

从图7-8c)中可知,速度跟随比的变化趋势与空间平均速度相同。这是因为,在计算速度跟随比的过程中,使用的平均速度是空间平均速度,速度跟随比由平均速度与自由流速度共同决定,而自由流速度是固定的。因此,速度跟随比的变化趋势与空间平均速度相同。同时,可以看到,在正常情况下,速度跟随比的范围在-0.42~-0.55之间。与ETC数据相比,这一指标相对较低。这说明仅统计营运车数据时,空间平均速度偏低,从而直接影响了对交通流状态的判断。

从图 7-8d)中可以观察到,在正常情况下,路段的平均旅行时间主要分布在 200~350s 之间。当发生事故时,旅行时间明显增加,这一变化与时间平均速度和空间平均速度的变化相一致。

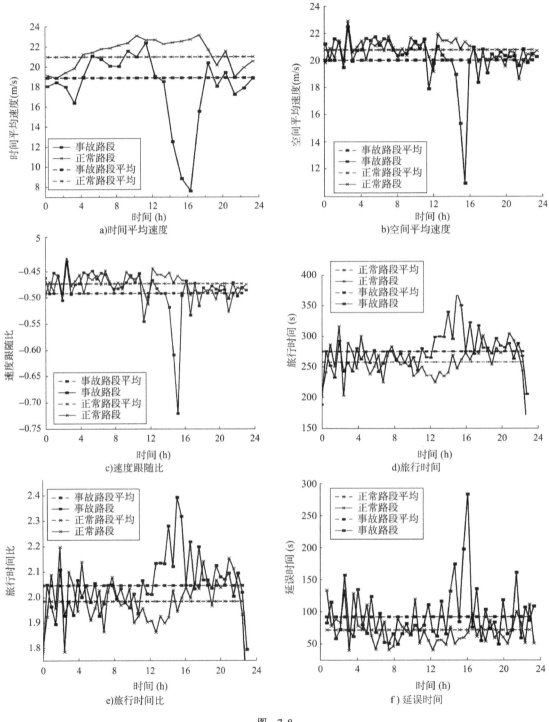

图 7-8

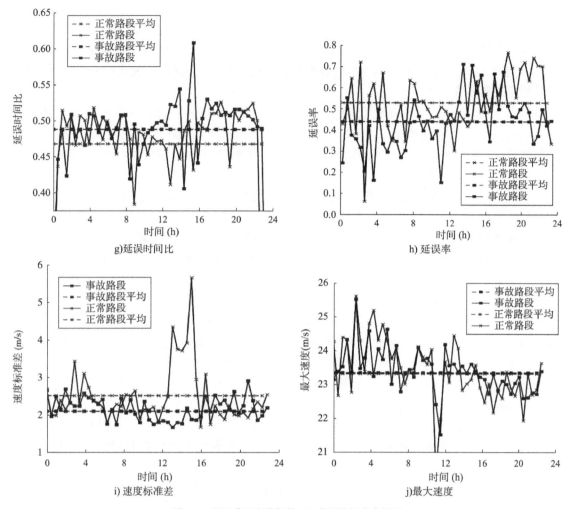

图7-8 基于营运车数据的24h各项指标分布情况

从图7-8e)中可以看出,旅行时间比的变化趋势与平均旅行时间相同。这是因为旅行时间比由平均旅行时间与自由流状态下的路段旅行时间共同决定,而自由流状态下旅行时间是固定的,因此旅行时间比的变化趋势与平均旅行时间相同。观察结果显示,在正常路段下,旅行时间比的范围在1.8~2.4之间。这表明在正常情况下,高速公路的通行效率尚未达到最优状态。

从图7-8f)中可以观察到,在正常路段下,延误时间的分布在0~150s之间,平均延误时间约为75s。其中,在8:00~16:00时段内,延误时间较短,而在16:00~8:00^{+1}时段内,延误时间较长。这与交通状况及道路视野等因素有较强的关联,与前面的数据分析相一致。在事故路段,延误时间高达300s,表明事故对交通的影响相当严重。

从图7-8g)中可以看出,在正常路段下,延误时间比大部分在0.45~0.5,甚至更低,在事故发生时刻,延误时间比最高达到了0.6,甚至更高。这是因为,延误时间比是延误时间与旅行时间的比值,延误时间比更高,说明延误时间占旅行时间的比值更多,在营运车数据中的延误时间比比ETC数据中的延误时间比大,这是因为相对于整体交通流来说,营运车速度较慢,延误时间更长。

从图 7-8h)中可以观察到,正常路段的平均延误率高于事故路段。这是因为延误率表示的是延误车辆所占的比例。当发生事故时,平均旅行时间会增加,这意味着延误车辆会减少,因此事故路段的延误率较小。然而,在事故路段内,可以发现在事故发生时刻(约15:18),事故的延误率显著上升。

从图 7-8i)中可以看出,路段车辆速度标准差的范围在 1m/s~3m/s 之间。在正常路段与事故路段未发生事故时,速度标准差基本一致。然而,在事故路段发生事故时,速度标准差陡然增大,增至约 6m/s。这表明在事故发生时,车辆速度的变化较大,会从高速降低,这与前面的分析结果相符。

从图 7-8j)中可以看出,路段的车辆最大速度基本都在 22m/s 以上,平均值为 23.2m/s,在 12:00 之前,最大速度较大,基本都在平均值以上;而在 12:00 之后,最大速度略有降低,基本都在平均值以下。但是整体偏差并不显著,在事故发生时,最大速度并没有明显降低,这是因为事故发生路段下游的车辆基本不受影响,所以,最大速度基本保持不变。但如果事故影响交通时间较长,最大速度会下降。

综上所述,在正常情况下,采用营运车数据对 ICVIS-H 进行客观测评,能够大致了解高速公路的运行状态,但是由于高速公路上营运车渗透率较低,交通流各项特性的变化不够明显,且在速度等指标上相较于 ETC 数据来说较低,但是当路段上发生交通事故时,采用营运车数据进行测评,仍然能够感知到交通流状态的变化。这也表明,采用本节依据营运车数据特性设计的 ICVIS-H 客观测评指标,能够反映出交通事故发生时的交通流特性,并且各项指标参数能够准确地反映出交通流的运行状态。因此,本书提出的 ICVIS-H 客观测评指标体系是有效的。采用本书提出的 ICVIS-H 客观测评指标体系对 ICVIS-H 进行测评,能够反应车路协同系统对高速公路交通流的影响,并且也能通过各指标向车路协同系统提供各项数据支持。

7.3 基于跨杆视频全程轨迹跟踪数据的获取及应用

7.3.1 基于跨杆视频的车辆全程轨迹跟踪方法

通过视频数据获得全程轨迹跟踪数据总共分为几个部分。首先,将得到的视频数据进行多车辆目标检测与跟踪,以便获得单个摄像头内的车辆轨迹;其次,由于道路较长,在道路上进行了多个摄像头的布设,因此,我们需要在目标检测与跟踪的基础上,实现重识别,从而获得完整道路上的车辆轨迹。

7.3.1.1 数据集的获取

本书选取的视频数据是陕西省西安市南二环快速路长安大学南门口的视频数据(简称中国 CHD 数据集),通过安装在楼顶的三个摄像头,进行拍摄与录制。采集时间为 2021 年 4 月 29 日,观测路段长 400m,视频录制帧率为 25FPS。图 7-9 所示为中国 CHD 数据集连续三个摄像头下监测路段,从图中可以看出,该数据集属于城市道路场景。采集的场景为双向八车道,包括两种快速路,其中内侧车道为限速 70km/h 的快车道,外侧车道为限速 50km/h~70km/h 的慢车道。

a) 1号摄像头监测路段

b) 2号摄像头监测路段

c) 3号摄像头监测路段

图 7-9 视频检测路段

7.3.1.2 基于 Faster R-CNN 多目标车辆检测

多目标检测是计算机视觉中的一个重要研究领域,在智能交通系统中应用多目标检测,能够更直观地获得摄像头捕捉范围下的各种交通流状态。多目标检测也是获取车辆轨迹信息的第一步,多目标检测能够完成从视频数据中准确获取车辆位置的任务。在构建多目标检测算法时,输入为图像或视频数据,输出为图像或视频中能够检测到的目标物体的位置(box 的左上角横纵坐标(x,y)、长度、宽度,以上数据均以像素点为单位)以及所属类别。其中,R-CNN[16]是一个检测精度较高、但是速度有些慢的目标检测算法;Fast R-CNN[17]是基于R-CNN 进行改进的,先在图像整体上进行预处理,再将其输送到 R-CNN 网络中,通过共享计算操作提高网络目标检测速度;Faster R-CNN 提出了候选区域网络(Region Proposal Networks,RPN),该方法改进了原先的滑动窗口提取候选框,进一步提高目标检测速度。Faster R-CNN 的网络结构如图 7-10 所示,主要分为主干网络、区域生成网络、ROI 池化、分类与回归四个部分。

(1)主干网络。在本书中,Faster R-CNN 目标检测的主干网络使用的是深度残差网络(Deep residual network,ResNet)。ResNet[18]成功地解决了卷积神经网络由于层数增加而造成的梯度消失或者爆炸问题,ResNet 引入了"短连接"(shortcut connection)为 ResNet 的模块单元,如图 7-11 所示。该方法的原理是添加恒等映射(identity mapping),假设期待的潜在映射为 $H(x)$,那么堆叠的非线性层(即图中的 weight layer)负责匹配映射 $F(x):H(x)-x$,进而将最初的映射重新投射为 $F(x)+x$。当梯度过小时,$F(x)$ 的重要性也随着降低。该模块是为了减少参数个数。在本节中选择 ResNet50 作为主干网络,

ResNet50 网络结构如图 7-12 所示，将 ResNet50 应用到 Faster R-CNN 中能够达到更高的检测精度[19]。

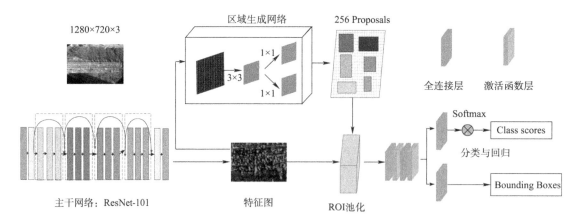

图 7-10　Faster R-CNN 网络结构

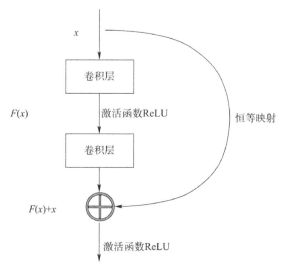

图 7-11　ResNet 模块单元

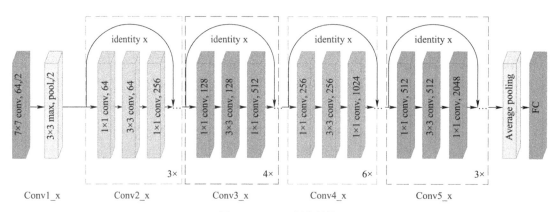

图 7-12　ResNet 网络结构

(2) RPN。在 Faster R-CNN 中,提出了采用特征提取网络直接获取候选框的方法。RPN 采用滑动窗口的方式,在已经生成的特征图上获取相关的特征向量,然后输出到边界框回归全连接层和边界框分类全连接层,RPN 采用非极大值抑制方法(NMS)进行前景与后景的分辨,根据设定的 IOU 阈值,保留重叠率不超过 IOU 阈值的局部最大分数值的边界框,RPN 网络结构如图 7-13 所示。在使用本书所用数据集训练区域候选网络过程中,设置当 IOU > 0.7,候选框为被检测物体,即 IOU < 0.7 的锚框为正样本。当 IOU < 0.3,候选框为背景,即 IOU < 0.3 的锚框为负样本。通过采样,总共得到了 256 个锚点(其中 128 个正样本,128 个负样本),并将 NMS 的 IOU 阈值设置为 0.7,每张图片能够生成得到 50 个候选框。

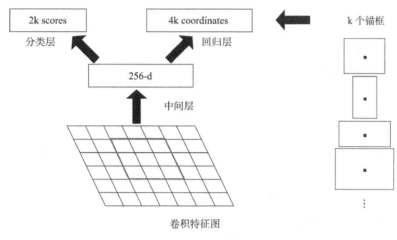

图 7-13　RPN 网络结构

(3) ROI 池化。ROI 池化主要应用于 CNN 网络的降采样,能够有效降低图像分辨率,以此来达到预防过拟合的效果。图 7-14 所示为 ROI 池化操作过程。从图中可以看出,候选区域特征图输入为 5×7,输出为 2×2,这样就会将输入特征图按比例分为 2×2 个区域,如果能够整除的话,就直接按整数分配,若不能整除,则要进行取整,然后在各区域内分别计算最大特征值。对候选区域进行池化,可以得到相等大小的候选区特征图,以便完成后续的目标检测任务。

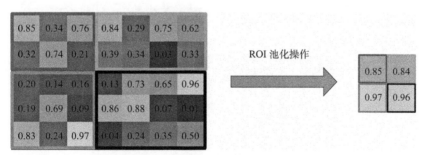

图 7-14　ROI 池化

(4) 损失函数。Faster R-CNN 的损失函数 L_{total} 主要由两个部分构成:分类与回归。分类损失 L_{cls} 用于评估分类偏差,回归损失 L_{reg} 用于评估候选框位置偏差。

$$L_{total} = L_{cls} + \omega L_{reg} \tag{7-2}$$

$$L_{cls} = \frac{1}{N_{cls}} \sum_i -(y_i \log p_i + (1-y_i)\log(1-p_i)) \tag{7-3}$$

$$L_{reg} = \frac{1}{N_{reg}} \sum_i y_i^* smooth_{L1}(B_i^* - B_i) \tag{7-4}$$

$$smooth_{L1} = \begin{cases} 0.5x^2, & if\ |x|<1 \\ |x|-0.5, & otherwise \end{cases} \tag{7-5}$$

式中：N_{cls}——RPN 输入数量；

p_i——候选框预测为目标的概率；

y_i——真实标签值；

N_{reg}——候选框数量；

$smooth_{L1}$——回归损失函数；

B_i——候选框边界预测值；

B_i^*——真实边框位置值；

ω——权重参数。

（5）实验结果。对连续三个摄像头的监控视频进行检测，得到的结果如图 7-15 表示。这是摄像头得到的车辆目标检测结果，其中图 7-15a）表示 1 号摄像头得到的目标检测结果，图 7-15b）表示的是 2 号摄像头得到的车辆目标检测结果，图 7-15c）表示的是 3 号摄像头得到的车辆目标检测结果。

a) 1号摄像头目标检测结果

b) 2号摄像头目标检测结果

c) 3号摄像头目标检测结果

图 7-15　目标检测结果

7.3.1.3 基于 Deep SORT 多目标车辆跟踪

在多目标跟踪方面,SORT 是较为常用的算法。SORT 算法是应用先行速度模型和卡尔曼滤波进行目标跟踪的,是一种先预测再跟踪的算法。但是 SORT 跟踪算法会忽略检测物体的表面特征,只有当物体状态确定性较高的情况下,准确度才会较高,因此,本节采用了 Deep SORT 跟踪算法。Deep SORT 跟踪算法是对 SORT 算法的改进,也是目前较先进的跟踪算法。

Deep SORT 的输入为上一章 Faster R-CNN 的目标检测结果,将卡尔曼滤波和匈牙利算法应用到匹配目标检测的轨迹结果中。如果采用向量表示目标状态,那么车辆轨迹跟踪能够得到目标检测框的中心坐标、长宽比和高度。Deep SORT 算法使用匈牙利算法解决了滤波算法预测目标位置和检测框位置的匹配问题,主要使用了马氏距离衡量卡尔曼滤波状态以及检测框的距离[20]。Deep SORT 的算法流程如图 7-16 所示。

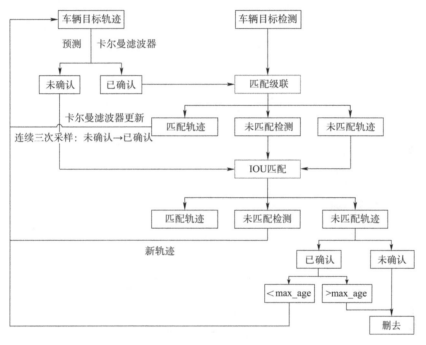

图 7-16　Deep SORT 流程图

采用 Deep SORT 跟踪算法进行车辆轨迹匹配得到的单摄像头的车辆轨迹如图 7-17 和图 7-18 所示,分别列举了样本 10 号车辆和样本 38 号车辆的轨迹图。图 7-17a)、b)和 c)分别表示样本 10 号车辆在摄像头 1、2 和 3 中的轨迹跟踪结果。图 7-18a)、b)和 c)分别表示样本 38 号车辆在摄像头 1、2 和 3 中的轨迹跟踪结果。

7.3.1.4 基于多摄像头的轨迹重识别

轨迹重识别需要完成的任务是将多个摄像头中识别到的车辆轨迹进行匹配,以此完成跨摄像头车辆轨迹的提取。轨迹重识别[21]的输入是多摄像头提取的轨迹,通过一个多摄像头重识别模块来匹配生成的轨迹,最后根据重新识别结果,删除独立轨迹,同步跟踪标识。

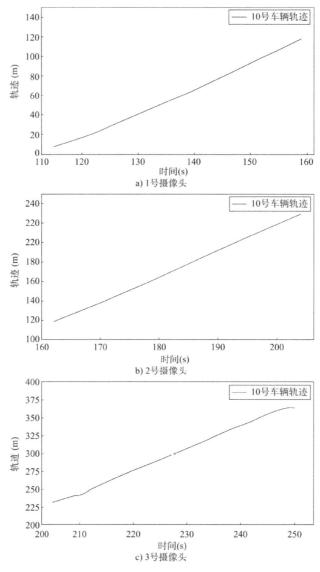

图 7-17 样本 10 号车辆在三个摄像头中的轨迹

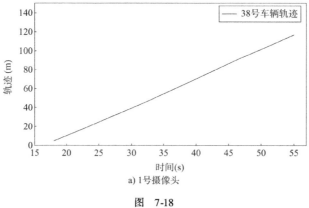

图 7-18

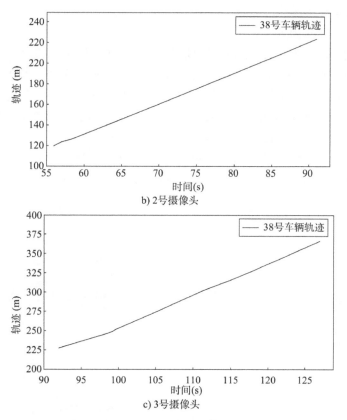

图 7-18 样本 38 号车辆在三个摄像头中的轨迹

多摄像头重识别模块分为两个部分,一个是训练车辆重识别网络,以便得到轨迹特征;一个是应用训练好的模型抽取特征,将相邻摄像头之间的特征进行相似度计算,采用多摄像头多轨迹跟踪策略完成轨迹匹配。

在训练车辆重识别网络时,输入为多摄像头中每个车辆在所有摄像头中的图像数据,每次训练一辆车,通过聚合交叉熵损失和三元组损失的聚合损失来训练网络,并使用边际损失归一化和调整损失之间的权重,其中使用的损失函数为 $loss_{agg}$,其计算方式为:

$$loss_{tr} = \max(0, loss_{hp} + loss_{hn} + \lambda) \tag{7-6}$$

$$loss_{hp} = \sum_{i=1}^{V}\sum_{j=1}^{B_i}\left(\max_{k=1}^{B_i}\left(D(N_{feat}(I_j^i), N_{feat}(I_k^i))\right)\right) \tag{7-7}$$

$$loss_{hn} = -\sum_{i=1}^{V}\sum_{j=1}^{B_i}\left(\min_{\substack{p=1\cdots v \\ q=1\cdots B_p \\ p\neq i}}\left(D(N_{feat}(I_j^i), N_{feat}(I_q^p))\right)\right) \tag{7-8}$$

$$loss_{agg} = \alpha \times loss_{tr} + \beta \times loss_{xe} \tag{7-9}$$

式中:B_i——车辆 i 的图像数;

I_j^i——车辆 i 的第 j 个图像;

D——距离函数;

$loss_{hp}$——最大正样本损失；

$loss_{hn}$——最大负样本损失。

在特征提取网络训练好后,需要进行轨迹的匹配,轨迹匹配如图7-19所示。在轨迹匹配时,首先需要将多目标跟踪得到的轨迹集进行划分,将轨迹集划分为 N 帧的查询集 Q 和 M 帧的图库集 G,其中,查询集 Q 包括每个轨迹的1帧数据,剩下帧被划分为图库集 G;其次,采用训练好的神经网络将两个集合中的同一轨迹数据进行特征提取;然后,计算查询集 Q 和图库集 G 每个特征之间的距离,可以得到一个距离矩阵 $Dis_{N \times M}$;在得到给定距离矩阵 $Dis_{N \times M}$ 后,根据规则更新跨摄像头跟踪结果 T,规则如下,其中 T_i 表示图库集中跟踪轨迹 id 为 i 的轨迹,q_i 表示查询集中跟踪轨迹 id 为 i 的轨迹。最后,可以得到最终的跨摄像头多目标跟踪结果。

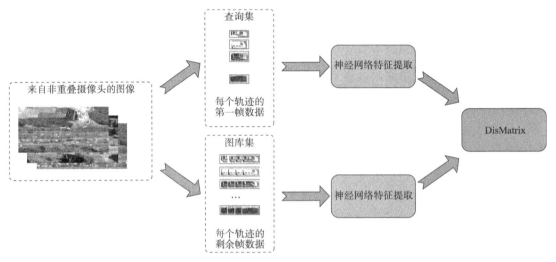

图7-19　轨迹匹配示意图

（1）根据相机 id 对轨迹进行排序,并且只将轨迹与具有相邻相机 id 的轨迹进行比较。

（2）如果 T_i 查询集特征与不同摄像机下的轨迹的所有其他图库特性之间的最小距离大于最大阈值,则删除轨迹 T_i。

（3）如果 q_i 和 T_i 和 q_j 和 T_j 之间的距离都小于同步阈值,则更新 T_i 和 T_j 的跟踪 id 相同。

7.3.1.5　像素数据与真实数据的转换

在目标检测、跟踪与重识别之后,得到的轨迹是以像素为单位进行记录的,需要将像素轨迹转换为真实的轨迹。因为要将像素轨迹与真实轨迹进行转化,就需要知道一个像素点对应真实道路多少米,在道路图中,我们可以确定的是白色虚线的长度为6m,间隔为9m,所以在这一步中,使用了 hook 技术,在道路图中提取白色虚线像素长度,以此得到一个换算比例。然后,再将全程轨迹跟踪结果进行像素与物理意义上的转换,最终得到完整的全程轨迹跟踪数据。将全程轨迹跟踪数据采用每帧差分的方法,得到速度、加速度等信息。

采用以上重识别方法得到的跨摄像头的车辆轨迹跟踪结果如图7-20所示。图7-20a）

为跨摄像头下样本10号车辆轨迹图,图7-20b)为跨摄像头下样本38号车辆轨迹图。

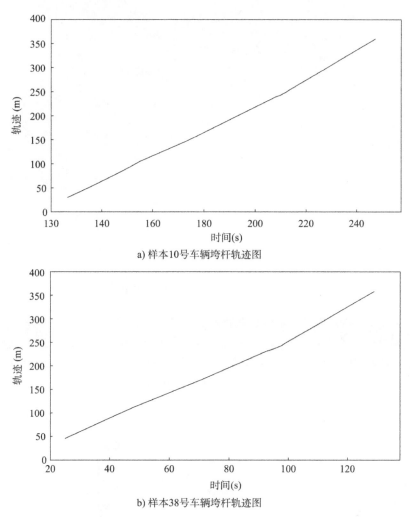

a) 样本10号车辆垮杆轨迹图

b) 样本38号车辆垮杆轨迹图

图7-20 跨摄像头的车辆轨迹跟踪结果图

7.3.2 实际案例应用

7.3.2.1 跟驰模型标定数据集分析

除了以上的数据集外,还选用了美国 NGSIM 数据集和德国 HighD 数据集用于跟驰模型标定研究。其中,美国 NGSIM 数据集,采集自好莱坞高速公路 US-101,时间为 2021 年 1 月 5 日 8:20~8:35,观测路段长 600m,如图7-21 所示,为美国 NGSIM 数据集监测路段。对于德国 HighD 数据集,采集自德国亚琛大学附近,时间为 2018 年 9 月 20 日 8:10~8:27,观测路段长 400m,如图7-22 所示,为德国 HighD 数据集监测路段。

首先对数据集的跟驰行为进行了分析与比较,通过对不同数据跟驰行为的车头间距(DHW)、车头时距(THW)和速度进行统计与分析,讨论不同国家的跟驰特征。

图7-23 给出了三个国家数据集的 DHW、THW 和速度的频率和累计频率。

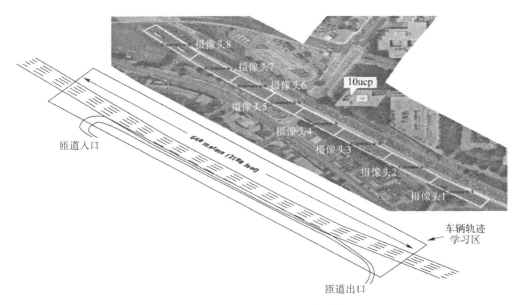

图 7-21　美国 NGSIM 数据集监测路段俯视图

图 7-22　德国 HighD 数据集监测路段俯视图

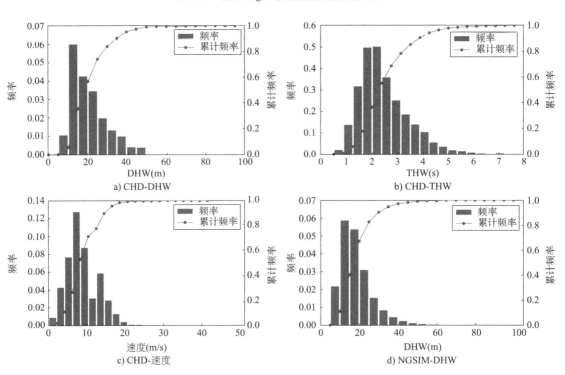

a) CHD-DHW

b) CHD-THW

c) CHD-速度

d) NGSIM-DHW

图　7-23

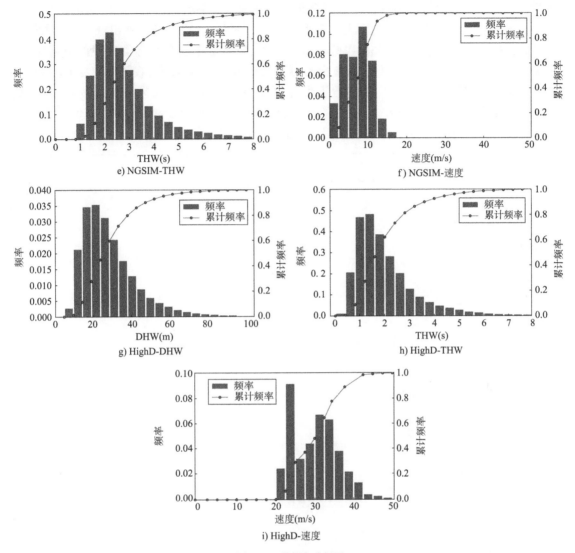

图 7-23 数据集分析图

图中可以看出 CHD 数据集的 DHW 频率峰值出现在 10~15m 之间,THW 频率峰值出现在之间 2~2.4s 之间,速度在 0~25m/s 之间,其中,峰值出现在 5~7.5m/s 之间;NGSIM 的 DHW 频率峰值出现在 10~15m 之间,THW 频率峰值出现在之间 2~2.4s 之间,速度在 0~20m/s 之间,其中,峰值出现在 7.5~10m/s 之间;HighD 的 DHW 频率峰值出现在 20~25m 之间,THW 频率峰值出现在 1.2~1.4s 之间,速度在 20~50m/s 之间,其中有两个峰值,一个是 22.5~25m/s,一个是 30~35m/s。根据以上结果,可以看出:(1)DHW 峰值最小的是中国 CHD 数据集,说明其交通流的整体速度较低,DHW 峰值最大的是德国 HighD 数据集,说明其交通流的整体速度较高,这与得出的速度分布图相吻合。(2)THW 峰值最小的是中国 CHD 数据集,说明交通流中货车比例较小,THW 峰值最大的是美国 NGSIM 数据集,说明交通流中货车比例较大。(3)三个数据集的速度水平具有差异性,HighD 数据集的速度更大。

为展示各数据集所处道路的交通设施的通行服务能力,本书将各国的交通流数据采用

S3 模型进行了拟合[22],使用流密速宏观交通流模型图做如下展示,如图 7-24 所示。图 7-24 给出了三个国家所监测路段的交通流流量密度速度关系,从图中可以看出,CHD 数据集所监测路段的流量普遍较小,在 230~1476veh/h 之间;NGSIM 数据集所监测路段的流量居中,在 60~1989veh/h 之间;HighD 数据集所监测路段的流量普遍较大,在 600~2250veh/h 之间。根据以上结果,可以看出,CHD 数据集监测路段整体交通流的运行状态较慢,更加拥挤,HighD 数据集监测路段整体交通流的运行状态较快,更加通畅,NGSIM 数据集监测路段整体交通流的运行状态位于 CHD 数据集和 HighD 数据集之间。

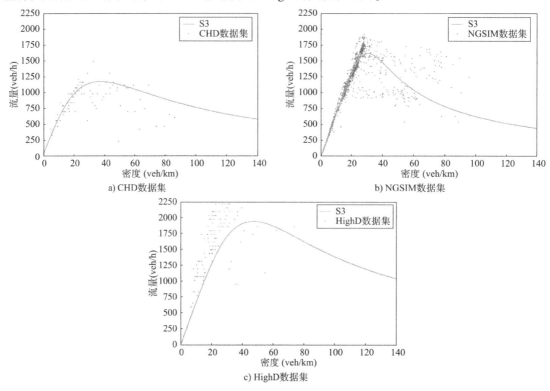

图 7-24 数据集流量-密度关系图

表 7-10 为各国数据集的对比表,从表中可以看出:CHD 数据集的流量最小,均值为 872veh/h,DHW 居中,均值为 20.60m,THW 居中,均值为 2.46s,速度最小,均值为 7.39m/s;NGSIM 数据集的流量居中,均值为 1070veh/h,DHW 最小,均值为 18.44m,THW 最大,均值为 2.81s,速度居中,与 CHD 数据集相差不大,均值为 8.98m/s;HighD 数据集的流量最大,均值为 2169veh/h,DHW 最大,均值为 28.48m,THW 最小,均值为 2.01s,速度最大,均值为30.11m/s。

数据集对比表   表 7-10

数据集	流量(veh/h)			DHW(m)			THW(s)			速度(m/s)		
	平均值	最大值	最小值	平均值	最大值	最小值	平均值	最大值	最小值	平均值	最大值	最小值
CHD	872	1476	230	20.60	81.94	3.91	2.46	7.99	0.50	7.39	25.03	0.11
NGSIM	1070	1989	60	18.44	99.81	0.36	2.81	7.99	0.01	8.98	29.07	0.01
HighD	1769	2250	600	28.48	99.99	4.79	2.01	7.99	0.03	30.11	50.26	20.13

7.3.2.2 跟驰模型标定数据处理与结果统计

参数标定分为数据预处理、模型选择、标定方法选择、标定结果评估分析四个步骤。跟驰模型参数标定试验方案如图 7-25 所示。

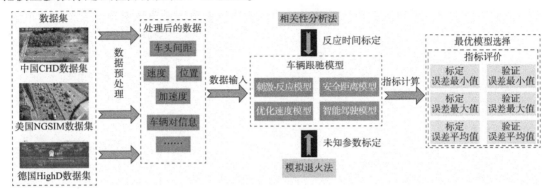

图 7-25　跟驰模型参数标定试验方案

（1）数据预处理。

对原始数据进行预处理，分别在不同的数据集中选取跟驰事件，将数据处理成跟驰模型标定所需要的数据，包括车头时距、后车加速度、前后车速度和前后车的车头间距等。筛选数据遵循以下标准：

① 从数据采集开始到结束，前车与后车一直处于同一个车道上，并且一直保持跟驰状态；

② 任意时刻，前车与后车的车头间距小于 70m；

③ 跟驰过程中，存在加速、减速、保持速度等过程。

根据筛选标准，针对每个数据集选取车辆跟驰事件。

（2）模型选择。

本节中，选择具有代表性的车辆跟驰模型进行实验分析，其中含有通用性较强的 GHR 模型，智能驾驶模型 IDM 模型和最新提出的 S3 微观模型。跟驰模型见表 7-11。

表 7-11　跟驰模型表

模型	模型表达式	参数解释
GHR 模型	$a_n(t) = \alpha_G V_n(t)^{\beta_G} \dfrac{\Delta V_n(t-\tau_n)}{\Delta X_n(t-\tau_n)^{\gamma_G}}$	输入： $\Delta V_n(t)$ 是跟驰车和前车之间 t 时刻速度差； $\Delta X_n(t)$ 是跟驰车和前车之间 t 时刻距离差； $V_n(t)$ 为跟驰车辆 t 时刻的速度； $S_n(t)$ 为 t 时刻前车车尾与后车车头间的距离； $\tilde{S}_n(t)$ 为在 t 时刻期望跟车距离。 输出： $a_n(t)$ 是跟驰车辆在时间 t 时的加速度
IDM 模型	$a_n(t) = a_{\max}^{(n)} \left[1 - \left(\dfrac{V_n(t)}{\tilde{V}_n(t)}\right)^{\beta_I} - \left(\dfrac{\tilde{S}_n(t)}{S_n(t)}\right)^2 \right]$ $\tilde{S}_n(t) = S_{\text{jam}}^{(n)} + V_n(t)\tilde{T}_n(t) + \dfrac{V_n(t)\Delta V_n(t)}{2\sqrt{a_{\max}^{(n)} a_{\text{comf}}^{(n)}}}$	

续上表

模型	模型表达式	参数解释
S3 模型	$a_n(t+\tau_n) = \dfrac{\alpha_s \cdot \Delta x_n(t) \cdot \Delta v_n(t)}{[1+(\beta_s \cdot \Delta x_n(t))^m]^{1+\frac{2}{m}}}$	待标定参数： τ_n 是反应时间； α_G、β_G、γ_G 是 GHR 模型参数； $a_{\max}^{(n)}$ 为跟驰车辆的最大加速度； a_{conf}^n 为跟驰车辆舒适加速度； $\tilde{V}_n(t)$ 为跟驰车辆在 t 时刻的期望速度； $S_{\text{jam}}^{(n)}$ 为静止状态下的最小间距； $\tilde{T}_n(t)$ 为在 t 时刻的期望车头时距； β_I 为加速度指标； α_s、β_s 和 m 是 S3 模型参数

(3)标定方法选择。

由于跟驰模型标定参数的不同，所选择的标定方式也不同。针对有反应时间的跟驰模型，需要先采用互相关分析法标定反应时间，然后采用模拟退火法标定其他参数；针对没有反应时间的跟驰模型，直接采用模拟退火法标定其参数即可。

①互相关分析法。

互相关分析法是 Gazis[23] 等人提出的用于估计反应时间的方法。该方法设两个函数 $x(t)$ 和 $y(t)$，且这两个函数分别是平稳随机过程 $x_k(t)$、$y_k(t)$ 的样本函数，则时移为 τ 的 $x(t)$ 和 $y(t)$ 的互相关函数为：

$$R_{xy}(\tau) = E[x(t)y(t+\tau)] = \lim_{T\to\infty}\frac{1}{T}\int_0^T x(t)y(t+\tau)\mathrm{d}t \tag{7-10}$$

时移为 τ 的 $x(t)$ 和 $y(t)$ 的互相关函数为：

$$\rho_{xy}(\tau) = \frac{\lim\limits_{T\to\infty}\frac{1}{T}\int_0^T x(t)y(t+\tau)\mathrm{d}t - \mu_x\mu_y}{\sigma_x\sigma_y} = \frac{R_{xy}(\tau) - \mu_x\mu_y}{\sigma_x\sigma_y} \tag{7-11}$$

在车辆跟驰模型中，跟驰车辆加速度 $a_n(t)$ 和跟驰车队之间的速度差 $\Delta v_n(t)$ 是互相关的两个函数，可将其代入式(7-11)中得到：

$$R_{\Delta v_n a}(\tau) = E[\Delta v_n(t)a(t+\tau)] = \lim_{T\to\infty}\frac{1}{T}\int_0^T \Delta v_n(t)a(t+\tau)\mathrm{d}t \tag{7-12}$$

即反应时间为 τ 的 $a_n(t)$ 和 $\Delta v_n(t)$ 的互相关系数：

$$\rho_{\Delta v_n a}(\tau) = \frac{\lim\limits_{T\to\infty}\frac{1}{T}\int_0^T \Delta v_n(t)a(t+\tau)\mathrm{d}t - \mu_{\Delta v_n}\mu_a}{\sigma_{\Delta v_n}\sigma_a} = \frac{R_{\Delta v_n a}(\tau) - \mu_{\Delta v_n}\mu_a}{\sigma_{\Delta v_n}\sigma_a} \tag{7-13}$$

在互相关分析法中，需判断输入通过系统所需时间时，只需得到输入、输出的互相关运算结果，就可以确定输入传递时间。将其应用到车辆跟驰模型反应时间的标定中，其中，输入对应为跟驰车的加速度和两车间的速度差，传递时间对应为反应时间。若能确定数据之间的互相关运算结果，就可确定反应时间。

② 模拟退火法。

在标定跟驰模型中除反应时间之外的参数时,采用模拟退火法进行标定。模拟退火法是一种通用的随机搜索方法,使用该方法进行求解,能够得到全局最优解。模拟退火算法的核心是从某初始值开始,在全局范围内进行搜索最优解,随着解的梯度下降,以一定概率随机跳变,此处选取 Metropolis 准则,当跳变到更优解时,则接受该解,不断迭代,最终满足误差的情况下,结束迭代,得到全局最优解,即当处于局部最优解时,存在概率跳出局部最优,并最终趋向全局最优解。模拟退火法算法流程如图 7-26 所示。

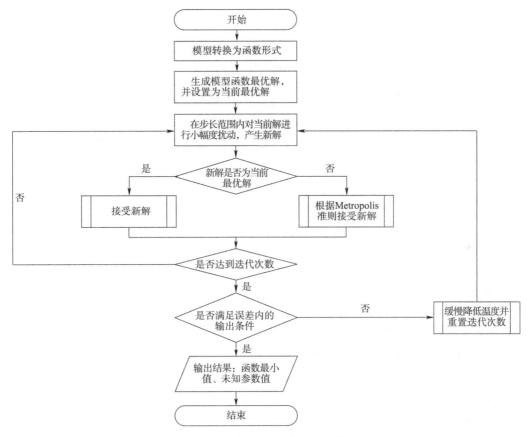

图 7-26　模拟退火法算法流程图

本节采用的标定方法是互相关分析法和模拟退火法相结合的标定方法,采用互相关分析法标定反应时间这一参数,采用模拟退火法标定其他参数,互相关分析法的特点是通过统计的方法能够获得结果;模拟退火法的优点是:第一,与初始值无关,算法求得的解与初始解无关;第二,具有渐进收敛性,是一个全局优化算法;第三,算法具有并行性。模拟退火法的退火过程是由初值、衰减因子、每个温度的迭代次数和停止条件构成的。模拟退火法比穷举法有效,并且能够跳出局部最优解,两种方法结合便能有效得到准确的标定结果。模拟退火法的缺点是在退火过程中,下一次的计算结果依赖于上一次的计算结果,因此标定过程所需的时间比较久。但是,由于模型标定实验采用的是已经得到的数据,进而对数据或者模型进行分析,对实时性不做要求,因此该方法的缺点也不会有影响。

本节以 IDM 模型为例,描述说明模拟退火法的实现过程。在模拟退火法中,其输入共有 4 个参数,分别是后车速度、前后车的速度差、前后车的位置差以及后车的加速度,这些输入均为真实的连续车辆轨迹,以数组的方式进行输入;输出参数共有 6 个,即模型中待标定的参数,分别为后车的最大加速度、后车舒适加速度、后车驾驶人的期望速度、静止状态下的最小间距、期望车头时距和加速度指标。

首先,定义目标函数。该函数主要用于计算误差,该误差由真实加速度和由 IDM 公式模拟的加速度计算得到,误差公式为式(7-14)。

$$g = \frac{\sqrt{\frac{1}{I}\sum_{i=1}^{I}(a_i^{real} - a_i^{sim})^2}}{\sqrt{\frac{1}{I}\sum_{i=1}^{I}(a_i^{real})^2} + \sqrt{\frac{1}{I}\sum_{i=1}^{I}(a_i^{sim})^2}} = \frac{\sqrt{\sum_{i=1}^{I}(a_i^{real} - a_i^{sim})^2}}{\sqrt{\sum_{i=1}^{I}(a_i^{real})^2} + \sqrt{\sum_{i=1}^{I}(a_i^{sim})^2}} \quad (7\text{-}14)$$

其次,定义更新位置坐标的函数。该函数主要用于更新解的位置,在每个"温度"中要循环 N 次,每次产生新解位置,以便找到最优解。新解位置随机产生,并与当前温度有关,最终限制在限定范围内,如果超过限定范围,则令其为当前值与边界值之间的随机一个值。

最后,定义模拟退火法的核心函数。在模拟退火法中,首先要进行初始化,定义初始"温度",初始解和每个"温度"迭代的次数,在求解初始解的时候,需要知道解空间,因此,将初始"温度"、每个"温度"的迭代次数和每个解的左右限值作为函数的输入参数。然后,在每个"温度"内进行固定的迭代次数,每次迭代时,要依次产生新解,计算目标函数。如果目标函数值小于当前目标函数值,那么就接受新解,否则,就以一定概率(本书选择 $e^{g^{new}-g} > random(0,1)$)接受新解。在同一温度迭代结束之后,要降低温度,然后继续进行迭代,直到温度降低为设定的最低温度。

(4)标定结果评估分析。

最后,采用均方根误差对标定的结果进行评估分析。通过对预测值和实测值计算均方根误差($RMSE$),列举误差最大值、最小值和平均值,比较参数标定效果。

为了保证比较结果校准过程的准确性,我们将校准标准设置如下。目标函数是模拟值与观测值(加速度、速度和位移)之间的偏差,因为它可用于测量不同跟驰模型之间的性能。根据对目标函数的深入研究[24],本书采用均方根误差($RMSE$)进行评价,定义如下:

$$RMSE = \frac{1}{n}\sqrt{\sum_{i=1}^{n}(Y_i - \tilde{Y}_i)^2} \quad (7\text{-}15)$$

式中:n——实测数据的数量;

Y_i——实测数据指标值;

$\tilde{Y}_i$——模型预估的指标值。

(5)结果统计。

采用以上标定方法,得到结果见表 7-12。根据标定结果可以发现:对于 GHR 模型,中国 CHD 数据集的极差略高于另外两个数据集,表明在这三个数据集中,中国驾驶人的敏感异质性更强。对于 S3 模型,三个数据集的常量敏感系数和间距敏感系数差别不大,其中,中国数据的间距敏感系数较大,间距敏感系数代表了道路能够承载的车辆数量,表示中国道路容纳车辆数更多。对于 IDM 模型,中国数据的期望车速、最大加速度和舒适减速度最低,这也说明,中国数据整体交通流车速最低,且不容易发生较大加速和减速;德国数据的期望车速、最大加速度和舒适减速度最大,这也说明德国数据的整体速度较大,最大加速度大也是可以拥有更大速度造成的。

跟驰模型标定结果统计　　　　　　表 7-12

数据集	模型	参数	解释	范围	单位	平均值	最大值	最小值
CHD 数据集	GHR 模型	τ	反应时间	[0.1,3.6]	s	1.2	2.4	0.2
		α_G	常量敏感系数	[-4,4]	—	0.66	3.90	-3.82
		β_G	速度敏感系数	[-1,2]	—	0.87	1.99	0.01
		γ_G	间距敏感系数	[0,2]	—	0.55	1.66	0.01
	S3 模型	τ	反应时间	[0.1,3.6]	s	1.2	2.4	0.2
		α_s	常量敏感系数	[0.03,0.25]	veh²/(ms)	0.12	0.25	0.09
		β_s	间距敏感系数	[0.02,0.06]	veh/m	0.04	0.05	0.02
		m	控制平滑度	[2,5]	—	3.46	4.99	2.04
	IDM 模型	$a_{max}^{(n)}$	最大加/减速度	[0.1,5]	m/s²	2.60	5.67	1.00
		$a_{comf}^{(n)}$	舒适减速度	[0.1,5]	m/s²	3.72	4.86	1.00
		$\tilde{V}_n$	期望车速	[1,41.7]	km/h	29.04	39.26	15.48
		$S_{jam}^{(n)}$	静止时的阻塞间距	[0.1,10]	m	3.19	9.34	1.73
		$\tilde{T}_n(t)$	期望车头时距	[0.1,5]	s	0.95	3.37	0.30
		β_I	加速度指标	[1,10]	—	5.07	9.17	1.31
NGSIM 数据集	GHR 模型	τ	反应时间	[0.1,3.6]	s	1.1	2.3	0.2
		α_G	常量敏感系数	[-4,4]	—	0.44	3.26	-2.28
		β_G	速度敏感系数	[-1,2]	—	0.42	1.05	-0.01
		γ_G	间距敏感系数	[0,2]	—	0.48	1.34	0.23
	S3 模型	τ	反应时间	[0.1,3.6]	s	1.1	2.3	0.2
		α_s	常量敏感系数	[0.03,0.25]	veh²/(ms)	0.08	0.17	0.03
		β_s	间距敏感系数	[0.02,0.06]	veh/m	0.036	0.051	0.023
		m	控制平滑度	[2,5]	—	4.3	4.78	3
	IDM 模型	$a_{max}^{(n)}$	最大加/减速度	[0.1,5]	m/s²	1.22	3.28	1.00
		$a_{comf}^{(n)}$	舒适减速度	[0.1,5]	m/s²	2.87	4.41	1.00
		$\tilde{V}_n$	期望车速	[1,150]	km/h	33.02	44.06	15.60
		$S_{jam}^{(n)}$	静止时的阻塞间距	[0.1,10]	m	3.63	9.85	2.93

续上表

数据集	模型	参数	解释	范围	单位	平均值	最大值	最小值
NGSIM 数据集	IDM 模型	$\tilde{T}_n(t)$	期望车头时距	[0.1,5]	s	1.13	3.24	0.30
		β_I	加速度指标	[1,10]	—	4.49	9.26	1.25
HighD 数据集	GHR 模型	τ	反应时间	[0.1,3.6]	s	1.4	1.5	1.2
		α_G	常量敏感系数	[-4,4]	—	0.67	3.46	-0.61
		β_G	速度敏感系数	[-1,2]	—	0.6	1.64	-0.19
		γ_G	间距敏感系数	[0,2]	—	1.3	1.79	0.12
	S3 模型	τ	反应时间	[0.1,3.6]	s	1.4	1.5	1.2
		α_s	常量敏感系数	[0.03,0.25]	veh^2/(ms)	0.09	0.24	0.02
		β_s	间距敏感系数	[0.02,0.06]	veh/m	0.04	0.06	0.02
		m	控制平滑度	[2,5]	—	3.8	4.62	2.56
	IDM 模型	$a_{\max}^{(n)}$	最大加/减速度	[0.1,5]	m/s^2	1.9	4.96	0.1
		$a_{\text{comf}}^{(n)}$	舒适减速度	[0.1,5]	m/s^2	2.33	3.83	0.11
		$\tilde{V}_n$	期望车速	[1,80]	km/h	102.36	136.36	58.92
		$S_{\text{jam}}^{(n)}$	静止阻塞间距	[0.1,10]	m	1.84	3.7	0.34
		$\tilde{T}_n(t)$	期望车头时距	[0.1,5]	s	2.18	5.54	0.45
		β_I	加速度指标	[1,10]	—	3.99	5.72	1.34

7.3.2.3 跟驰模型标定结果评估与分析

采用上述步骤获得模型评估所需的全部参数,然后将参数带入跟驰模型进行模拟,得到模型评估所需的模拟数据。采用以上的标定参数,可以得到图 7-27~图 7-29 仿真结果,分别为三个数据集的结果对比图。在本节中选取加速度、速度和位移进行误差分析。误差统计得到的结果见表 7-13。

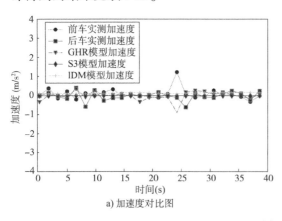
a) 加速度对比图

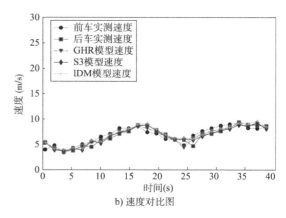
b) 速度对比图

图 7-27

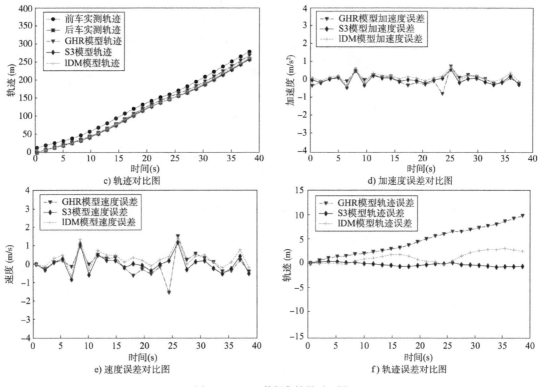

图 7-27 CHD 数据集结果对比图

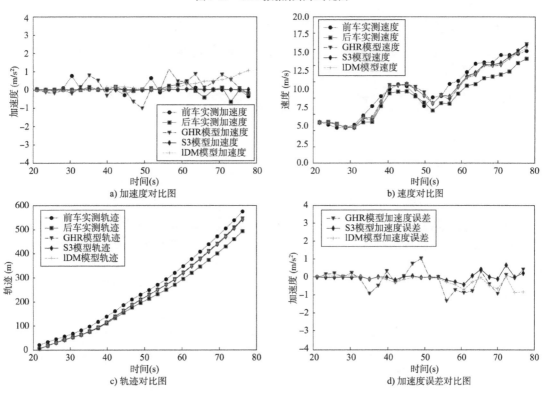

图 7-28

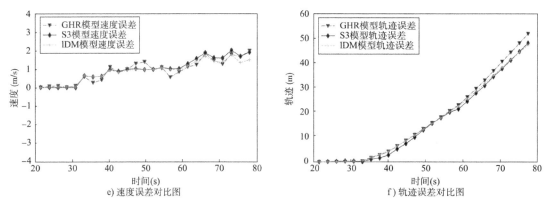

图 7-28 NGSIM 数据集结果对比图

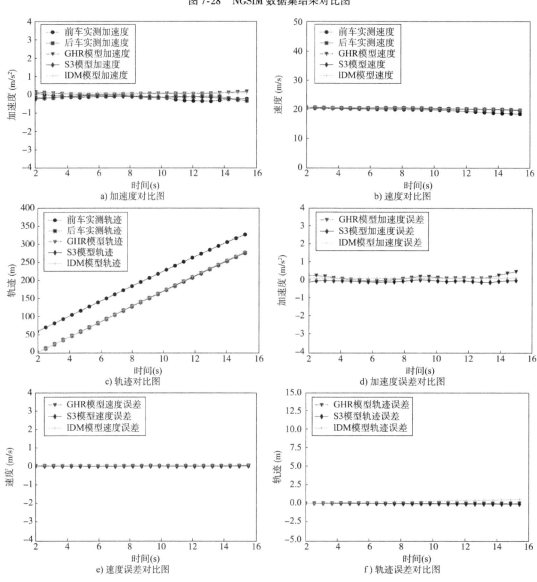

图 7-29 HighD 数据集结果对比图

参数标定指标误差评估 表7-13

数据集	模型	加速度(m/s²)			速度(m/s)			位移(m)		
		平均值	最大值	最小值	平均值	最大值	最小值	平均值	最大值	最小值
CHD 数据集	GHR	11.76	42.16	2.86	2.35	8.43	0.57	38.84	146.05	20.47
	S3	8.14	25.89	2.61	1.62	5.17	0.52	33.71	141.32	17.07
	IDM	10.74	63.45	2.90	2.14	12.69	0.58	33.99	141.69	17.76
NGSIM 数据集	GHR	1.08	2.7	0.4	0.6	2.71	0.12	28.17	104.02	5.93
	S3	0.76	1.14	0.2	0.13	0.16	0.10	27.11	106.85	3.92
	IDM	0.83	1.2	0.2	0.24	0.52	0.10	27.23	109.09	3.07
HighD 数据集	GHR	0.45	1.64	0.004	0.05	0.19	0.01	25.6	84.8	5.63
	S3	0.03	0.07	0.001	0.006	0.01	0.002	17.91	74.71	5.49
	IDM	0.08	0.19	0.03	0.009	0.02	0.003	17.95	74.67	5.70

(1)同一个数据集,比较模型:对于 CHD 数据集,在加速度方面,平均值、最大值和最小值最小的均为 S3 模型(8.14,25.89 和 2.61);在速度方面平均值、最大值和最小值最小的均为 S3 模型(1.62,5.17 和 0.52);在位移方面,平均值、最大值和最小值最小的均为 S3 模型(33.71,141。32 和 17.07),平均值、最大值和最小值最大的均为 GHR 模型(38.84,146.05 和 20.47)。对于 NGSIM 数据集,在加速度方面,平均值、最大值和最小值最小的均为 S3 模型(0.76,1.14 和 0.2),平均值、最大值和最小值最大的均为 GHR 模型(1.08,2.7 和 0.4);在速度方面,平均值、最大值和最小值最小的均为 S3 模型(0.13,0.16 和 0.1),平均值、最大值和最小值最大的均为 GHR 模型(0.6,2.71 和 0.12);在位移方面,平均值最小的是 S3 模型,(27.11)。对于 HighD 数据,在加速度方面,平均值、最大值和最小值最小的均为 S3 模型(0.03,0.07 和 0.001),平均值、最大值和最小值最大的均为 GHR 模型(0.45,1.64 和 0.004);在速度方面,平均值、最大值和最小值最小的均为 S3 模型(0.006,0.01 和 0.002),平均值、最大值和最小值最大的均为 GHR 模型(0.05,0.19 和 0.01);在位移方面,平均值、最大值和最小值最小的均为 S3 模型(17.91,74.71 和 5.49),平均值和最大值最大的是 GHR 模型(25.6 和 84.8)。

综上所述,在三个数据集中,无论是加速度、速度还是位移误差,S3 模型的平均值、最大值和最小值均为最小,所以,S3 模型模拟效果最好,均能表现出较好的适应性;针对位移,S3 模型和 IDM 模型对每一个数据集的误差都不大,两个模型模拟效果比较相近,而 GHR 模型的误差较大;对于加速度和速度,NGSIM 数据集和 HighD 数据集的 S3 模型和 IDM 模型模拟误差不大,GHR 模型模拟误差较大,而 CHD 数据集的 S3 模型模拟误差不大,GHR 和 IDM 模型模拟误差都比较大。因此可以看出,三个模型的模拟效果 S3 模型最好,IDM 模型次之,GHR 模型一般。

S3 模型模拟效果最好的原因是:①实验过程采用大量跟驰数据,存在轿车、货车互相跟驰等现象,从而忽略了个体驾驶行为的影响,而 S3 微观模型是由宏观交通流模型推导得出的,因此,就群体行为而言,S3 模型能够使用不同跟驰场景。②S3 微观模型标定的参数是由

宏观交通流参数 v_f 和 k_c 得到的，v_f 表示的是自由流速度，k_c 表示的是阻塞密度，这两个参数反映的是道路通行能力基本参数，反映了道路能承载的交通容量等，这与个别跟驰行为无关，因此，在模拟过程中，总体上有较小误差。

（2）同一个模型，比较数据集：对于 GHR 模型，在加速度方面，平均值、最大值和最小值最小的均为 HighD 数据集(0.45,1.64 和 0.004)，平均值、最大值和最小值最大的均为 CHD 数据集(11.76,42.16 和 2.86)；在速度方面，平均值、最大值和最小值最小的均为 HighD 数据集(0.05,0.19 和 0.01)，平均值、最大值和最小值最大的均为 CHD 数据集(2.35,8.43 和 0.57)；在位移方面，平均值、最大值和最小值最小的均为 HighD 数据集(25.6,84.8 和 5.63)，平均值、最大值和最小值最大的均为 CHD 数据集(38.84,146.05 和 20.47)。对于 S3 模型，在加速度方面，平均值、最大值和最小值最小的均为 HighD 数据集(0.03,0.07 和 0.001)；在速度方面，平均值、最大值和最小值最小的均为 HighD 数据集(0.006,0.01 和 0.002)。对于 IDM 模型，在加速度方面，平均值、最大值和最小值最小的均为 HighD 数据集(0.08,0.19 和 0.03)；在速度方面，平均值、最大值和最小值最小的均为 HighD 数据集(0.009,0.02 和 0.003)；在位移方面，平均值和最大值最小的是 HighD 数据集(17.95 和 74.67)。

综上所述，在三个模型中，无论是加速度、速度还是位移误差，CHD 数据的平均值、最大值和最小值均为最大；对于加速度和速度，三个模型中 HighD 数据的平均值、最大值和最小值均为最小；对于位移，在 S3 和 IDM 模型中 NGSIM 的最小值最小，其他的 HighD 数据的平均值和最大值最小。总体上来说，三个数据的标定效果 HighD 数据集最好，NGSIM 数据集次之，CHD 数据集一般。

HighD 数据集标定效果最好的原因是：①与 CHD 数据相比较，两个数据集的路段观测长度均为 400m，但是 HighD 数据的数据精度更高，HighD 数据每两条数据之间相差 0.04s，而 CHD 数据没两条数据之间相差 0.2s。②与 NGSIM 数据相比，HighD 数据路段观测长度较短，NGSIM 数据路段观测长度为 600m，虽然 NGSIM 观测路段较长，但是其精度比 HighD 低，每两条数据之间相差 0.1s，因此 HighD 的总数据量更高。对于 NGSIM 数据集比 CHD 数据集标定效果好的原因是，NGSIM 数据观测路段长且精度更高。因此，在跟驰模型标定过程中，应尽量选择跟驰距离长且经度高的跟驰数据进行标定，得到的结果更精确。

综上所述，在 CHD 数据集、NGSIM 数据集、HighD 数据集中，相较于 GHR 模型和 IDM 模型，S3 模型在标定误差优于前两种模型。根据上述实验结果可知，S3 微观模型在模拟不同国家的驾驶人跟驰行为方面效果最佳，为后文的仿真提供了模型支持。

本章参考文献

[1] 江运志. 我国高速公路收费技术的发展历程[J]. 中国交通信息产业，2008(8):49-53.

[2] 姬建岗. 基于联网收费数据挖掘的决策支持系统[J]. 中国交通信息产业，2008(7):102-103.

[3] 钟足峰，刘伟铭. 基于联网收费数据预测交通流量的实现[J]. 中国管理信息化，2009(2):59-61.

[4] 沈强.基于高速公路收费数据的路网运行状态评价[J].公路交通科技,2012,29(8):118-126.

[5] 顾平.基于路网结构关联性的高速路交通流实时反演方法研究[D].北京:北京大学,2012.

[6] 王天楠.基于车辆进出数据的高速公路旅行时间预测方法研究与实现[D].北京:北京大学,2013.

[7] 闫晟煜,肖润谋.基于收费数据的高速公路事故影响区域判定[J].公路交通科技,2013,30(8):134-139.

[8] CHANG Z,LI H,KANG N. Research on Freeway On-ramp Traffic Control Model Based on Etc Gantry Data[C]//Fifth International Conference on Traffic Engineering and Transportation System(ICTETS 2021):volume 12058. Chongqing:SPIE,2021:1350-1363.

[9] BAN X J,HAO P,SUN Z. Real Time Queue Length Estimation for Signalized Intersections Using Travel Times from Mobile Sensors[J]. Transportation Research Part C:Emerging Technologies,2011,19(6):1133-1156.

[10] KOLBL R,MCDONALD M,FISHER G,et al. Probe Vehicle:A Comparison of Motorway Performance Measure with Other Motorway Flow Detection Techniques[C]//Eleventh International Conference on Road Transport Information and Control,2002. (Conf. Publ. No. 486). London:IET,2002:182-186.

[11] FERMAN M A,BLUMENFELD D E,DAI X. An Analytical Evaluation of a Real-time Traffic Information System Using Probe Vehicles[C]//Intelligent Transportation Systems:Volume 9. San Francisco,US:Taylor & Francis,2005:23-34.

[12] KOLBL R,MCDONALD M,FISHER G,et al. Probe Vehicle:A Comparison of Motorway Performance Measure with Other Motorway Flow Detection Techniques[C]//Eleventh International Conference on Road Transport Information and Control,2002. (Conf. Publ. No. 486). London:IET,2002:182-186.

[13] 朱兴林,温喜梅,张佳明,等.基于公交浮动车数据的城市交通拥堵路段判别[J].武汉理工大学学报:交通科学与工程版,2021(3):162-166.

[14] 彭定永,兰小机,温振威.结合轨迹数据的城市居民出行热点识别与分析[J].江西测绘,2022(1):4.

[15] 张志平,汪向杰,林航飞.基于浮动车数据的高速公路拥堵检测方法[J].交通信息与安全,2012,30(6):5.

[16] GIRSHICK R,DONAHUE J,DARRELL T,et al. Rich Feature Hierarchies for Accurate Object Detection and Semantic Segmentation[C]//Proceedings of the IEEE Conference on Computer Vision and Pattern Recognition. Columbus,OH,USA:IEEE,2014:580-587.

[17] REN S,HE K,GIRSHICK R,et al. Faster R-cnn:Towards Real-time Object Detection with Region Proposal Networks[C]//CORTES C,LAWRENCE N,LEE D,et al. Advances in Neural Information Processing Systems:Volume 28. Cambridge,MA,United States:Curran Associates,Inc. ,2015:1-9.

[18] SZEGEDY C, IOFFE S, VANHOUCKE V, et al. Inception-v4, Inception-resnet and the Impact of Residual Connections on Learning[C]//Proceedings of the AAAI Conference on Artificial Intelligence: Volume 31. San Francisco, California, USA: AAAI Press, 2017: 4278-4284.

[19] LEE C, KIM H J, OH K W. Comparison of Faster R-cnn Models for Object Detection[C]//2016 16th International Conference on Control, Automation and Systems(iccas). Gyeongju, Korea(South): IEEE, 2016: 107-110.

[20] HOU X, WANG Y, CHAU L P. Vehicle Tracking Using Deep Sort with Low Confidence Track Filtering[C]//2019 16th IEEE International Conference on Advanced Video and Signal Based Surveillance(AVSS). Taipei, Taiwan: IEEE, 2019: 1-6.

[21] QIAN Y, YU L, LIU W, et al. Electricity: An Efficient Multi-camera Vehicle Tracking System for Intelligent City[C]//Proceedings of the IEEE/CVF Conference on Computer Vision and Pattern Recognition Workshops. Seattle, WA, USA: IEEE, 2020: 588-589.

[22] 刘张琦,谢耀华,李宝路,等.基于多国实测数据下的交通流模型对比研究[J].公路交通技术,2022(2):134-138.

[23] GAZIS D C, HERMAN R, ROTHREY R W. Non Linear Follow the Leader Models of Traffic Flow[J]. Operations Research, 1961, 9(4): 545-567.

[24] PUNZO V, CIUFFO B, MONTANINO M. Can Results of Car-Following Model Calibration Based on Trajectory Data Be Trusted? [J]. Transportation Research Record, 2012, 2315(1): 11-24.